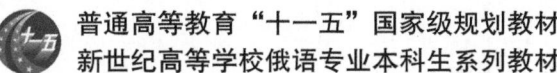

普通高等教育"十一五"国家级规划教材　　中俄合作委员会教育合作分委员会项目

新世纪高等学校俄语专业本科生系列教材　　　　　　总主编　吴克礼

俄罗斯文学史 （第2版）

ИСТОРИЯ РУССКОЙ ЛИТЕРАТУРЫ (XX в. — начало XXI в.)

主　编　郑体武

编　著　郑体武　Е. Е. Орехова　俞晶荷

审　订　С. А. Небольсин

上海外语教育出版社

外教社 SHANGHAI FOREIGN LANGUAGE EDUCATION PRESS

www.sflep.com

图书在版编目（ＣＩＰ）数据

俄罗斯文学史. 下册 / 郑体武主编. -- 2版. -- 上海：
上海外语教育出版社, 2019 (2024重印)
ISBN 978-7-5446-5921-5

Ⅰ.①俄… Ⅱ.①郑… Ⅲ.①俄语－阅读教学－高等
学校－教材 ②俄罗斯文学－文学史 Ⅳ.①H359.4: I

中国版本图书馆CIP数据核字（2019）第115547号

出版发行：上海外语教育出版社
　　　　　（上海外国语大学内）　邮编：200083
电　　话：021-65425300（总机）
电子邮箱：bookinfo@sflep.com.cn
网　　址：http://www.sflep.com
责任编辑：龙歆韵

印　　刷：上海新华印刷有限公司
开　　本：787×1092　1/16　印张 16.5　字数 367千字
版　　次：2019 年 12月第 1版　2024 年 6月第 2次印刷

书　　号：ISBN 978-7-5446-5921-5
定　　价：45.00 元

本版图书如有印装质量问题, 可向本社调换
质量服务热线：4008-213-263

总序

当今世界正经历百年未有之大变局。面向未来，提高人才培养的质量是我国建设社会主义现代化强国的迫切任务。党的二十大提出了深入实施"科教兴国"战略，强化现代化建设人才支撑，并将"培养德才兼备的高素质人才"作为实施该战略的目标之一。人才培养的质量在很大程度上取决于教材，外语专业教材在建设具有中国特色的世界一流大学中发挥着积极的作用。学好外语有助于讲好中国故事，传播好中国声音，提升国际传播效能，推动中华文化更好地走向世界。

新时代背景下，为推进文化自信自强，铸就社会主义文化新辉煌，进一步加强国际传播能力建设，形成同我国综合国力和国际地位相匹配的国际话语权，党和国家对外语教育的发展和外语人才的培养提出了新的要求。习近平总书记在党的二十大报告中真诚呼吁"尊重世界文明多样性，以文明交流超越文明隔阂、文明互鉴超越文明冲突、文明共存超越文明优越"。世界各国人民的相互了解基于不同语言的转换，只有在高校外语教学中加大、夯实、深化对外国语言从结构到认知、从习俗到经典的全方位理解，才能使学生系统全面地了解世界文明的多样性，超越隔阂，做到真正的文明互鉴。

为了落实好党的二十大精神，加快构建新发展格局，着力推动高校外语教育高质量的发展，上海外语教育出版社罗致我国外语界的精英编写"新世纪高等学校外语专业本科生系列教材"，这对于促进高校外语课程改革、国际化人才培养，以及推动我国外语教育事业进一步向前发展至关重要。

"新世纪高等学校外语专业本科生系列教材"涵盖了除英语以外的日语、俄语、法语、德语、西班牙语、韩国语、葡萄牙语、意大利语以及阿拉伯语等十余个语种。系列外语教材的编写要全面、深入地贯彻党的二十大精神，在语料、内容的选择上坚持立德树人、培根铸魂的根本任务，秉持"回应新时代，适应新要求，服务国家发展战略，培养知中国、爱中国、兼具家国情怀与国际视野的青年人才，引导青年学子成为堪当民族复兴重任的'复兴栋梁、强国先锋'"的指导原则，立足文化自信自强，引领高等外语教育高质量发展。本套"新世纪高等学校俄语专业本科生系列教材"的编写必须有新的理念、新的指导思想。新教材的指导思想是教材成败的关键。

　　系列外语教材的编写要劳师动众，精益求精，但又不可能一劳永逸。教材的生命力主要取决于质量。质量不佳者，问世不久便夭折，从此在课堂上销声匿迹；质量良好者，可能会寿终正寝；质量即使属于上乘者，也不可能长命百岁。教材经过一段时间的使用，须小修一次，时间长了，须大修一次。因为外语教材的内容（其语言及课文所反映的时代特征和价值观念）往往跟不上时代的发展变化和知识创新的速度。在当今信息爆炸的时代这种现象尤其突出。所以，外语教材必须与时俱进，随着时间的推移要反复修订，根据新的形势、新的情况和新的要求编出新意来。

　　凡事预则立。本套"新世纪高等学校俄语专业本科生系列教材"在开编之前，出版社先对目前通用的各种俄语教材进行了一次充分而详尽的调查，然后邀请我国各高校俄语专业的负责人、教学第一线的教师和资深教授为编写之事出谋划策，并充分地讨论了系列教材的编写原则和指导思想。

　　本套系列教材的指导思想和基本理念是博采国外外语教学各流派之长，集我国高校俄语教育半个多世纪来的经验之大成。两者的有机结合，既可借鉴国外先进的外语教育思想和方法，又能传承和弘扬我国俄语教育的优秀传统。本套系列教材走的是综合各家之长为我所用的路子，并配以现代化的教学手段，还充分考虑到我国俄语教育的现状和我国俄语专业学生目前的实际接受能力。教材的编排和体例也都有所突破。系列教材的各种教科书在这方面都尽量根据各自的结构、内容的特点与使用者的方便进行了编排。体例突出重点，编排尽量醒目。值得一提的是，本套系列教材的部分教科书配有教师手册。教师手册不仅提供练习答案，还包含指导性的备课提纲、参考书目，以及该教科书在理论和实践上从深度和广度方面拓展的内容。这样可让教师根据学生水平的不同作灵活处理。

　　令人欣喜的是，本套系列教材已列入中俄合作委员会教育合作分委员会项目，教材的俄语部分均请俄罗斯专家审读，以保证俄语使用的标准化和科学性。

　　有党的二十大精神的指引，有新的指导思想和编写理念，有"豪华的"编者阵容，有现代化的教学手段等新意，期盼这些新意能够充分体现在"新世纪高等学校俄语专业本科生系列教材"中，期盼新教材能为广大使用者所接受、所肯定。同时，对于新教材中难免存在的不足之处，热切希望使用者予以批评指正。

吴克礼

前言

（第二版）

党的二十大提出了"科教兴国"战略，这一论述对外语专业建设提出了新的要求，高等外语教育承担着加强人才培养与国际交流、服务国家战略与文化传播的历史使命。作为外语教育的基础环节，教材建设已进入高质量发展的新阶段。对我国高等院校的外语专业而言，要造就"德才兼备的高素质人才"，按照新时代的要求适时充实和更新所学语言国的文学知识体系必不可少。

《俄罗斯文学史》是为俄语专业本科生编写的教材，首版于2008年，分上下两册，系统讲述从古到今俄罗斯文学发展进程、思潮流派、重要作家作品的思想艺术风貌等。上册内容为古代至19世纪，19世纪为重点，单独介绍的经典作家有普希金、莱蒙托夫、果戈理、丘特切夫、涅克拉索夫、屠格涅夫、费特、陀思妥耶夫斯基、托尔斯泰、契诃夫等10位。下册内容为20世纪至21世纪初，单独介绍的经典作家有高尔基、蒲宁、勃洛克、阿赫玛托娃、马雅可夫斯基、叶赛宁、布尔加科夫、肖洛霍夫、索尔仁尼琴、拉斯普京等10位。

教材编写过程中，坚持了以下原则：

一、要适当更新文学史观念，吸收国内外学界新材料和新观点，在内容上体现与时俱进精神，尤其是20世纪俄罗斯文学部分。对作家作品的评价要围绕其历史地位和艺术价值的轴心，而不是单纯以政治观点有所偏废。

二、要适合中国俄语专业高年级学生使用，既充分体现本科阶段俄语专业教学大纲要求，又可满足继续学习（如考研究生）之需。内容的多寡、叙述的详略、重点作家的确定既要反映文学史真实，又要照顾到使用对象的特点和需要。

三、结构和内容设计力求合理，要有较强的系统性；层次和脉络要清晰，重点要突出。纵向上，以时间顺序和流派更迭为经，概览俄罗斯文学发展的总体进程和阶段特征；横向上，以文学体裁和作家作品为纬（有时也结合文学流派格局），细察各个阶段俄罗斯小说、诗歌、戏剧取得的具体成就和思想艺术特色。

此次借再版之机，编写者以习近平新时代中国特色社会主义思想为指导，对全书进行了一次修订。修订过程中，仍然坚持初版时的编写原则，并尽可能使这些原则贯彻得更加鲜明和彻底：单独介绍的重点作家保持不变；对有些概述部分的内容做了一定程度的精简，力求要言不繁，突出重点；最后一章，也就是20世纪与21世纪之交部分，内容做了大幅更新，增补了近十余年俄罗斯文坛发展的最新动态；此外，还对文字做了进一步的润色。

俄罗斯科学院高尔基世界文学研究所谢尔盖·安德烈耶维奇·涅鲍里欣先生应邀审阅了修订稿；不少使用本教材的高校俄罗斯文学教师提出过中肯的修订意见，在此，谨向他们一并致以诚挚的谢意。

郑体武
2023 年 4 月 10 日

前言

(第一版)

  《俄罗斯文学史》是新世纪俄语专业本科生系列教材中的一种，全书分上下两册，系统讲述从古到今俄罗斯文学的发展进程、思潮流派、重要作家作品的思想艺术风貌等。上册内容为古代俄罗斯文学、18世纪俄罗斯文学和19世纪俄罗斯文学，其中19世纪是重点；单独介绍的重点作家有10位 (普希金、莱蒙托夫、果戈理、丘特切夫、涅克拉索夫、屠格涅夫、费特、陀思妥耶夫斯基、托尔斯泰、契诃夫)。下册内容为20世纪俄罗斯文学和21世纪俄罗斯文学，单独介绍的重点作家有10位 (高尔基、蒲宁、勃洛克、阿赫玛托娃、马雅可夫斯基、叶赛宁、布尔加科夫、肖洛霍夫、索尔仁尼琴、拉斯普京)。本教材在编写过程中，坚持了以下原则：

  一、要适当更新文学史观念，吸收国内外学界的新材料和新观点，在内容上体现与时俱进精神，尤其是20世纪俄罗斯文学部分。对作家作品的评价要围绕其历史地位和艺术价值的轴心，而不是单纯以政治观点有所偏废。

  二、要适合中国俄语专业高年级学生使用，既充分体现本科阶段教学大纲规定要求，又可满足继续学习 (如考研究生) 之需。内容的多寡、叙述的详略、重点作家的确定既要反映文学史真实，又要照顾到使用对象的特点和需要。

  三、结构和内容设计要合理，要有较强的系统性；层次和脉络要清晰，重点要突出。纵向上，以时间顺序和流派更迭为经，概览俄罗斯文学历史发展的总体进程和阶段特征；横向上，以文学体裁和作家作品为纬 (有时也结合文学流派格局)，细察各个阶段俄罗斯诗歌、小说、戏剧取得的具体成就及思想艺术特色。

  当然，这些原则贯彻得如何，还有待使用者检验。

  关于本书的使用，此处做几点简单说明：

  一、本教材单独介绍的重点作家，是本课程教学大纲要求掌握的基本作家，与本系列教材《俄罗斯文学选读》确定的重点作家是一致的，二者在内容上彼此呼应，相互印证，如能配套使用，效果会更好。

  二、本教材的课时设计为每周2学时，共2个学期，72学时 (这差不多是目前俄语专业俄罗斯文学史课程的标准学时)。具体授课内容的课时分配，教师可在保证重点和兼顾系统性的前提下，根据实际情况进行合理和灵活的安排。

  三、本教材的第五部分，介绍的是1991年苏联解体后俄罗斯文学的发展变化情况，关于这一仍在发展中的阶段，虽然国内外学界说法不一，但种种迹象表明，把这一阶段视为21世纪俄罗斯文学的开始，应该是不无根据的。由于这一阶段的文学许多问题尚无定论，且争议颇多，因此，这一部分只供教师和学生作信息参考之用，可灵活掌握。

俄罗斯科学院高尔基世界文学研究所研究员、著名学者谢尔盖·安德烈耶维奇·涅鲍里欣先生应邀审阅了书稿。他提出了许多宝贵的修改意见，并对文字进行了最后的加工、润色。对于他的帮助，我们表示由衷的感谢。

编写教材是一项"成如容易却艰辛"的工作。书中肯定会存在这样那样的缺点和错误，我们诚恳地期待着同行专家和广大师生的批评指正。

郑体武

2008年6月10日

Содержание

Пятая часть: Русская литература XXI века

Четвёртая часть
Русская литература ХХ века

Четвёртая часть
Русская литература XX века

Глава 7

Русская литература
конца XIX —
начала XX века

Общий взгляд

Этот период был недолгим — чуть более четверти века — но, бесспорно, одним из самых ярких и плодотворных в истории русской литературы. На подступах к XX веку она стала жить по новым законам, удивляя, восхищая, озадачивая, а порой и настораживая. Современникам порой трудно было понять новое искусство, не похожее на всё, что было создано ранее. Людям XXI века понимать его ещё труднее, потому что музыка, живопись и литература рубежа веков — это уже не просто выражение чувства или идеи. За ними стоят целые теории, а в маленьком стихотворении зачастую соединяются образы, пришедшие из древних культур, мысли современных философов, безверие и вера, отрицание прежних идеалов и поиск или создание новых. Чтобы «разгадывать» метафоры и аллюзии авторов, о которых пойдёт речь в этой главе, необходимо совершить небольшой экскурс в историю и познакомиться с так называемым культурным контекстом — другими искусствами, наукой, философией того времени.

Смена веков была заметна во всём — всё вокруг стремительно менялось, в том числе и основы представлений о мире. С одной стороны, привычный ход жизни был нарушен драматичными общественно-политическими событиями. Реформы, проводимые довольно непоследовательно, раскол между интеллигенцией и властью, интеллигенцией и церковью, поражение в русско-японской войне, революция 1905–1907 годов, первая мировая война, начавшаяся в 1914 — всё это привело к нарастанию тревоги, к распространению пессимистических настроений, к ощущению стремительного падения России в пропасть — иными словами, к предчувствию конца.

С другой стороны, страна переживала экономический и культурный подъём. На высоте было сельское хозяйство (излишки зерна даже продавали на экспорт), бурно развивалась промышленность, налаженная выходцами из купеческого сословия. Изменился и сам тип русского купца. Купечество стало главной общественной силой не только благодаря нажитым капиталам, но и в силу высокой образованности (торговцы нового поколения заканчивали университеты, знали европейские языки). Морозовы, Мамонтовы, Рябушинские — все они поднимали экономику страны и покровительствовали искусству, вкладывая немалые средства в развитие живописи, театра, издание литературно-художественных журналов, способствуя признанию русского искусства за рубежом. Париж рукоплескал балетной труппе Дягилева, Германия зачитывалась Горьким — это было триумфальное шествие русских по Европе.

Рубеж XIX–XX веков — время бурного развития точных и естественных наук. Электричество, радио, автомобили и многое другое казалось пришедшим из какой-то сказки — не зря в эти годы многие писатели обращаются к жанру научной фантастики. Но были и более революционные свершения, например, учение об атомном ядре, а позже — разработанная Эйнштейном теория относительности. Многочисленные открытия произвели революцию в сознании и тем самым дали толчок к небывалому для России расцвету философии. В. С. Соловьёв, Н. Ф. Фёдоров, В. В. Розанов, Н. А. Бердяев, С. Н. Булгаков, П. А. Флоренский и другие мыслители пытались восстановить пошатнувшуюся гармонию, примирить человека с новым знанием и новым состоянием мира, предлагая иные, нежели раньше, точки опоры. Так родилась русская философия, чьё главное отличие от западной и восточной — в особенной религиозности (не случайно многие мыслители, стоявшие у её истоков, были близки к церкви, хотя и не во всём соглашались с традиционным православием).

Наибольшее влияние на литературу оказала теория **Владимира Соловьёва** (1853–1900), призванная, по замыслу её создателя, помогать преображению мира на христианских началах. Однако мыслитель собирает воедино все духовные учения, известные миру, и показывает их родство, желая сделать тем самым первый шаг к объединению человечества. Идеалом для Соловьёва было «совершенное всеединство» — неразрывная связь всего, что существует (частей и целого, внешнего и внутреннего, материального и духовного).

Примечательно, что философ сравнивал такое всеединство с «совершенной

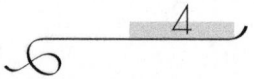

красотой», продолжая: «красота нужна для исполнения добра». Он явно вторит Достоевскому (все помнят его крылатую фразу: «Красота спасёт мир»), но предлагает своё видение прекрасного. Центром философии Соловьёва становится женский образ — София Премудрость Божия, воплощающая связь земной природы и божественного духа, торжество красоты и любви.

София не лик с иконы, а живая Душа Мира, Вечная Женственность. И даже «обычная» земная любовь, любовь мужчины и женщины, по мнению Соловьёва, — это победа над Хаосом, «реализация высшего» через «идеализацию низшего существа». Иначе говоря, обожествляя в мыслях свою любимую, человек в какой-то степени действительно возносит и её, и себя до небес — ведь идеалу хочется соответствовать.

В поэме «Три свидания» (1875) Соловьёв так описывает явление Софии лирическому герою:

> *И в пурпуре небесного блистанья*
> *Очами, полными лазурного огня,*
> *Глядела ты, как первое сиянье*
> *Всемирного и творческого дня.*
> *Что есть, что было, что грядёт вовеки —*
> *Всё обнял тут один недвижный взор...*
> *Синеют подо мной моря и реки,*
> *И дальний лес, и выси снежных гор.*
> *Всё видел я, и всё одно лишь было —*
> *Один лишь образ женской красоты...*
> *Безмерное в его размер входило,*
> *Передо мной, во мне — одна лишь ты...*

В этих строках заключена уверенность в том, что человек способен подняться до уровня божества. Герой Соловьёва восходит к Софии и уже оттуда взирает на мир, лежащий перед ним, как на ладони.

Разделение мира на два уровня — «низкий» земной и «высокий» небесный быстро перешло из трактатов и стихов Соловьёва в творчество других художников. Особенно важную роль сыграли «двоемирие» и образ Софии для развития русского символизма.

Другой мыслитель, **Николай Фёдоров** (1828–1903) назвал своё учение «философией общего дела». Он был убеждён, что человечество не станет тратить силы на войны и политические кампании, если найдёт для себя по-настоящему важное дело. И поскольку одинаково актуальной для всех людей может быть только проблема жизни и смерти, Фёдоров предлагает направить общие усилия на великое дело — воскрешение всех умерших с помощью химии, магии и божественного слова. Тем самым человек может «вернуть долг» родителям, подарившим ему жизнь, и заметно обогатить накопленный поколениями духовный опыт. Каждый должен рано или поздно «додуматься до необходимости собственного участия» в судьбе человечества и посвятить ему свой труд, ум, «всё своё искусство». При этом философ не отрицал полезности научно-технических достижений, способных помочь «общему делу» — например, он готов был привлечь к сотрудничеству Циолковского, работавшего над покорением космоса, чтобы с его помощью расселять всех воскрешённых «отцов» на других планетах. Деятельный оптимизм Фёдорова, его устремлённость в будущее и вера в почти сверхъестественные возможности человека сделали его теорию очень популярной, особенно среди футуристов (более поздние следы её обнаружатся в творчестве Андрея Платонова и Николая Заболоцкого).

Русская религиозная философия не смогла вернуть людям рубежа веков безмятежную веру в определённость и незыблемость мироздания. Но она сделала нечто другое, не менее важное: показала бесконечность духовного поиска и наметила пути к новым идеалам.

Один из них вёл в прошлое. По-новому прочитывается в это время литература XIX века — и в хорошо знакомых книгах вдруг обнаруживаются находки, очень созвучные новой эпохе. Неожиданно современно начинают звучать Фет и Тютчев, Гоголь и Достоевский. Идя дальше, писатели и поэты углубляются в дохристианское, древнее прошлое своего народа. Так же, как ранее романтики открыли для образованного городского читателя русский фольклор, авторы рубежа XIX—XX веков открывают славянскую мифологию.

Поиски гармонии и истины, однако, уводили не только в глубь веков. Поэты и писатели тех лет осваивали опыт западной литературы, перечитывали немецких и французских философов. В отличие от своих предшественников, они расширяли горизонты, отправляясь в совершенно неизведанные на тот момент края: в Палестину, Индию, Египет, Мексику, Новую Зеландию...

Таким образом, русская литература вступает в XX век, получив мощный заряд впечатлений и имея в своём распоряжении необычайно богатую палитру художественных средств, накопленных мировой культурой. Характерная примета времени — стремление синтезировать, объединять различные виды искусства. Особенно популярен становится театр как естественный синтез музыки, живописи, литературы и актёрской игры, в разных видах творчества возникают смешанные жанры. Кандинский пытается воплотить звучание музыки в своих картинах, Белый пишет поэмы-симфонии, Хлебников экспериментирует с отображением красок посредством звука.

Искусство перестало развиваться в одном направлении. Раньше эстетические системы сменяли друг друга: классицизм был «отменён» сентиментализмом, а тот уступил место романтизму, вслед за которым пришёл реализм. Каждое направление совершало свои открытия, но для мастеров последующей эпохи они уже успевали стать прошлым. Литературный процесс XX века выглядит намного сложнее — в нём сосуществуют, взаимодействуют и противоборствуют самые разные художественные тенденции. В их разнообразии можно выделить два основных потока: литература реализма и «новое искусство», ныне известное как модернизм. Главные достижения реалистов были сделаны в прозе, модернисты же царили в поэзии. Благодаря небывалому расцвету лирики в конце XIX–начале XX веков в литературоведении и возник термин «Серебряный век».

Серебряный век русской поэзии

Это определение, скорее поэтическое, чем научное, часто применяется к русскому модернизму рубежа веков («золотым веком», как известно, принято называть пушкинскую пору). Однако для тех, кто жил тогда, их время безусловно было эпохой романтизма. «Романтическим в истории является тот период, который кладёт резкую грань между двумя соседними враждующими и непримиримыми эпохами», — слова, сказанные в 1908 году, обернулись пророческими, предвещая события 1917 года и всё, что за ними последовало.

Серебряный век вообще был богат пророчествами. Заглядывая в вечность, пытаясь разгадать её тайны, художники оказались способны удивительно точно судить о своём времени в исторической перспективе. Они доверяли не фактам, но интуиции, стремились выразить невыразимое и «высказать несказа́нное» — именно поэтому основной формой творчества для модернистов стала поэзия.

Символизм

Это важнейшее литературное направление эпохи проникло в Россию из Европы — французские поэты второй половины XIX века (Шарль Бодлер, Стефан Малларме, Поль Верлен, Артюр Рембо) были главными учителями лириков

Серебряного века, но не меньшую роль играл для них опыт Гёте и немецкого романтизма, поэзия Пушкина и Тютчева, различные философские искания, от Платона до Ницше. Русский символизм стал движением романтиков, воодушевлённых философией идеализма, а программными для всего направления можно считать строки Соловьёва:

> *Милый друг, иль ты не видишь,*
> *Что всё видимое нами —*
> *Только отблеск, только тени*
> *От незримого очами?*
>
> *Милый друг, иль ты не слышишь,*
> *Что житейский шум трескучий —*
> *Только отклик искажённый*
> *Торжествующих созвучий?*
>
> *Милый друг, иль ты не чуешь,*
> *Что одно на целом свете —*
> *Только то, что сердце сердцу*
> *Говорит в немом привете?*

(«Милый друг, иль ты не видишь...», 1892)

Соловьёв первым в России увидел в символе не просто художественный приём, но способ воплотить мечту о цельности мира, связать всё со всем. По словам Вячеслава Иванова, одного из теоретиков нового поэтического направления, «символ только тогда истинный символ, когда он неисчерпаем и беспределен в своём значении», то есть его невозможно разгадать до конца: «символ имеет душу и внутреннее развитие, он живёт и перерождается».

Поэты верили, что слово способно творить чудеса, что искусство более могущественно, чем наука, а чувство всегда вернее разума. Поэтому стихи символистов написаны на языке намёков; как писал Иннокентий Анненский, «тут нельзя ни понять всего, о чём догадываешься, ни объяснить всего, что прозреваешь или что болезненно в себе ощущаешь, но для чего в языке не найдёшь и слова». За такими простыми словами, как, скажем, «небо», «звёзды», «заря», «восход» скрывался мистический смысл. Поэты стремились разгадать вечную тайну — понять, каким Бог задумал этот мир и как помочь ему снова стать божественно прекрасным.

Давно, ещё в средневековье, люди были уверены: Бог говорит с ними языком знаков. Случайным событиям и обычным предметам придавали второй, более глубокий смысл, пытаясь прочитать в них небесные послания, предостережения или поучения. Так появились символы — появились и вошли в повседневную жизнь как свод знаний человека о законах мироздания. Например, роза без шипов была символом Богоматери и святой любви, а обычная чёрная кошка — воплощением дьявола. Мысль о том, что божественное рассыпано по крупицам в повседневности, оказалась очень привлекательна для поэтов эпохи рубежа. Они решили овладеть этим тайным языком и перенести на бумагу в образной форме то, что Господь образно воплотил в мире. Так символ пришёл в поэзию.

Всё вышесказанное объясняет ещё одну особенность символизма: художники этого направления не сомневались в своей избранности. Они чувствовали себя посланниками Бога на земле и, более того, подчас готовы были разделить Его полномочия, взяв на себя заботы о человечестве и ответственность за него. Такая дерзость, впрочем, имела «лингвистическое» оправдание. Разумеется, те, кто во всём видели знаки свыше, не могли пропустить двойное значение слов «творец», «создатель». Написанные с маленькой буквы, они означают человека, который занимается творчеством и что-то создаёт. Но ведь Творцом и Создателем называют Бога, сотворившего, создавшего Землю и людей!

Итак, символисты уверовали в своё высокое предназначение — Соловьёв прямо говорил, что художественное творчество есть «земное подобие творчества божественного». Тем не менее символизм — искусство, а не богословие, поэтому поэты не пересказывают Библию, а строят собственную модель мира. Под их пером рождается новый миф, пожалуй, один из самых красивых в истории европейской цивилизации — ведь красота в нём неотделима от высот человеческого духа.

У истоков русского символизма стояли двое. **Дмитрий Сергеевич Мережковский** (1866–1941) был теоретиком нового направления, он сформулировал и обнародовал главные принципы символистского понимания красоты и мира в целом. В книге «О причинах упадка и о новых течениях современной русской литературы» (1893) была названа главная причина кризиса классического искусства — «болезненный, неразрешимый диссонанс» современности, не позволяющий человеку обрести покой и гармонию. Спасение Мережковский видел в «идеальной человеческой культуре», способной открыть божественную сущность мира. «Без веры в божественное начало, — писал он, — нет на земле красоты, нет справедливости, нет поэзии, нет свободы». А идеальное искусство, по мнению писателя, имеет три признака: «мистическое содержание, символы и расширение художественной впечатлительности».

Все эти принципы реализовал в своём творчестве **Валерий Яковлевич Брюсов** (1873–1924). В двадцать с небольшим лет он стал вождём символизма. Брюсов буквально заставил критиков и читателей говорить о новой поэзии, спорить, размышлять. Он выпустил в 1890-х годах один за другим три сборника «Русские символисты» (правда, составил их главным образом из своих стихов, напечатанных под разными псевдонимами — так была создана иллюзия большой группы единомышленников). Сначала никто не воспринял всерьёз эти тоненькие книжки. Даже Владимир Соловьёв, чья философия, несомненно, повлияла на молодого поэта, отзывался на каждую публикацию разгромной рецензией, высмеивая вычурность, туманность и нелогичность «новой поэзии».

Однако насмешки Соловьёва сослужили символизму хорошую службу — течение заметили, оно стало скандально известным, а значит, интересным широкой публике. Не могло не запомниться и поэтическое напутствие Брюсова:

> Юноша бледный со взором горящим,
> Ныне даю я тебе три завета:
> Первый прими: не живи настоящим,
> Только грядущее — область поэта.
>
> Помни второй: никому не сочувствуй,
> Сам же себя полюби беспредельно.
> Третий храни: поклоняйся искусству,
> Только ему, безраздумно, бесцельно.

(«Юному поэту», 1896)

Одновременно с этим растёт мастерство Брюсова. В новый век он вступает уже признанным поэтом, критиком, знатоком и исследователем литературы, сумев значительно обогатить поэзию своей эпохи, заново открыть для неё забытые приёмы, ритмические схемы, да и целые периоды из истории мировой культуры (не случайно поздпсс у него родится замысел грандиозной книги «Сны человечества», воссоздающей «жизни всех народов и всех времён», а также «все формы, какие прошла лирика»). Вот отрывок из одного стихотворения:

> Близ медлительного Нила, там, где озеро Мерида, в царстве пламенного Ра,
> Ты давно меня любила, как Озириса Изида, друг, царица и сестра!
> И клонила пирамида тень на наши вечера.

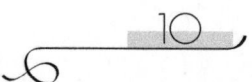

<...>

Разве ты, в сияньи бала, лёгкий стан склонив мне в руки — через за́весу времён —
Не расслышала кимвала, не постигла гимнов звуки и толпы ответный стон?
Не сказала, что разлуки кончен, кончен долгий сон!

(«Встреча», 1906–1907)

Здесь соединяются тайна вечности и таинство любви, человек и Космос. Завораживающая ритмика, мелодика стиха, построенная на необычной рифмовке (все строки трёхстиший пронизаны внутренними рифмами), повторах слов и отдельных звуков — всё это заставляет ощутить магию неотвратимости, уверовать в мистику судьбы, которая в XX веке устраивает встречу влюблённым, чьи сердца были отданы друг другу тысячи лет назад, в Древнем Египте.

За свою жизнь Брюсов успел сделать невероятно много. «Его историческое значение огромно, — пишет Константин Мочульский, исследователь жизни и творчества вождя символистов. — Он поставил ремесло подножием искусству: упорной и тяжёлой работой дошёл до мастерства, и навсегда оградил поэзию от дилетантизма... Он был своего рода Ломоносовым, и вся современная русская поэзия многим ему обязана».

Тем временем символизм идёт вперёд, расширяется круг его приверженцев. Самые именитые из них, кроме уже упомянутых — *Константин Бальмонт* (1867–1942), *Фёдор Сологуб* (1863–1927), *Зинаида Гиппиус* (1869–1945). Это те, кого вместе с Мережковским и Брюсовым принято называть старшими символистами. Разумеется, каждый из них — самостоятельная и яркая творческая индивидуальность, поскольку общность принципов и идеалов не мешает своеобразию стиля. Брюсов вообще считал, что главное в искусстве — личность художника, поэтому знакомство с произведением — это прикосновение к душе поэта, попытка увидеть в его внутреннем мире отражение мира большого, попытка проникнуть в тайны того и другого. «Для кого всё в мире просто, понятно, постижимо, тот не может быть художником».

Ещё в 1880-е годы начал выступать в печати с критическими статьями и рецензиями **Иннокентий Анненский** (1856–1909), учёный, педагог, драматург, поэт, которому принадлежит особое место в литературе рубежа веков. Занимаясь поэтическим творчеством всю сознательную жизнь, он стал «символистом до символизма», последовательно реализуя принципы импрессионизма в искусстве слова. Внешне стихи Анненского отражают обыденную жизнь современного ему городского человека, но за повседневностью с её сиюминутными переживаниями встают размышления о вечном: смысле и бессмысленности человеческого существования, реальности и призрачности ценностей земной жизни. Как писал сам поэт, ему отрадно было сознавать «иллюзорность вчерашнего верования» — и в этом состоит его главное расхождение с большинством символистов, устремлённых к созиданию высших ценностей вопреки непрочности всего земного. Однако импрессионистическая поэтика неоднозначных, недосказанных образов, сочетаясь с философским складом размышлений, оказалась близка к символизму. Лирика Анненского оказалась нужнее потомкам, чем современникам: выпущенный после его смерти сборник «Кипарисовый ларец» (1910) был с благодарностью встречен поэтами разных течений.

Дело старшего поколения символистов в XX веке продолжают молодые — на сцену выходят новые фигуры. Младосимволисты *Александр Блок* (1880–1921), *Вячеслав Иванов* (1866–1949), *Эллис (Лев Кобылинский)* (1879–1947), *Сергей Соловьёв* (1885–1942) доказали: «в поэзии то, что не сказано и мерцает сквозь красоту символа, действует сильнее на сердце, чем то, что выражено словами». Каждый из них занял в творческом объединении свою нишу.

Одним из лидеров и главных теоретиков группы стал **Андрей Белый** (1880–1934, настоящее имя — *Борис Бугаев*). Осенью 1903 года он с группой единомышленников создаёт кружок «аргонавтов» (в память о легендарном путешествии Одиссея за золотым руном на корабле под названием «Арго» и с намёком на то, что путь символистов имеет своей целью нечто не менее прекрасное — познание мистических тайн бытия). Сам Белый на этом пути совершил немало художественных открытий. Знакомство с книгой немецкого философа и поэта Фридриха Ницше «Рождение трагедии из духа музыки» помогает русскому поэту увидеть в музыке выражение универсальных законов мироздания. У музыкального произведения нет материальной формы — значит, ничто не скрывает глубинную, мистическую сущность. В 1900–1908 годах Белый реализует мечту символистов о синтезе искусств, создавая экспериментальные поэтические «Симфонии», которые до сих пор не имеют аналогов в литературе. Поэт подчиняет слово законам музыки, отказывается от традиционного сюжета, заменяет его чередованием и развитием как бы «музыкальных» тем, использует в литературном произведении музыкальные приёмы и техники. Эти стилистические находки лягут в основу дальнейшего творчества Белого, а впоследствии будут активно использованы в «орнаментальной прозе» 1920-х годов. По словам известного литературоведа Виктора Шкловского, «без Симфоний Белого... невозможна новая русская литература».

В дальнейшем Белый осваивает крупные литературные формы — его роман «Серебряный голубь» (1909) посвящён размышлениям о месте России между Востоком и Западом; «Петербург» (1912–1913) — чрезвычайно сложный роман с многоуровневой системой символических смыслов, «роман сознания», написанный ритмической прозой.

Сам Белый не мыслил своего творчества вне символизма. В работе «Символизм как миропонимание» (1904) разъясняется то, что скрыто за «туманом» стихотворных строк. Мир, по Белому, состоит из символов, связанных друг с другом и составляющих глобальную систему идеальных объектов. Символ может реализовать себя в трёх сферах: мистической (как послание свыше), идейной (в различных символистских моделях) и практической (как приём, используемый в творчестве и в жизни).

Душой и совестью символизма стал *Александр Блок*. Как и все великие художники, он «перерос» направление, в русле которого протекали его ранние годы. Пережив и отразив распад своего творческого круга, Блок шагнул дальше, только уже в одиночестве.

Акмеизм

В 1910 году, когда всем стало ясно, что символизм исчерпал себя, так и не придя к разгадке Космоса, в среде его критиков зазвучали голоса, предлагавшие иной путь развития русской поэзии, иную эстетику, иные задачи.

Писатель, поэт и драматург *Михаил Кузмин* (1872–1936) в статье «О прекрасной ясности», упрекая символистов за непонятные образы и небрежное отношение к литературным жанрам, призывал всех художников слова: «Пусть ваша душа будет цельна или расколота, пусть миропостижение будет мистическим, реалистическим, скептическим или даже идеалистическим…, но, умоляю, будьте логичны… в замысле, в постройке произведения, в синтаксисе». «Кларизм» — так назвал Кузмин этот принцип, используя латинский корень со значением «ясность».

Тремя годами позже, в 1913, поэт *Николай Гумилёв* написал статью «Наследие символизма и акмеизм». В ней была изложена программа нового течения, взявшего за основу принцип кларизма и призывающего «всегда помнить о непознаваемом, но не оскорблять свои мысли о нём более или менее верными догадками». Взамен этого предлагалось вернуть утраченную свежесть восприятия, открыть мир заново. Само же слово «акмеизм», имеющее греческое происхождение, Гумилёв объяснял как «высшую степень чего-либо, цвет, цветущую пору».

Здесь звучит напоминание о главной задаче акмеистов — довести до совершенства поэтическое мастерство, поставив его на службу земной красоте. Символисты, считает он, были наказаны за «нецеломудрие» — они, увлечённые сверхъестественным и нескромно пытавшиеся разгадать его тайны, не заметили красоты реального мира.

Гумилёв создал «Цех поэтов» — организацию, которая должна была стать мастерской новой поэзии. «Цеховиков» было немало, особенно вначале, но со временем из них выделилась более узкая группа: **Анна Ахматова** (1889–1966), **Сергей Городецкий** (1884–1967), **Николай Гумилёв** (1886–1921), **Михаил Зенкевич** (1886–1973), **Осип Мандельштам** (1891–1938), **Владимир Нарбут** (1888–1938). Попасть в «Цех поэтов» было непросто. Новички принимались в него по результатам строгого отбора и выполняли задания старших, предлагавших темы и жанры для написания стихотворений.

Было у акмеизма и другое название — «адамизм». Оно должно было отражать «мужественно твёрдый и ясный взгляд на жизнь» — взгляд, подобный тому, каким смотрел вокруг себя Адам, первый человек на Земле. Он пришёл в этот мир наивным и чистым, не обладая знаниями человека XX века, его кругозором и сложным мышлением. Адамизм предпочитает однозначность многозначности, а понятный образ — символу, который «тёмен в своей глубине». Ахматова писала:

> *Нам свежесть слов и чувства простоту*
> *Терять не то ль, что живописцу зренье...*

Городецкий объяснял: «У акмеистов роза опять стала хороша сама по себе, своими лепестками, запахом и цветом, а не своими мыслимыми подобиями с мистической любовью или чем-нибудь ещё».

Впрочем, акмеистам не удалось до конца воплотить в жизнь принципы адамизма и достичь абсолютной ясности. Тому есть две причины: во-первых, поэзия требует подтекста, а во-вторых, то, что автору кажется простым, далеко не всегда таковым является. Однако, с точки зрения адамистов, всех их объединяет одно: открытие человеческой мудрости и силы творчества в земной жизни, а не в стремлении к Богу. Акмеизм остался в истории литературы не программами и манифестами, а уникальными талантами, каждый из которых оказался шире и глубже канонов школы.

Николай Степанович Гумилёв (1886–1921), будущий вождь акмеистов, свою первую книгу стихов «Путь конквистадоров» опубликовал в 1905 году, ещё будучи гимназистом.

Лирический герой раннего Гумилёва — странник и воин, искатель приключений. В знаменитом «Сонете» (1905) он представлен как «конквиста́дор в панцире железном», то есть средневековый испанский воин, покоряющий дикие земли Америки. Им движет не религиозная идея, а азарт первопроходца, жажда деятельности, любовь к преодолению препятствий и опасностей. Мужественные интонации, сильное волевое начало этих стихов и были их отличительной особенностью.

> Я конквистадор в панцире железном,
> Я весело преследую звезду,
> Я прохожу по пропастям и безднам
> И отдыхаю в радостном саду.

Такой герой — в большой степени лирический автопортрет молодого поэта, пусть и в средневековом костюме. Гумилёв сам немало странствовал по свету, открывая для себя малознакомый в ту пору африканский континент. В путешествиях рождаются красивые стихи, наполненные романтикой и очарованием экзотических стран. Они составили два сборника: «Жемчуга» (1910) и «Чужое небо» (1912). Говоря о том, что эти книги не являются вершиной творчества Гумилёва, исследователи тем не менее признают их важную роль в творческой судьбе поэта, который шёл через «чужое» к родному и искренне считал, что «самый правильный путь в поэзии — самый трудный». Последовательно воплощая романтические мечты юности, Гумилёв отодвигал их в прошлое, открывая себя для новых, более значительных стремлений и свершений.

Во многом на поэзию «конквистадора» повлияли его отношения с Анной Ахматовой и брак с ней. Её черты легли в основу женского образа гумилёвской любовной лирики, определив и характер переживания: любовь — это начало пути, который ведёт к разлуке, а женщина — «древнее Распятье», несущее страдания. Кроме того, для героя Гумилёва любовь нередко оборачивается борьбой, и в этой битве он всегда проигрывает любимой, точнее, сдаётся без боя. Рыцарь не воюет с женщиной, потому что не может ранить её или даже просто упрекнуть; всё, что он может — прощать и защищать.

Первая мировая война не оставила Гумилёва в стороне. Он ушёл добровольцем на фронт, где совмещал литературную деятельность с активным участием в боевых действиях. За мужество, проявленное в сражениях, офицер Гумилёв был награждён двумя орденами. Зато он, пожалуй, был единственным из современных ему русских литераторов, кого совершенно не затронула Октябрьская революция 1917 года. В мае поэт уезжает в Грецию и возвращается только в апреле 1918 — уже в Советскую Россию. Он читает лекции в институте Истории искусств, работает в редколлегии издательства «Всемирная литература», в семинаре пролетарских поэтов, словом, всячески способствует просвещению современников и распространению культуры.

По-новому начинают звучать и стихи Гумилёва. «Мир стал больше человека», — пишет он. Сборник стихов «Колчан» (1916) открывает читателю поэта, полного патриотических и гражданственных настроений. Следующая книга — «Костёр» (1918) — доказала, что романтик превратился в философа, стремящегося понять и объяснить собственное бытие. Финальным аккордом стал последний, изданный посмертно сборник «Огненный столп» (1921) — самая зрелая книга Гумилёва. Её стихотворения вызваны к жизни размышлениями о вечных проблемах: смысле жизни и счастья, противоречиях души и тела, идеала и действительности.

В «Огненном столпе» значительно меньше внешних эффектов, они уступают место той самой «прекрасной ясности», о которой мечтали акмеисты, и прозрачная, якобы простая форма создаёт удивительный контраст с глубоким содержанием.

> *Только змеи сбрасывают кожи,*
> *Чтоб душа старела и росла,*
> *Мы, увы, со змеями несхожи,*
> *Мы меняем души, не тела.*

(«Память», 1920)

Поэт и его лирический герой очень требовательны к себе, по-прежнему полны жаждой деятельности, но теперь они хотят быть полезными обществу.

> *Я, что мог быть лучшей из поэм,*
> *Звонкой скрипкой или розой белою,*
> *В этой жизни сделался ничем,*
> *Вот живу и ничего не делаю...*

(«Я, что мог быть лучшей из поэм...», 1917–1918)

1921 год, творчески насыщенный и плодотворный, стал для Гумилёва роковым, последним. Поэта обвинили в причастности к антисоветскому заговору — обвинили безосновательно — и вскоре расстреляли. Его стихи на долгие десятилетия были преданы забвению. Лишь в 1987 году восстановлено доброе имя Гумилёва и заново открыта одна из самых ярких страниц в истории литературы Серебряного века, полная экзотики, сентиментальности, самоиронии, глубоких чувств и спокойной мудрости.

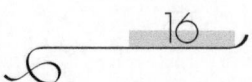

Осип Эмильевич Мандельштам (1891–1938), родившись в Варшаве, провёл в Петербурге детство и юность. После этого он учился во Франции и Германии, путешествовал по Италии и Швейцарии и вновь вернулся в Россию — чтобы поступить на историко-филологический факультет Петербургского университета, где и учился вплоть до февральской революции 1917 года.

Впрочем, события личной жизни поэта мало повлияли на творчество. Понять непростые стихи Мандельштама помогает не биография их автора, а его теоретические и литературно-критические работы. Главная из них — статья «Утро акмеизма», написанная в 1912 году. В ней появляется очень важный образ: искусство поэзии подобно искусству архитектуры, и так же, как здание строится по законам точных наук, стихотворение должно строиться на основании нерушимой логики.

Тем не менее, поэзия Мандельштама далека от логических построений — не случайно критики очень жёстко отзывались о ней, отказываясь искать смысл зыбких образов и «неправильных» фраз. Поэт же верил: логика художественной действительности должна быть важнее законов материального мира, поскольку искусство не копия жизни, а одно из её проявлений.

> *Невыразимая печаль*
> *Открыла два огромных глаза,*
> *Цветочная проснулась ваза*
> *И выплеснула свой хрусталь.*
>
> *<...>*
>
> *Немного красного вина,*
> *Немного солнечного мая —*
> *И, тоненький бисквит ломая,*
> *Тончайших пальцев белизна.*

(«Невыразимая печаль...», 1909)

На первый взгляд, стихотворение написано в манере символистов — те же разрозненные детали, не желающие складываться в простую и понятную картину, та же завораживающая музыкальность, будто бы призванная отвлекать от «невнятности» слов. Но у Мандельштама всё совершенно «правдоподобно». Это всего лишь отражение реального мира в сознании и подсознании реального человека. Поэт точно подмечает нашу склонность видеть и думать «пунктиром», выхватывая взглядом то, что отвечает сиюминутному настроению, перескакивая в мыслях от одной идеи к другой по хрупким мостикам случайных ассоциаций. А музыка этих стихов погружает читателя в состояние, близкое состоянию лирического героя, чтобы вызвать сходный поток мыслей и чувств.

В лирике Мандельштама важную роль играет пространство культуры. Поэту не интересно течение времени, потому и в стихах так мало действия, движения, а из предложений так часто выпадают глаголы (как, например, безглагольным остаётся деепричастный оборот в последних строках приведённого выше стихотворения). Мандельштаму близко мироощущение средневекового художника, который мог на одной картине изобразить три эпизода, поставив прошлое, настоящее и будущее плечом к плечу друг с другом. «Смесь рассудочности и мистики, ощущение мира как живого равновесия» — вот что привлекало его в средневековье. Он мечтал соединить достижения прежних эпох с новыми открытиями искусства и науки, категорически отрицая идею прогресса в литературе.

Мандельштам вступает в открытый диалог с Тютчевым, давая одному из своих стихотворений название «Silentium». Там, где лирик XIX века задавался вопросами о человеке, поэт века XX готов дать ответы о природе вещей в целом.

Как сердцу высказать себя?
Другому как понять тебя?
Поймёт ли он, чем ты живёшь?
Мысль изречённая есть ложь
Взрывая, возмутишь ключи,
Питайся ими — и молчи.

(«Silentium!», Ф. И. Тютчев, 1830)

Да обретут мои уста
Первоначальную немоту,
Как кристаллическую ноту,
Что от рождения чиста!

Останься пеной, Афродита,
И слово в музыку вернись,
И сердце сердца устыдись,
С первоосновой жизни слито!

(«Silentium», О. Э. Мандельштам, 1910)

Для Мандельштама гармония заключается не в душе человека, но в первоначальном благодатном состоянии мира, где царит «всего живого ненарушаемая связь», и задача поэзии — возродить былое целомудрие, ибо оно — основа покоя и красоты.

Начиная с первой книги стихов «Камень» (1913) и вплоть до двадцатых годов Мандельштам только укреплялся в своём мировоззрении и поэтической манере. Но неумолимое время разрушило его мир, сломав сначала творческое мышление, а затем и жизнь поэта. Предчувствуя это, он пишет:

Век мой, зверь мой, кто сумеет
Заглянуть в твои зрачки

И своею кровью склеит
Двух столетий позвонки?

(«Век», 1923)

И в другом, более позднем стихотворении отвечает на собственный вопрос: «Мне на плечи кидается век-волкодав...» (1931).

Ступив на чуждый ему путь «гражданской» поэзии как способа политической борьбы, Мандельштам был выслан в провинцию за дерзкие стихи о Сталине, но не перестал их писать. Разумеется, поэт не мог и мечтать о публикации подобных стихотворений — их было опасно даже записывать на бумаге. Цикл «Воронежские тетради» дошёл до современного читателя только благодаря самоотверженности преданных друзей Мандельштама, хранивших стихи в памяти. Через некоторое время, задыхаясь от провинциальной жизни в Воронеже, он нарушает запрет на проживание в крупных городах и возвращается домой, в бывшую столицу, а теперь город Ленинград. В результате — арест, приговор и заключение. В 1938 году он умер в пути из одного лагеря в другой где-то под Владивостоком.

При всём том, что Гумилёв и Мандельштам были признанными лидерами акмеизма, разговор об этом течении не может состояться без упоминания имени Анны Андреевны Ахматовой (1889–1966). Однако для неё акмеизм стал лишь школой поэзии, благодатной почвой, по которой были сделаны первые шаги великой поэтессы. То, что создано ею в последующие полвека, уже не принадлежит ни одному литературному объединению, оставаясь гордостью всей русской литературы.

Футуризм

Незадолго до того, как прозвучали первые манифесты акмеистов, Россия узнала ещё об одном художественном движении. Оно зародилось в Италии, где в 1909 году Филиппо Томмазо Маринетти выпустил «Манифест футуризма», объявив старое (то есть традиционное) искусство непригодным для нового времени, для новой «машинной» цивилизации. Само слово «футуризм», образованное от латинского «futurum», что значит «будущее», отражало желание поэтов-реформаторов опередить время.

Русский футуризм заявил о себе в 1912 году, когда вышел в свет сборник

«Пощёчина общественному вкусу», открывавшийся большой программной статьёй — в ней «будетляне» (так называли себя футуристы-россияне: «люди, которые будут») излагали цели и принципы своего искусства. Авторы статьи — Давид Бурлюк (1882–1967), Алексей Кручёных (1886–1968), Владимир Маяковский (1893–1930) и Велимир Хлебников (1885–1922) — предлагали «сбросить Пушкина, Достоевского, Толстого и проч. и проч. с Парохода Современности», признавались в «непреодолимой ненависти к существовавшему до них языку», а взамен намеревались создать собственный, пополнив словарь «произвольными и производными словами», отменив законы грамматики и синтаксиса. Заодно с нормами языка футуристы отрицали и нормы морали, отказывались признавать те ценности, которые утверждала вся предшествующая русская литература.

Такие заявления, безусловно, шокировали читающую публику. Футуристы намеренно дразнили, эпатировали, провоцировали — словом, привлекали к себе внимание. Для поддержания скандальной славы они регулярно устраивали публичные выступления, раздражавшие «общественный вкус» не меньше, чем названия футуристических сборников («Дохлая луна», «Доители изнурённых жаб» и т.п.). Дошло до того, что к анализу столь «ненормального» явления привлекли психиатров — в 1914 году в Петрограде даже вышла вполне серьёзная книга «Футуризм и безумие».

Репутация дерзких хулиганов принесла «будетлянам» шумную популярность, особенно среди молодёжи и тех, кто боялся отстать от моды на всё новое и ультрасовременное. Это вызвало огромное количество пародий и мистификаций. Например, в одной из газет однажды появилось признание группы провинциальных журналистов и литераторов в том, что они издали «футуральманах» под названием «Я» с целью «показать публике, как легко писать якобы футуристические вещи всякому, кому только не лень». Шутники придумали «новое футуристическое течение психофутуризм», составили «манифест» и в какие-нибудь три-четыре часа сочинили для альманаха десятки «поэмуз», «звукоз» и «психо-штрихов». Издание было раскуплено за несколько дней!

Футуристы увлечённо искали «Самоценное Слово» (слово, ценное само по себе, а не благодаря его конкретному смыслу), изобретали новые формы выразительности. Активно используя словотворчество, свободный синтаксис, приёмы рекламы и плаката, необычный внешний вид стихотворения (так называемый «графический стих»), русский футуризм, тем не менее, не произвёл революции в содержании поэзии. «Власть новых тем» не состоялась, и каждый из действительно талантливых художников этой группы вернулся к тем вопросам, которыми задавались «сброшенные с Парохода Современности» Пушкин и Достоевский. Футуристы прославляли городскую культуру и город как воплощение технического прогресса, они, вслед за итальянскими собратьями, были довольно агрессивны по отношению к реальным или потенциальным противникам. Однако их агрессия заметно смягчалась юмором, иронией (в том числе и самоиронией), а шум городской толпы так и не смог заглушить голос сердца.

Русский футуризм, в отличие от итальянского, был очень неоднороден, и это говорит о том, что «хулиганы» серьёзно относились к своему творчеству. Наиболее значительный след в истории литературы оставили две группировки.

Эгофутуристы — группа с довольно консервативной программой. В неё входили петербургские поэты Игорь Северянин (1887–1941), Иван Игнатьев (1892–1914), Константин Олимпов (1889–1940), Василиск Гнедов (1890–1978) и некоторые другие. Вот главные тезисы их «вселенского футуризма»:

«1. Душа — единственная истина.

2. Самоутверждение личности.

3. Поиски нового без отверганья старого.

4. Осмысленные неологизмы.

5. Смелые образы, эпитеты, ассонансы и диссонансы.

6. Борьба со стереотипами.

7. Разнообразие метров».

Заявив о себе в 1911 году, эгофутуристы поначалу казались радикальными новаторами. Например, «Поэма конца», созданная Гнедовым, состояла из названия и чистого листа бумаги, а «чтение» поэмы со сцены заключалось в том, что автор поднимал правую руку к волосам, затем резко опускал вниз, после чего отводил её вправо. Однако очень скоро, после первых выступлений кубофутуристов подобные выходки перестали производить впечатление.

Эгофутуризм прославился творчеством ***Игоря Северянина*** (настоящее имя — Игорь Васильевич Лотарёв (1887–1941)). Его популярность не имела себе равных.

> *Я, гений Игорь Северянин,*
> *Своей победой упоён:*
> *Я повсеградно оэкранен,*
> *Я повсесердно утверждён!*

Эти строки, полные самолюбования, были, как ни странно, недалеки от истины. Северянина обожали сотни и тысячи читателей, привлечённых яркими, подчёркнуто «изысканными», преувеличенно «красивыми» образами его стихов (впрочем, сам поэт предпочитал придуманное им слово «поэзы»). «Визитной карточкой» поэта стало стихотворение **«Увертюра»** (1915):

Ананасы в шампанском! Ананасы в шампанском!
Удивительно вкусно, искристо и остро!
Весь я в чём-то норвежском! Весь я в чём-то испанском!
Вдохновляюсь порывно! И берусь за перо!

Стрёкот аэропланов! Беги автомобилей!
Ветропросвист экспрессов! Крылолёт буеров!
Кто-то здесь зацелован! Там кого-то побили!
Ананасы в шампанском — это пульс вечеров!

В группе девушек нервных, в остром обществе дамском
Я трагедию жизни претворю в грёзофарс...
Ананасы в шампанском! Ананасы в шампанском!
Из Москвы — в Нагасаки! Из Нью-Йорка — на Марс!

Вызывающая броскость, а порой и явная банальность не мешали поэзии Северянина быть лиричной, напевной, музыкальной — не случайно некоторые из его стихотворений действительно были положены на музыку и стали (в исполнении Александра Вертинского) песенными шедеврами XX века.

Ценители высокой литературы презирали Северянина или насмехались над ним. Обыватели, невзыскательному вкусу которых он умел угождать, в 1918 году избрали его «королём поэзии». А те, кто знал главного эгофутуриста лично, подобно Георгию Шенгели, утверждали: «Игорь обладал самым демоническим умом... И все его стихи — сплошное издевательство над всеми и всем, и над собой».

Что же касается собственно художественных достижений Северянина, то нельзя не отметить его вклад в развитие поэтической речи — ведь именно он начал активно использовать неологизмы и окказионализмы, наглядно демонстрируя безграничные возможности русского языка (только в «Ананасах»: «ветропросвист», «крылолёт», «грёзофарс» плюс несуществующие формы слов: «порывно», «бéги»).

Кубофутуристы — самая многочисленная, самая громкая и самая интересная из всех футуристических группировок. Она возникла на основе кружка «Гилея», куда входили братья Давид и Николай Бурлюки (1882–1967, 1890–1920), Елена Гуро (1877–1913), Алексей Кручёных (1886–1968), Василий Каменский (1884–1961), Велимир Хлебников (1885–1922), Владимир Маяковский (1893–1930). Кубофутуристы по-своему воплотили мечту многих художников начала

XX века о синтезе искусств, так как среди них были не только поэты. Некоторые удачно сочетали литературный талант с живописным, потому и образы их поэзии имеют много общего с авангардной живописью и плакатом тех лет. Даже своим названием кубофутуристы обязаны кубизму, лидером которого в европейской живописи стал Пабло Пикассо, а в русской — Казимир Малевич. Стихи раннего Маяковского легко представить изображёнными на холсте в этой художественной манере:

Багровый и белый отброшен и скомкан,
в зелёный бросали горстями дукаты,
а чёрным ладоням сбежавшихся окон
раздали горящие жёлтые карты.

(«Ночь», 1912)

Кубофутуристы с разрисованными лицами и в полукарнавальных костюмах устраивали публичные выступления, читая свои стихи и провозглашая принципы нового искусства. Они заявляли, что «красота — это не воспоминания старушек и старичков, утирающих слёзы платочками, а это современный город-дирижёр, растущий в небоскрёбы, курящий фабричными трубами, лезущий по лифтам на восьмые этажи. Красота — это микроскоп в руках науки, где миллионные точки бацилл изображают мещан и кретинов...»

В поисках «самовитого слова» кубофутуристы писали принципиально бессмысленные стихи, видя в них некий «сверхсмысл». Классический пример такой поэзии — произведение Кручёных:

Дыр бул щыл
убешщур
скум
вы со бу
р л эз,

где нет ни одного значимого слова и отсутствует даже подобие грамматической или синтаксической конструкции.

И всё же поэзия кубофутуристов — не только эпатаж. Серьёзные исследования и удачные находки в области поэтической формы соединились с лиризмом и гуманизмом в лучших творениях **Велимира Хлебникова** (Виктора Владимировича Хлебникова, 1885–1922).

Он никогда не стремился к бессмысленности своих стихов. Напротив, задачи, которые ставил перед собой Хлебников, во многом напоминали ориентиры символистов — «жизнетворящее» искусство должно восстановить разорванные связи между людьми, между человеком и природой, человеком и Космосом. В отличие от прочих футуристов Хлебников творил на прочном фундаменте русской истории и мифологии, был всерьёз увлечён изысканиями А. И. Афанасьева, чей труд «Поэтические воззрения славян на природу», опубликованный в конце 1860-х, открыл для интеллигенции неожиданные глубины народной культуры, искусства, мировоззрения. Оттуда же, из работы Афанасьева поэт почерпнул и идею о неразрывной связи мифологического мышления со словотворчеством. Хлебников не был славянофилом, он с готовностью принимал достижения других культур и искренне верил в великую миссию России — объединить Запад и Восток.

Всё это далеко не сразу оформилось в единый художественный мир. По словам Гумилёва, страницы сочинений Хлебникова «кажутся обрывками какого-то большого, никогда не написанного эпоса». Душой его и стержнем, несомненно, была идея создания нового языка — языка будущего — на основании изучения древнеславянских корней и «незамутнённой стихии народной речи». Неологизмы Хлебникова действительно рождают новые образы, а не просто приходят на замену старым, надоевшим словам, поэтому и понять их гораздо сложнее, чем словотворчество Северянина или Маяковского. Например, в существительном «любеса» соединяются корень «люб-» (любить, любовь) и довольно редкий суффикс, образующий множественное число слова «небо» — «небеса» и «тело» — «телеса». В результате происходит сочетание и взаимное обогащение смыслов. Такие неологизмы не только называют предметы и явления, но и сразу же дают им характеристику. В одном из стихотворений синтез слов «время» и «снегири» даёт очень выразительный образ пролетающих мгновений:

Где шумели тихо ели,

Где поюны крик пропели,

Пролетели, улетели

Стая лёгких времирей.

(«Там, где жили свиристели…», 1908)

Другое направление научно-поэтических опытов Хлебникова — природа звука и его выразительные возможности. Обнаруживая ассоциативную связь звуков с красками, формами и эмоциями, поэт предлагает читателю картины, написанные

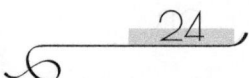

не словами, но звуками. Попробуйте увидеть за этими строками портрет:

> *Бобэ́оби пелись губы.*
>
> *Вээ́оми пелись взоры.*
>
> *Пиээ́о пелись брови.*
>
> *Лиэээ́й пелся облик.*
>
> *Гзи-гзи-гзэ́о пелась цепь.*
>
> *Так на холсте каких-то соответствий*
>
> *Вне протяжения жило лицо.*

(«Бобэоби пелись губы...», 1908–1909)

Смелый эксперимент оказывается удачным — «бобэоби» действительно вызывает в воображении полные губы, «пиээо» — тонкие изогнутые брови... Хлебников сумел проникнуть в психологию звука, овладел его скрытыми возможностями. Однако «заумный язык», придуманный поэтом, так и не вошёл в литературный и, тем более, речевой обиход — вероятно, потому, что Хлебников не угадал направление, по которому в дальнейшем пошло развитие русского языка (вместо возвращения к славянским истокам произошло расширение словаря за счёт иноязычных заимствований, которые, наоборот, вытеснили немало исконно русских слов).

Впрочем, Хлебников оставил после себя не только «заумные» стихи. В его творческом наследии, особенно последних лет жизни, немало вещей, написанных предельно просто. Эти стихи доносят до нас сосредоточенные размышления поэта о человеке и о том месте, которое он занимает в мире.

> *Когда умирают кони — дышат,*
>
> *Когда умирают травы — сохнут,*
>
> *Когда умирают солнца — они гаснут,*
>
> *Когда умирают люди — поют песни.*

(«Когда умирают кони — дышат», 1912)

Футуризм не надолго задержался на литературной арене после 1917 года. Бесшабашное хулиганство кубофутуристов, «заумный» язык Хлебникова и самолюбование Северянина оказались одинаково чужды суровой политизированной атмосфере нового времени. Вжиться в неё, не изменив себе, сумел лишь Маяковский, но и его творческий путь был крайне драматичным, завершившись трагической развязкой.

Новокрестьянская поэзия

Романтическое мироощущение, которое легло в основу искусства рубежа веков, вызвало к жизни новую волну интереса к народной культуре: быту, языку, фольклору, мифологии русского крестьянства. Народная тематика приходит в музыку, живопись, театр. Не остаётся в стороне и литература — заметную роль в ней играет группа неокрестьянских поэтов: *Николай Клюев* (1884–1937), *Сергей Клычков* (1889–1937), *Александр Ширяевец* (1887–1924), *Пётр Орешин* (1887–1938) и, конечно, *Сергей Есенин*.

Все они были выходцами из деревни, причём из разных уголков России. С одной стороны, это свидетельствовало о тяге сельских жителей к образованию и цивилизации, с другой — о кризисе городской культуры, которая осознала свою поверхностность, болезненность (не зря ведь город предстаёт столь холодным, извращённым и пугающим в стихах многих поэтов тех лет). Пришествие в литературу крестьянских детей открыло городской интеллигенции мир деревни, в которой многое изменилось со времён Кольцова и Никитина, но многое сохранилось, потому что было унаследовано от более далёких предков.

Очень популярна стала идея «хождения в народ». Художники и философы верят: они могут научиться у крестьян целостному взгляду на мир, научиться любить жизнь и не требовать от неё невозможного. Духовное «народничество» приходит на смену политическому. В народных верованиях, переживших многие сотни лет, ищут корень истины. Особенно важным оказывается религиозный аспект — старообрядчество, сектантство, двоеверие привлекают пристальное внимание исследователей и просто любопытствующих.

Первым посланником крестьянской культуры стал **Николай Алексеевич Клюев** (1884–1937). Его успех был связан с интересом публики к жизни старообрядцев. Те, кто после церковной реформы в XVII веке не пожелал отказаться от древних канонов веры, скрылись от преследования в лесах, построили там свои деревни, и их потомки сохранили без изменений весь былой уклад. Теперь экзотика средневекового быта и мистическая аура религиозного подвижничества волновали умы интеллигенции. Неизвестно, был ли Клюев на самом деле старообрядцем, но его стихи насквозь пропитаны этим духом.

Клюеву удалось соединить две эстетики: фольклора и модернизма. Крестьянский поэт говорил со столичными литераторами на понятном им языке, причём говорил о том, что тревожило их самих. Первые же сборники Клюева очаровали читателей деревенским колоритом. Зинаида Гиппиус писала: «Клюев в своих стихах многомудр, красочно-ярок, как старинная икона, отягчён сектантской символикой».

> *Я всё такой же, как в столетьях,*
> *Широкогрудый удалец...*
> *Знать, к солнцепёку на поветях*
> *Рудеет утренний багрец.*
>
> *От гумен тянет росным мёдом,*
> *Дробь молотьбы — могучий рог.*
> *Нас подарил обильным годом*
> *Сребробородый, древний бог.*

(«Чу! Перекатный стук на гумнах...», 1913)

Клюев озабочен конфликтом природы и цивилизации — его деревенский «избяной рай» страдает от наступающей «железной», машинной силы. Но, в отличие от истинных старообрядцев, поэт не противится стремительному ходу истории. Более того, он хотел бы «повенчать религиозное с революционным». Ещё в 1908 году он пишет статью, где утверждает, что революция — это проявление древней «мужицкой» мечты о земном рае.

Лирика Клюева не только положила начало новому поэтическому движению, но и растревожила общественность, внесла свой вклад в распространение революционных идей, подкрепив их авторитетом народной воли.

Творчество **Сергея Клычкова** (1889–1937) в большей степени опирается на фольклор, а не на религиозные искания. Не осложнённые мистикой, стихи его мелодичнее и легче клюевских, они родственны народной песне:

> *В хороводе Лада ходит,*
> *Белой, белой ручкой водит —*
> *Следом парень разудалый,*
> *Парень, парень холостой:*
> *— Ой, красавушка, постой!*
> *Погоди-постой чуток:*
> *Не стеряла ль ленты алой,*
> *Не сронила ль ты платок!...*

(«Лада в хороводе», 1911)

Как ни печально, многие новокрестьянские поэты пали жертвами той стихии, от которой ждали счастья для русского крестьянства. И Клюев, и Клычков были расстреляны как «враги народа», в то время как их поэзия дышит любовью к народу и к родной земле, полна света и веры.

Картина русской поэзии начала XX века, складываясь из разнообразных течений, громких имён, непростых теорий, была бы неполной без тех, кто оставил свой след не столько в литературе, сколько в общественной жизни.

Так, в эти годы набирала силу **пролетарская поэзия**, зародившаяся в 1890-е годы на волне рабочего движения. Не сделав художественных открытий, она, тем не менее, стала голосом новой общественной силы, отразила интересы и характер борцов за освобождение народа. Среди них были выходцы из интеллигентской среды (*Глеб Кржижановский (1872–1959), Леонид Радин (1860–1900), Александр Богданов (1873–1928)*) и представители рабочего класса (*Егор Нечаев (1889–1925), Аркадий Коц (1872–1943), Иван Привалов (1872–1940)* и другие).

Пролетарские поэты не стремились к созданию высокого искусства. Они считали творчество одной из форм революционной борьбы, поэтому и выразительные средства подбирали не по эстетическим соображениям, а в целях агитации. Поэзию пролетариев отличает сильный эмоциональный накал, призывы к участию в общем деле:

> *Пусть пламя борьбы разрастётся пожаром*
> *И бурей пройдёт среди братьев всех стран!*

> *(А. Богданов, «Песня пролетариев»)*

Важную роль играют контрасты: день — ночь, свет — тьма, рабство — воля. Резкие противопоставления помогают поэтам доказать неизбежность конфликта, объяснить смысл борьбы.

> *И на развалинах рабского зданья*
> *Вольные песни тогда запоём...*

> *(А. Гмырёв, «Мои песни»)*

> *Сумрак рассеется, чёрный, унылый,*
> *Светлою новью дни зацветут.*

> *(П. Арский, «Песня горит»)*

Самым известным из пролетарских поэтов станет **Демьян Бедный** (Ефим

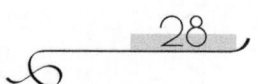

Алексеевич Придворов, 1883–1945), но расцвет его творчества придётся на годы революции и гражданской войны, а на рубеже веков он выступает с лирическими стихотворениями, откликающимися на события 1905–1907 годов, пишет сатирические басни, продолжая традиции Крылова и Салтыкова-Щедрина.

Главными недостатками пролетарской поэзии были сознательная ограниченность тематики (только социальная критика), желание приспособить стихи для решения сугубо практических задач и как следствие — вытеснение лирического «я». В этой поэзии не осталось места для личности — в то время как лучшие страницы Серебряного века, да и вся большая русская литература, дороги именно своей человечностью, умением говорить «от сердца к сердцу».

Хотя литературный процесс рубежа XIX–XX веков и последующего десятилетия обусловлен сложными отношениями многочисленных литературных группировок, их взаимодействием, спорами, а подчас и враждой, были поэты, способные и в этих условиях сохранить независимость своего дара, остаться самостоятельными и самоценными творческими единицами. Вне групп жили и писали *Саша Чёрный (1880–1932), Максимилиан Волошин (1877–1932), Владислав Ходасевич (1886–1939), Иван Бунин (1870–1953), Марина Цветаева (1892–1941).*

Марина Ивановна Цветаева, по воспоминаниям родных, стала сочинять стихи тогда же, когда научилась читать — в четыре года. К семи годам был готов и первый «сборник»-тетрадка. В литературных кругах девушка станет известна десять лет спустя: в 1910 году вышла её книга «Вечерний альбом». Вскоре за ней последуют ещё две.

Стихи юной поэтессы, с одной стороны, были откровенно детскими, девичьими, с другой — по словам Волошина — её «невзрослый стих» передавал оттенки, «недоступные стиху более взрослому».

> *Нам хорошо. Пока ещё в постели*
> *Все старшие, и воздух летний свеж.*
> *Бежим к себе. Деревья нам качели.*
> *Беги, танцуй, сражайся, палки режь!..*
> *Но день прошёл, и снова феи — дети,*
> *Которых ждут и шаг которых тих...*
> *Ах, этот мир и счастье быть на свете*
> *Ещё невзрослый передаст ли стих?*

(«Наши царства»)

Цветаева заявляла: «Мои стихи — дневник», однако не следует забывать, что Серебряный век — эпоха мистификаций. Вот и Цветаева указывает на обложках сборников издательство «Оле Лукойе» (так зовут сказочного героя, приносящего детям волшебные сны), а в стихах порой лишь играет в детскость.

В последующие годы крепнет творческая индивидуальность, меняется образ лирической героини. Из наивной девочки она превращается в молодую женщину, а непосредственность и нежелание смирять свои порывы становятся свойствами не возраста, но характера.

Трансформируется и цветаевский стих. Особую роль в нём играет интонация. Цветаева смело экспериментирует с формой, и за необычными графикой и синтаксисом скрывается немалая психологическая глубина. Поэтесса выделяет особенно важные слова шрифтом, а понятие «логического ударения» делает буквальным, выставляя в необходимых местах надстрочный знак. Интересно её обращение с паузами, обозначенными переносом или тире. Частое использование тире вообще становится «визитной карточкой» Цветаевой.

К вам всем — что́ мне, ни в чём не знавшей меры,
Чужие и свои?! —
Я обращаюсь с требованьем веры
И с просьбой о любви.

И день и ночь, и письменно и устно:
*За правду **да** и **нет**,*
За то, что мне так часто — слишком грустно
И только двадцать лет,

За то, что мне прямая неизбежность —
Прощение обид,
За всю мою безудержную нежность
И слишком гордый вид,

За быстроту стремительных событий,
За правду, за игру...
— Послушайте! — Ещё меня любите
За то, что я умру.

(«Уж сколько их упало в эту бездну...», 1913)

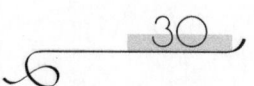

«Повзрослеть» Цветаеву заставили личные утраты и бедствие, обрушившееся на страну — первая мировая война. Потом будут революция, война гражданская, но всё это она будет воспринимать вне политики, чисто по-женски: любая война, под какими знамёнами её ни веди, всегда имеет один смысл и одно название — убийство. Поэтому поэтессе одинаково жаль всех, словно не существует линии фронта, разделяющей «своих» и «чужих».

> *И справа и слева*
> *Кровавые зевы,*
> *И каждая рана:*
> *— Мама!*

> *Все рядком лежат —*
> *Не развесть межой.*
> *Поглядеть: солдат.*
> *Где свой, где чужой?*

(«Ох, грибок ты мой, грибочек, белый груздь!», 1920)

Неподдельная боль стихов Цветаевой о войне вполне объяснима. Её муж, Сергей Эфрон с остатками белой армии покинул Россию, поэтесса осталась в Москве с двумя маленькими дочерьми, и вскоре младшая умерла от голода. При этом Цветаева никогда не задавалась вопросом «Кто виноват?». Она была уверена: такова судьба.

Это лейтмотив неопубликованного сборника **«Лебединый стан»**. Поэтесса, живущая в советской России, пишет книгу, посвящённую белогвардейской доблести, и даже читает вслух стихи из неё. Не веря в успех белогвардейцев, поэтесса преклоняется перед подвигом жертвенного патриотизма. Цветаевой дорога не антисоветская идея белого движения, а дворянская и офицерская честь, безоговорочная верность (лебединая — то есть до смертного часа) присяге и долгу перед отечеством. В то же время усиливается «русскость» цветаевской поэзии, она наполняется фольклорными ритмами и мотивами.

В 1922 году она с дочерью всё-таки уезжает в эмиграцию, к мужу. Три года семья проводит в Чехии, где Цветаева находит личное и творческое счастье. Одна за другой выходят новые книги: «Разлука», написанная в 1921, поэмы-сказки «Царь-Девица» (1922) и «Молодец» (1922), лирические «Поэма горы» (1924) и «Поэма конца» (1924). Многих отталкивала «стихийность», пестрота цветаевской поэзии, но почти все признавали яркий, необычный талант.

За Чехией последовали переезд в Париж, одиночество в эмигрантской среде (там не желали признавать своей женщину, далёкую от политики), сложные отношения в семье, возвращение в СССР в 1939 году — вслед за дочерью и мужем — и, в довершение всего, арест обоих. Цветаева осталась одна с сыном-подростком, без дома, без средств к существованию, без надежды на будущее. Началась ещё одна война. В этот раз поэтесса не выдержала. В августе 1941 года она покончила с собой.

Серебряный век русской поэзии — поистине блестящая, многогранная, идейно и художественно богатая часть литературы рубежа веков и начала XX столетия. Тем не менее, для последующего исторического этапа важнее окажутся поиски и находки прозы. Преемственность лирической традиции прервётся на несколько десятилетий, в то время как эпической литературе предстоит долгий путь — непростого, но всё же развития.

Проза

Прозаики начала XX века в полной мере оценили новаторство Достоевского и Чехова с их стремлением к полифонии, к равноправному звучанию разных голосов и правд, разнообразию путей к истине. Не стало «положительных героев», воплощающих авторский идеал, и перед читателем, желающим понять, какова же точка зрения автора, встала серьёзная проблема интерпретации.

Дело в том, что субъективность, исключённая из системы образов, поселилась в самой художественной ткани произведений. Повествование значительно усложнилось, стало порой более важным, чем действие, расширился арсенал композиционных приёмов — и всё это для того, чтобы построить диалог с читателем. Писателю всё чаще неинтересно поучать читающую публику. Он не скрывает, что сам находится в поиске истины и приглашает к совместному размышлению. Некоторые авторы используют сказовую манеру (как, например, Горький или Шмелёв), словно доверяя повествование кому-то другому, иные «незаметно» растворяют свой голос во всём произведении, напоминая о себе то деталью, то словосочетанием (так поступают Бунин, Куприн).

Интересно ещё одно обстоятельство: в поэзии рубежа веков пересекались и боролись многочисленные течения, школы, группировки, пытавшиеся отстоять разные концепции и стили — между тем, в прозе не было столь острого противостояния. В отличие от лириков, прозаики не порывают с реализмом, а стремятся, вслед за Чеховым, обогатить его поэтику. Они многое берут у романтизма с характерной неразрешимой конфликтностью, острой эмоциональностью, драматизмом любых отношений. Другой важной тенденцией стало желание показать жизнь в движении, запечатлеть ежесекундную смену состояний — это помогало передать обострённую впечатлительность героев, напряжённость их внутренней жизни. Здесь на помощь пришло открытие живописцев — импрессионизм, способный показать, как летят мгновения. Литературный импрессионизм позволил бегом слов и калейдоскопом деталей выразить ту же «диалектику души», какую классики XIX века выражали длинными внутренними монологами.

Критика нашла точное определение такой прозе, назвав её **«новым реализмом»** (как вариант часто встречается термин **«неореализм»**). Это означало: И. А. Бунин, А. И. Куприн, М. Горький, Л. Н. Андреев, И. С. Шмелёв, Б. К. Зайцев, будучи совершенно разными художниками, придерживались реалистической традиции в её главных принципах. По их мнению, литература должна быть демократичной, понятной широкому читателю. Кроме того, писатель не имеет права оставаться в стороне от общественной проблематики (хотя и не обязан активно участвовать в политической борьбе). Наконец, всем «новым реалистам» был присущ историзм — понимание сложных причинно-следственных связей между различными явлениями общественной жизни, культуры, искусства, морали.

Первым объединением реалистов нового поколения был московский кружок «Среда», организованный Николаем Телешовым в конце 1890-х годов. Писатели, поэты, художники и музыканты регулярно встречались у него на квартире, обменивались новостями, читали свои сочинения. Идея очень понравилась Горькому: «Чем ближе будем друг к другу, тем трудней нас обидеть. А обижать писателей теперь охотников много...» Вскоре Горький сам берётся за организаторскую деятельность. Он издаёт альманахи и журналы, предоставляя товарищам возможность публикации. Более того, благодаря ему издательство «Знание» начинает выпускать огромными тиражами книги молодых писателей-реалистов. Он же организовал издание их произведений за рубежом, в переводах.

Постепенно, получив широкую известность и материальную независимость, соратники Горького стали стремиться и к творческой самостоятельности, считая принадлежность к группе ограничением свободы. С 1906 года, когда лидер «нового реализма» надолго уезжает из страны, объединение целиком распадается. Впрочем, авторы всё же не изменили убеждениям, которые когда-то сплотили их.

Александр Иванович Куприн (1870–1938) превыше всего ценил в литературе правду жизни. Он призывал: «Пиши так, чтобы было видно, что ты знаешь свой предмет основательно. <...> Ты — репортёр жизни. Иди в похоронное бюро, переживи с рыбаками шторм на оторвавшейся льдине, суйся решительно всюду, броди, побывай рыбой, женщиной, роди, если можешь, влезь в самую гущу жизни...»

Любимым жанром Куприна был очерк, и в нём писатель достиг непревзойдённого мастерства. Помимо очерков им созданы сентиментальные и романтические истории («Олеся», 1898; «Гранатовый браслет», 1911), рассказы и повести с мощным социально-критическим пафосом («Дознание», 1894; «Молох»,1896), философские аллегории и притчи («Аль-Иасса», 1894; «Столетник», 1895; «Собачье счастье», 1896), «жизнеописания» животных («Изумруд», 1907) — вещи, не равные по художественной ценности, но вместе создающие целостную картину мира. За ней отчётливо проступает идеал Куприна: гармония «силы духа» и «силы тела», свобода самореализации человека, просто свобода.

Главной творческой удачей писателя стала повесть **«Поединок»** (1905), рисующая жизнь армии в мирное время и — на этом сером фоне — историю любви главного героя, подпоручика Ромашова, к жене другого офицера Шурочке Николаевой. Зачастую критики и читатели видели в «Поединке» только обличение пошлого армейского быта, способного развратить и погубить любую, даже самую светлую личность (так погибает на нелепой дуэли главный герой, потому что этого хочет Шурочка, уговорившая его не стрелять в мужа и не ломать её честолюбивых планов). Однако главный конфликт повести разворачивается в душе Ромашова. Он добрый, благородный, умный человек, умеет понимать и ценить прекрасное — словом, мог бы стать настоящим героем, преодолевающим инерцию среды, ломающим её стереотипы. Но Ромашов слаб — стеснителен, нерешителен, не готов к принципиальным поступкам, хотя и сознаёт их необходимость.

Куприн убеждён: человек наделён беспредельными возможностями, только чаще всего не способен их реализовать. В этом трагедия не только Ромашова, но и других персонажей «Поединка». Все они выведены настолько разными и психологически достоверными, что читатель невольно начинает думать о том, какими яркими могли стать судьбы этих людей, если б не привычка плыть по течению.

Леонид Николаевич Андреев (1871–1919) — писатель совсем иного дарования. В отличие от «репортёра» Куприна, он создал картину жизни из фактов, ставших символами. Его творчество — настоящая энциклопедия зла, причём не в социально-критическом, а в философском смысле.

Андреев считал, что бороться со злом бесполезно, поскольку оно изначально присуще человеку. Это мрачное заключение вытекало из жизненного опыта

писателя: он работал в суде, был адвокатом и убедился, что совершать страшные преступления могут даже благополучные, порядочные и в целом не плохие люди. Ключевое понятие его философии — «бездна», которая поглощает человека вопреки воле, вопреки разуму.

В 1902 году это слово появляется в названии рассказа, вызвавшего бурное негодование критиков и читателей. **«Бездна»** — история о том, как юноша-студент сперва самоотверженно защищает любимую девушку от пьяных бродяг, напавших на них, а потом, оставшись с ней один на один, словно теряет рассудок. «Чёрная бездна поглотила его», заставив надругаться над беспомощной девушкой, причём спустя несколько мгновений горе-насильник сам не мог понять, как всё это произошло. «Перестаньте травить человека и немилосердно травите зверя», — писал Андреев, призывая каждого подавлять в себе тёмное животное начало.

Особенность мировоззрения Андреева в том, что он принципиально отказывается от идеала, от веры в прекрасное. Причина проста: реальная жизнь страшна и неприглядна, и если не смириться с этим, а жить надеждой на нечто иное, то рано или поздно наступит жестокое разочарование. Такая позиция была заявлена ещё в раннем рассказе **«Ангелочек»** (1899). Сашка, мальчик из бедной семьи, из милости приглашён на рождественскую ёлку в богатый дом. Он старается не соблазниться «красивой жизнью», всячески демонстрирует своё презрение к «благодетелям» — но вдруг замечает на ёлке фигурку воскового ангелочка. Игрушка так нравится Сашке, что тот сдаётся, угождает хозяевам, лишь бы только получить это чудо в подарок. Мальчик приносит ангелочка домой и не может им налюбоваться. Похожие чувства испытывает и отец. В тот вечер, будто по волшебству, их сердца становятся как никогда близки друг другу, исчезает «бездонная пропасть, которая отделяет человека от человека и делает его таким одиноким, несчастным и слабым». Оба засыпают счастливыми и уверенными, что с этого момента их жизнь обязательно изменится к лучшему. Но восковой ангелочек, повешенный над горячей плитой, незаметно тает от её жара. На этом рассказ заканчивается — читателю и так понятно, какой удар постигнет героев утром, когда они поймут, что все мечты о счастье были лишь иллюзией, растаявшей без следа.

Вот яркий пример андреевской символики и убеждений писателя. Остаётся только добавить: не желая верить, чтобы потом не страдать, Андреев очень чутко отзывается на душевные муки людей, всё же совершающих эту ошибку. Одна из самых больных для него тем — христианство, несущее в мир столько надежд и мечтаний.

В 1903 году выходит повесть **«Жизнь Василия Фивейского»** о священнике, чья беззаветная вера в Бога с годами перерождается в бунт против Него. Богоборчество было довольно популярной тенденцией начала XX века, но Андреев по-своему объясняет антирелигиозность современников.

Герой повести верит в высшую справедливость, но, видя вокруг страдания и горести, решается стать деятельным помощником Господа на земле. Люди идут к отцу Василию за поддержкой, потому что чувствуют: в сердце священника живёт горячая, самоотверженная любовь к ним. А тот постепенно начинает считать себя избранным, посланником небес, задача которого — совершить чудо, чтобы все убедились в могуществе и милости Божьей. В финале он пытается воскресить умершего, то есть повторить одно из чудес, согласно Евангелию, совершённых Христом. В отчаянии от неудачи отец Василий проклинает Бога — но, в ужасе от своего поступка и в страхе перед Божьей карой, сам падает замертво.

Трагическая история Василия Фивейского — притча о том, как человек, дерзнувший поравняться с Богом, пусть даже ради самых благородных целей, винит в своём поражении не собственное заблуждение, а Господа. Невыполнимость взятой на себя миссии выдаётся за бессилие Всевышнего.

Андреев призывает читателя не отдаваться стихии судьбы или «бездне» инстинктов, работать над собой и двигаться вперёд, шаг за шагом улучшая мир, даже если его собственная жизнь от этого лучше не становится. Не случайно, когда Андреев создаёт одну из самых символических пьес — «Жизнь Человека» (1906), — слово «человек» он пишет с большой буквы.

Иван Сергеевич Шмелёв (1873–1950) — писатель, для которого христианство было не просто «темой» или «мотивом» творчества. Оно было основой жизни, прочно закрепившись в сознании ещё в детские годы. Также в детстве проникся Шмелёв и любовью к русскому народу — не книжной, идейной, а самой настоящей и искренней, потому что «народом» стали для мальчика реальные люди, работавшие у его отца. «Здесь я получил первое и важное знание жизни, — писал Шмелёв. — Эти лохматые на моих глазах совершали много чудесного. Висели под крышей, ходили по карнизам, спускались под землю в колодец, вырезали из досок фигуры, ковали лошадей брыкающихся, писали красками чудеса, пели песни и рассказывали дух захватывающие сказки. <...> И всё, что тёплого бьётся в душе, что заставляет жить и негодовать, думать и чувствовать, я получил от сотен простых людей с мозолистыми руками и добрыми для меня, ребёнка, глазами».

Воспоминания о детстве, счастье и уют гармоничного семейного уклада, радостная суета по праздникам и будни, полные мелких, но столь важных для маленького мальчика происшествий — из всего этого и соткано повествование самых известных книг Шмелёва «Лето Господне» (1933) и «Богомолье» (1935), созданных вдали от родины, в эмиграции.

А значительно раньше, в 1900–1910-х годах им владела другая тематика. Писатель вдохновлялся идеалами революционно-демократического движения, «надеждой на равенство и свободу, а главное, на пробуждение тёмных, униженных людей». Об этом лучшее из дореволюционных произведений Шмелёва — маленькая повесть «Человек из ресторана» (1911).

Она построена как монолог главного героя — немолодого официанта Скороходова, чья речь, со всеми её профессионализмами, просторечиями, «полуграмотным» строением фраз, позволяет глубоко и полно раскрыть характер персонажа. Благодаря такой форме повествования (она называется сказом) читатель сближается с героем, видит всё происходящее его глазами.

История Скороходова — ещё один вариант судьбы «маленького человека». Его дочь родила ребёнка вне брака и теперь брошена любовником, сын становится революционером-террористом и, бежав от смертного приговора, скрывается за границей; на работе несчастного официанта преследуют неприятности и унижения. Однако Шмелёву важен нравственный итог повести — герою, несмотря на все обиды, удаётся выстоять, не сломаться. Через веру в Бога и в то, что Он даст силы всё выдержать, Скороходов обретает желание жить и быть опорой для детей. Любовь к родным даёт человеку второе дыхание.

Шмелёв верит, что духовные основы, на которые опирается православие, издавна давали силу русскому народу. Поэтому идеал писателя — «Россия вечная», то есть сохраняющая живую душу в любых исторических условиях. Считая, что советская Россия уходит всё дальше и дальше от этого идеала, тяжело пережив потерю сына в гражданской войне, Шмелёв в 1922 году покинул страну, но ни забыть, ни разлюбить её не смог.

Проза рубежа XIX–XX веков — это прежде всего литература поиска, и новый облик реализма — лишь один из его результатов. Наряду с мощным движением неореализма следует отметить и **модернистскую прозу**, в большинстве своём созданную поэтами (романы *Дмитрия Мережковского*, «Петербург» *Андрея Белого*, «Мелкий бес» *Фёдора Сологуба*), и другие течения, зачастую не организованные.

Так, в литературе тех лет появилось немало **«социологических исследований»** — авторы, привлечённые «бытом и нравами» того или иного сословия, писали очерки и рассказы публицистического толка, выстраивая в них определённую концепцию жизни. *С. Гусев-Оренбургский* проявил интерес к бунтарским настроениям среди крестьянской бедноты («Капитан Кук», «Конокрад», «В приходе»), *Н. Телешов* — к проблеме переселения крестьян на новые земли («Косцы», «Жулик»), *С. Елеонский* — к неоднозначной жизни духовенства («Под опекой», «Грубиян», «Неизречённый свет»), о народнической интеллигенции и её поражении размышлял *В. Вересаев* («Без дороги», «Поветрие», «На повороте») — этот список далеко не полон, он лишь даёт представление о круге писательских интересов.

Немало ярких вещей было написано в жанре сатиры, не оставившей без внимания парадоксы своего времени. Большую роль в развитии острой сатиры и добродушного, насмешливого юмора сыграл журнал «Сатирикон». Его редактором был «король смеха» *Аркадий Аверченко* (1881–1925), а постоянными авторами — *Тэффи* (Надежда Лохвицкая), *Саша Чёрный* (Александр Гликберг) и другие, менее именитые литераторы. С журналом сотрудничали известные художники, мастера живописи и графики *Константин Коровин, Борис Кустодиев, Мстислав Добужинский, Александр Бенуа*, чьё творчество, казалось бы, очень далеко от интересов «Сатирикона».

Философская проза начала XX века не сложилась в отдельное течение, но подарила истории больших писателей и талантливые произведения. Русская философия вообще была очень близка к литературе, разделяя её идеализм, а заодно и многие «литературные» проблемы, подходы, даже стиль. Мыслители в своих трудах часто прибегали к форме диалога, повествования в письмах, эссе — поэтому их работы, равно как и сами воззрения, сложно представить в виде упорядоченной, логичной системы. Это философия интуиции и литература прозрения.

Василий Васильевич Розанов (1856–1919) известен как мыслитель, историк религии, публицист и писатель, который всегда и во всём искал свою дорогу, не желая идти по проторённому пути и подчиняться авторитетам. Розанов-мыслитель не был известен широкой аудитории, да и не стремился к популярности: «Ах, добрый читатель, я уже давно пишу «без читателя», просто потому что нравится. И не буду ни плакать, ни сердиться, если читатель, ошибкой купивший книгу, бросит её в корзину…»

Проза Розанова — нечто среднее между набросками статей, дневником и исповедью, а три главные книги («Уединённое» (1912), «Опавшие листья» (1913) и «Опавшие листья. Короб второй и последний» (1915)) — по сути своей трилогия, объединённая авторским «я», личностью повествователя. Каждую из книг составляют короткие прозаические кусочки, будто обрывки. Отсюда и рождается образ опавших листьев — случайные мысли летят и кружатся, из них нельзя заново «собрать» дерево, но можно уложить их в короб и хранить, как осеннее золото, перебирая и перечитывая.

Розанов поставил перед собой задачу «записать неописуемое», выразить «полумысль-получувство», причём сделать это в момент её рождения, пока «правильные» слова не убили ощущение откровения. Писатель старается создать для своих книг особый «мысленный язык» — тот, каким человек думает, а не тот, которым высказывает созревшие, оформившиеся идеи. В тексте много скобок (поправок или уточняющих ремарок), кавычек («приблизительных» формулировок), курсива (смысловых ударений), и это создаёт впечатление, будто автор ничего не утверждает, а лишь размышляет здесь и сейчас, вместе с читателем. Например, вот фраза, достойная быть глубоким афоризмом: «Живи каждый день так, как если бы ты жил всю жизнь именно для этого дня» — и она сопровождается ремаркой: «в дверях, возвращаясь домой». Подобные комментарии («за истреблением комаров» и т. п.) читаются как иллюстрация к знаменитым строкам Ахматовой: «Когда б вы знали, из какого сора растут стихи, не ведая стыда...», с единственной поправкой — не стихи, но мысли. Розанов всячески старается укоренить мысль в обыденной жизни, показать те события или чувства, из которых она рождается.

О чём же эти мысли? Как ни странно, они равно далеки и от политики, и от общественной морали. Писатель сосредоточен исключительно на внутренней жизни, оставляя в стороне всё внешнее. Много значит для него религия — только в вере может полностью выразиться природа человека как существа духовного, способного к росту и обладающего неисчерпаемыми творческими возможностями. Собственно говоря, все свои прозрения Розанов считал плодом мистического общения с Богом — на том самом языке, в котором слова не так важны, как чувства.

Михаил Михайлович Пришвин (1873–1954), испытавший заметное влияние Розанова, всё же не стал религиозным философом. Его больше заинтересовали размышления о человеке, а основой творчества стала натурфилософия — философия природы и отношений человека с окружающим миром. Агроном по профессии, Пришвин увлёкся этнографией и много путешествовал по северу России, собирая народные сказки по заданию Русского географического общества. Так сложилась творческая манера писателя — на грани науки, искусства и философии. Её своеобразие и подлинную художественность доказала первая книга Пришвина «В краю непуганых птиц» (1907). Сказочные мотивы звучат в сборнике того же года «За волшебным колобком», ставшем для автора и читателей «путешествием в страну без имени, без территории, куда мы в детстве бежим <...>, где сохранилась древняя Русь, где не перевелись Кощеи Бессмертные и Марьи Моревны». Многие рассказы и повести Пришвина стали популярным чтением для детей, и со временем имя писателя перестало ассоциироваться с «серьёзной» литературой. Большинство читателей вряд ли вспомнит о его книгах, посвящённых русскому богоискательству («У стен града невидимого»), поискам «счастливой земли» (повесть «Адам и Ева»), восточным мотивам («Жень-шень») или тайнам жизни и любви (поэма «Фацелия»). Тем не менее проза Пришвина едина в своих художественных устремлениях и философских задачах — она направлена на изучение души человеческой, вечной и всеобщей.

Рубеж XIX–XX веков стал для русской культуры поистине «серебряным веком», так как ознаменовался пробуждением философской мысли и религиозными исканиями, расцветом поэзии, обострением эстетического чувства вообще — в музыке, живописи, литературе, театральном искусстве. Художники остро ощущали отчуждение людей друг от друга и от большого мира, утрату веры в какие бы то ни было истины, но вместе с тем они открыли новые глубины внутренней, духовной жизни, обнаружив там и все противоречия времени, и возможности их преодоления. Смелое новаторство, чаще всего вырастающее на почве древних традиций, позволило создать и освоить особые формы словесного искусства, наполнить их глубоким, общечеловеческим содержанием — и эти вещи стали классикой, золотым фондом русской литературы.

Александр Александрович Блок

Один из современников поэта Георгий Адамович как-то сказал: «Блок — там, где остальные люди, Блок заодно с ними, что бы ни случилось». Ему вторили многие, кто лично знал или просто встречал великого романтика, уверяя: он один из лучших сынов России.

Александр Блок (1880–1921) рос в доме деда по материнской линии, известного ботаника профессора Бекетова — его родители развелись, и детство Блока, по его воспоминаниям, проходило главным образом в дедовской библиотеке. Мальчик жадно познавал жизнь по книгам и воплощал познанное в собственных стихах, которые начал сочинять с пяти лет. Зимой он жил в Петербурге, а лето проводил в подмосковном имении Шахматово. Для юного Блока это были «два мира». Впрочем, они навсегда останутся безумно далеки друг от друга в его сознании — Петербург и настоящая Россия, Русь.

Однако тема России станет волновать поэта значительно позднее. Его юношеские годы и начало серьёзной творческой деятельности связаны с иными

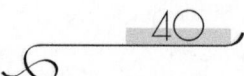

переживаниями. Признавая неразрывную связь своей поэзии с личной жизнью, Блок объяснял это так: «Писатель — растение многолетнее. ...Душа писателя расширяется и развивается периодами, а творения его — только внешние результаты подземного роста души». Он сам в 1911–12 годах чётко обозначил периоды и вехи своей писательской судьбы, подготовив трёхтомное собрание сочинений и назвав его романом в стихах. «Я твёрдо уверен, — писал Блок Андрею Белому, — что все стихи вместе — «трилогия вочеловечения»: от мгновения слишком яркого света — через необходимый болотистый лес — к отчаянию, проклятьям, «возмездию» и <...> к рождению человека «общественного», художника, мужественно глядящего в глаза миру».

Лирика

В **«Книгу первую»** вошла поэзия 1898–1904 годов.

В 1898 году семнадцатилетний Блок после долгого перерыва встречается с Любовью Менделеевой. Её отец, великий химик Дмитрий Иванович Менделеев был другом Бекетова, их имения располагались неподалёку, а Саша и Люба познакомились ещё детьми. Увидев подругу детских лет внезапно повзрослевшей, Блок испытал сильнейшее потрясение. Прежние увлечения мгновенно оказались забыты, и Любовь Дмитриевна стала для него смыслом жизни, центром Вселенной.

Одно за другим рождались стихотворения, вдохновлённые этим чувством, но к 1901 году, когда и любовь, и поэзия достигли наивысшего накала, становится очевидно: образ, созданный Блоком, глубже и загадочнее, чем портрет земной девушки. Она «Царица чистоты», «Закатная, Таинственная Дева», «Вечерняя Звезда» — поэт не устаёт давать Ей всё новые и новые имена, а в 1903, посылая Брюсову первый сборник стихов, предлагает для него красноречивое название: «Миф о Вечной Женственности». Брюсов издаёт книгу под заглавием **«Стихи о Прекрасной Даме»**.

Удивительно то, как отчётливо переживания и мистические откровения лирического героя проступают через туманный язык символизма. Блок создаёт устойчивые знаки того или иного душевного настроя — они переходят из одного стихотворения в другое, сохраняя своё содержание. Например, «дальний берег» («тот берег») всегда остаётся символом идеала, который никогда не встретится с реальностью, как никогда не смогут встретиться два берега реки.

«Стихи о Прекрасной Даме» связаны друг с другом сквозным, от произведения к произведению, развитием мотивов. Например, важную роль играет мотив предчувствия: «вечности сны», «далёкий зов другой души», «далёкие миры» рождают в герое самые разные ожидания — от надежды на неземное счастье до страха перед чем-то грозным, необратимым.

* * *

Предчувствую Тебя. Года проходят мимо —
Всё в облике одном предчувствую Тебя.

Весь горизонт в огне — и ясен нестерпимо,
И молча жду, — тоскуя и любя.

Весь горизонт в огне, и близко появленье,
Но страшно мне: изменишь облик Ты,

И дерзкое возбудишь подозренье,
Сменив в конце привычные черты.

О, как паду — и горестно, и низко,
Не одолев смертельные мечты!

Как ясен горизонт! И лучезарность близко.
Но страшно мне: изменишь облик Ты.

(«*Предчувствую Тебя. Года проходят мимо...*», 1901)

Боготворя Небесную Деву, лирический герой в то же время глубоко страдает. Ему больно сознавать, как бесконечно далёк он, несовершенный человек, от собственного светлого идеала:

Мыслью сонной цветя, ты блаженствуешь много,
Ты лазурью сильна.
Мне — другая и жизнь, и другая дорога,
И душе — не до сна.

(«*Не сердись и прости. Ты цветёшь одиноко...*», 1901)

Мечта и реальность вступают в романтическое противоречие, однако здесь появляется ещё один, чисто блоковский конфликт. Его любовь не может примирить два полюса, потому что сама мучительно двойственна. Целомудренная

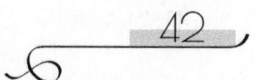

нежность борется с тёмной страстью. Через этот непростой опыт чувствования лирический герой Блока понимает: в противоположностях заключается мудрость жизни, так как, не познав одной крайности, человек не способен познать другую. Как можно восхищаться светом, не зная, что такое мрак? И герой с готовностью отдаёт себя во власть противоречий.

Ритмический строй «Стихов о Прекрасной Даме» тоже отличается своеобразной двойственностью. Каждый из символистов искал свою музыку стиха, и Блок в этом поиске пришёл к тому, что назвал «ложным» стихотворным размером — к ритмике, в основе которой лежит не метр, а интонация. Поэт строго организует ударные слоги и допускает довольно свободное расположение остальных. Подобная организация стихотворной речи придаёт ей гибкость, позволяя через разные «напевы» выделить опорные слова — ключи к сокровенному смыслу.

С 1898 по 1904 год поэт создал 687 стихотворений, фактически посвящённых одной теме. «Этого, кажется, не было ни в русской, ни в какой другой литературе — восклицает Корней Чуковский. — Такая однострунность души! <...> Вокруг были улицы, женщины, рестораны, газеты, но ни к чему он не привязался, а так и прошёл... мимо всей нашей человеческой сутолоки... Ни слова не сказал он о нас, ни разу даже не посмотрел в нашу сторону, а всё туда — в голубое и розовое». Однако после шести лет самозабвенных молитв Прекрасной Даме для Блока наступает новый жизненный этап — **«Книга вторая»**, или 1904–1908 годы.

В 1903 году Блок венчается с Любовью Дмитриевной Менделеевой. Безоблачное счастье поэта продлилось совсем недолго. Сбылось его пророчество о пропасти между «двумя берегами», только в реальной жизни на берегу снов и видений остался он сам. Жена хотела быть для него земной женщиной, а не иконой, Блок же боялся разрушить мечту, опошлить её.

Прекрасная Дама всё же «изменила облик», как и предчувствовал поэт. Это вызвало переворот в сознании Блока. Он напишет так:

> *И сам не понял, не измерил,*
> *Кому я песни посвятил,*
> *В какого бога страстно верил,*
> *Какую девушку любил.*

> *(«Русь», 1906)*

Блок почти утратил веру в святую Вечную Женственность, в единство красоты и божественной истины. Теперь у него открылись глаза на всё, что раньше проходило мимо незамеченным — на мир, населённый грешными и страдающими людьми. С той же страстью, с какой ещё недавно стремился ввысь, к Лучезарной Деве, он рвётся вниз — в грязь, в болото, в хаос.

Поэт находит новую музу — и новый женский образ. В 1906 году было написано стихотворение **«Незнакомка»**, поразившее современников. По словам Сергея Городецкого, одни называли его «почти заумным, смехотворным произведением», другие «понимали, что недалеко то время, когда «Незнакомку» будут все подростки заучивать наизусть, что она будет классической хрестоматийной вещью».

Скандальность стихотворения заключалась в том, что лирический герой в ресторане, где вокруг лишь «лакеи сонные» да «пьяницы с глазами кроликов», встречает дивное видение:

> *И медленно пройдя меж пьяными,*
> *Всегда без спутников, одна,*
> *Дыша духами и туманами,*
> *Она садится у окна.*
>
> *И веют древними поверьями*
> *Её упругие шелка,*
> *И шляпа с траурными перьями,*
> *И в кольцах узкая рука.*
>
> *И странной близостью закованный,*
> *Смотрю за тёмную вуаль,*
> *И вижу берег очарованный*
> *И очарованную даль.*

Поразительно, но поэту удаётся без малейшей фальши соединить низкое и высокое. Исследователи и поклонники Блока до сих пор не пришли к единому мнению: то ли разочарованный романтик пишет горькую пародию на утраченный идеал (пьяный герой готов увидеть в падшей женщине воплощение Вечной Женственности), то ли «незнакомка» — это знак свыше, символ, утверждающий Её присутствие в мире, несмотря ни на что. Так или иначе, в последней строфе герой отстаивает своё право на сокровенное, на заветную мечту: «В моей душе лежит сокровище, И ключ поручен только мне!»

В стихотворных циклах **«Снежная маска»** (1907) и **«Фаина»** (1906–1908) женский образ окончательно спускается на землю, превращаясь в дух города. В основу лирического переживания этих стихов ложится не святая любовь, но влюблённость, безумная страсть, и герой вместе с поэтом окунаются в «тёмную», неукротимую стихию чувств.

> И стало всё равно, какие
> Лобзать уста, ласкать плеча,
> В какие улицы лихие
> Гнать удалого лихача...
> <...>
> Так — сведены с ума мгновеньем —
> Мы отдавались вновь и вновь,
> Гордясь своим уничтоженьем,
> Твоим превратностям, любовь!

(«Своими горькими слезами...», 1908)

Вместе с образами героев и переживаниями меняется и сам стих. Мелодичная напевность всё чаще уступает место белому стиху — верлибру, а сам Блок в эту пору относится к себе и к своим стихам очень скептически:

> ...Много знаю,
> Слишком много думаю с детства
> И слишком занят собой.
> Ведь я — сочинитель,
> Человек, называющий всё по имени,
> Отнимающий аромат у живого цветка.

(«Когда вы стоите на моём пути...», 1908)

Как бы ни была сильна в «Книге второй» любовная и личная тематика, при издании сборника поэт ставит в его начало цикл под названием **«Пузыри земли»** (1904–1905), навеянный древней славянской мифологией, языческой мистикой. В этих стихах начало новой для Блока темы — темы России, которая продолжается и углубляется в последующие годы.

> Живую душу укачала,
> Русь, на своих просторах, ты,
> И вот — она не запятнала
> Первоначальной чистоты.

(«Русь», 1906)

Возможно, именно здесь кроется объяснение редкой особенности Блока: «При всём его стремлении загрязниться житейское не прилипало к нему. Каких бы язвительных и цинических слов ни говорил он о своих прежних святынях, в этих словах... была против его воли гармония, светлая лирика».

«Книга третья» (1907–1916), заявленная поэтом как глава о «рождении человека общественного», наполнена новыми мотивами и прозрениями. В эти годы Блок активно пишет статьи, выступает на публике с размышлениями о культуре и обществе. В 1910 году появляется его доклад «О современном состоянии символизма», в котором поэт признаёт, что мистические идеалы исчерпали себя и поэзии необходимы иные ориентиры: «И сама Россия... оказалась нашей собственной душой». Блок больше не ждёт роковых перемен, но ищет их причины, скрытые пружины исторического процесса (стихотворные циклы «Страшный мир» (1909–1916), «Возмездие» (1908–1913), «Родина» (1907–1916)). Он согласен с Тютчевым: у России свой путь, «своя, особенная стать», и корни многих социальных проблем, по мнению поэта, уходят в непростые отношения между цивилизацией и культурой, прогрессом и традицией.

Блок развивает идеи классиков XIX века и вслед за ними показывает родину с двух сторон: народно-поэтической, прекрасной, одухотворённой («узорный плат», «цветной рукав», песни и хороводы, необъятные просторы, колдуны, ворожеи, странники-богомольцы) и прозаически-обыденной, неприглядной, страдальческой (распутица, нищие серые избы, пьянство, разбой — и неизменные рябины, словно капли крови).

Поэт убеждён: Россия сильна своим незыблемым укладом. Пусть «дикий», пусть «варварский», пусть «горестный», он и только он помогает стране выжить в самые тяжёлые времена, устоять под натиском любых чужеродных сил (от монголо-татарского ига до реформ Петра I).

Пускай заманит и обманет, —
Не пропадёшь, не сгинешь ты,
И лишь забота затуманит
Твои прекрасные черты...

(«Россия», 1908)

Блок заставляет даже штампы звучать по-новому. Простое сочетание двух стереотипов создаёт образ символической глубины: «И вязнут спицы расписные В расхлябанные колеи». Да, люди продолжают вдохновенно покрывать колёса яркими узорами, зная, что все краски неминуемо исчезнут под слоем дорожной

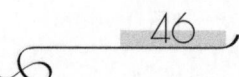

грязи. Но горечь здесь смешана с гордостью — её рождают стоическое терпение русского народа и его неумирающее стремление к прекрасному.

«Трилогия вочеловечения» была завершена в 1916 году. В 1917 году грянула Октябрьская революция. Она стала точкой отсчёта новой, совсем другой жизни — иным стало и творчество Блока. Уже в январе 1918 года появилась поэма «Двенадцать», одно из самых загадочных и по сей день спорных произведений русской литературы.

Поэма «Двенадцать»

По единодушному мнению всех исследователей, здесь поэт одновременно предстаёт перед читателем как символист и как реалист. В «Двенадцати» есть два плана изображения: один — конкретный (он рисует реальные события революционного времени), другой — скрытый, условно-символический (отражает восприятие революции как могущественной стихии). Хорошим примером двуплановости служит заглавие поэмы.

По законам языка числительное требует существительного, но его нет ни в заглавии, ни в тексте поэмы. Блок использует тот факт, что патрульные отряды красногвардейцев в послереволюционном Петрограде состояли из двенадцати человек, и заставляет читателя теряться в догадках, какая же из ассоциаций с этим числом верна в данном случае: «жило двенадцать разбойников» из известной поэмы Некрасова или библейские двенадцать апостолов — учеников Христа. С момента появления героев поэт настойчиво подводит нас к первой версии. Вот как рисует он своих красногвардейцев:

> *В зубах — цыгарка, примят картуз,*
> *На спину б надо бубновый туз!*
> *Свобода, свобода,*
> *Эх, эх, без креста!*
> *Тра-та-та!*

Рефреном проходит через поэму их призыв: «Революцьонный держите шаг! Неугомонный не дремлет враг!» Среди действующих лиц нет никакого реального врага, но при желании всегда можно найти цель:

> *Товарищ, винтовку держи, не трусь!*
> *Пальнём-ка пулей в святую Русь...*

Кощунство оборачивается трагедией — один из двенадцати случайно убивает бывшую подругу, приревновав её к бывшему товарищу. Искреннее, хоть и запоздалое раскаяние не находит поддержки у других красногвардейцев:

> — Что ты, Петька, баба, что ль?...
> — Поддержи свою осанку!
> Над собой держи контроль!

И «повеселевший» Петруха снова шагает в отряде, снова не прочь «позабавиться»: «Запирайте етажи, Нынче будут грабежи!» После этого особенно неожиданным кажется финал поэмы, где впереди двенадцати шествует с кровавым флагом Христос.

В дневнике Блока есть такие строки: «Мне не нравится конец «Двенадцати»... Когда я кончил, я сам удивился: почему Христос? Но чем больше я вглядывался, тем яснее видел Христа».

Для многих читателей Христос, возглавивший таких революционеров — просто попытка автора оправдать бесчеловечность, царящую в России после смены власти. Некоторые, подобно Максимилиану Волошину, считают, что «двенадцать разбойников» преследуют Христа, чтобы убить его. Есть и ещё одно мнение: Христос воплощает в себе стихию революции, которая, в свою очередь, выражает в форме народного бунта катастрофический напор глубинных сил бытия.

Если верить самому Блоку, в поэме есть лишь «капля политики». Её не могло не быть — ведь поэма написана в пору, когда, по словам поэта, «проносящийся революционный циклон производит бурю во всех морях — природы, жизни и искусства».

Чёрное небо и белый снег — символы того конфликта, который сотрясает и страну, и каждую душу. Грозный ветер «сбивает с ног», буря революции несёт новые идеи, несовместимые со всем укладом старого мира. Вместе с тем революция несёт и кровь, грязь, преступления — Блок не скрывает её чёрной стороны. Красный цвет крови то и дело возникает на страницах поэмы («В очи бьётся красный флаг»). Эти три цвета символизируют главные стороны жизни революционного Петрограда, а с ним и всей России.

Известно, что Блок призывал: «Слушайте музыку революции!» Поэтому вместо голоса лирического героя в поэме начинают звучать самые разные, далеко не лирические голоса. Двенадцать коротких «глав» включают в себя разнообразные по жанру фрагменты — марши, частушки, плясовые, солдатские и разбойничьи песни. От главы к главе резко меняется ритм стиха, так как появляются разные персонажи и происходят разные события.

Неожиданные переходы придают поэме особую выразительность, заряжая её новой драматической энергией. Эту особенность «Двенадцати» отметил Мандельштам, назвав поэму «монументальной драматической частушкой», которая обречена на бессмертие, как фольклор.

Ещё одна стихия, которая разыгрывается на пространстве поэмы — стихия любви, пусть даже сниженной, безрассудной, трагически нелепой. Центральный эпизод поэмы — убийство Катьки — доказательство того, насколько драматичны переживания Петрухи. Он, несмотря на насмешки товарищей и их пример, никак не может подавить своих чувств: то бешеной ревности к неверной Катьке, то глубокого отчаяния и любви к ней, то мрачного приступа тоски ко всему окружающему. Блок сумел уловить зарождение опасной тенденции — подавления личных интересов ради общей идеи.

Таким образом, идейный смысл поэмы гораздо богаче конфликта старого и нового миров. Основной конфликт скрыт глубже — в душе двенадцати красногвардейцев, которым «ничего не надо, ничего не жаль».

Блок вновь сталкивает противоположные, противоречивые силы. Результат закономерен: всё возвращается на круги своя. Тот, кто призван защищать горожан, совершает погромы и убийства — словом, прекрасная гуманная идея освобождения угнетённого народа при воплощении в жизнь утонула в грязи и крови (здесь опять напоминают о себе «спицы расписные» и «расхлябанные колеи»). Однако в отличие от многих интеллигентов начала XX века Блок по-прежнему верит: Россия переживёт всё и останется собой, неистребимо грешной и духовной, не лучше и не хуже, чем всегда. Поэт будто бы подвёл итог своего творческого пути и, закончив поэму «Двенадцать», записал в дневнике: «Сегодня я — гений».

Александр Блок ушёл из жизни, оставив как завещание стихи «Пушкинскому Дому» и посвящённую Пушкину же речь-доклад «О назначении поэта», где призывает современников хранить в душе «тайную свободу» и оберегать чистоту источников вдохновения, защищая их от вторжения чуждых искусству сил.

Анна Андреевна Ахматова

Анна Ахматова (1889–1966) провела вольное детство на берегу моря, под Одессой. Юная Аня Горенко была девушкой с бурным, стремительным темпераментом. Впрочем, эта «дикость» скоро оказалась скрыта под воспитанием, полученным в Царском Селе, среди петербургской элиты, — Анна Андреевна Ахматова стала человеком европейского образования и европейской культуры. Всё это вошло в её стихи и во многом объясняет характер лирической героини.

Сама Ахматова объясняла свой успех просто: «Я научила женщин говорить». Но дело не только в том, что её лирика раскрывала внутренний мир женщины, гораздо важнее то, как она это делала.

Революцию она приняла с болью, но и со смирением — как расплату за греховную жизнь своего поколения. Она осуждала новую власть, сочувствовала её жертвам и готова была разделить горькую судьбу большинства. Эмигрантов она называла отступниками, а их отъезд считала позорным бегством, недостойным настоящего человека и гражданина («Но вечно жалок мне изгнанник...»). Для себя выбор она сделала давно, ещё осенью 1917 года, написав стихотворение «Мне голос был...»:

> Мне голос был. Он звал утешно,
> Он говорил: «Иди сюда,
> Оставь свой край, глухой и грешный,
> Оставь Россию навсегда.
>
> Я кровь от рук твоих отмою,
> Из сердца выну чёрный стыд,
> Я новым именем покрою
> Боль поражений и обид».
>
> Но равнодушно и спокойно
> Руками я замкнула слух,
> Чтоб этой речью недостойной
> Не осквернился скорбный дух.

Первые десять лет творчества были завершены и подытожены созданием антологии **«Образ Ахматовой»**, которая вышла в 1925 году, после чего её стихи перестали принимать в печать. После серии поэтических вечеров в Москве появилось постановление ЦК, которое гласило: «не арестовывать, но и не печатать». И действительно, несмотря на то, что Ахматова демонстративно противостояла литературной политике эпохи, она осталась на свободе. И продолжала писать.

В эти годы Мандельштам очень точно определил особенность её творческого дара: «Где исторические события — там слышится голос Ахматовой. Ровная и глубокая полоса жизни у неё стихов не даёт». Она не призывала, да и сама не пыталась бороться с властью, прекрасно понимая бессмысленность такой борьбы. Свою задачу как поэта она видела в том, чтобы сохранить для потомков правду об этом времени — только так можно было остаться собой, не изменить своей совести. На долю этой женщины выпало не только пережить вместе с Россией все её войны и революции. Тюрьма одного за другим отнимала близких людей Ахматовой. Ещё в 1921 году был арестован и расстрелян её бывший муж, Николай Гумилёв, а в 1935 году за решёткой оказались третий муж Николай Пунин и единственный сын, Лев Гумилёв, которого впереди ждали освобождения и новые аресты.

Тем не менее, в самые страшные для себя годы Ахматова создаёт поэму **«Реквием»** (1935–1940), которую нельзя было не только опубликовать, но даже просто записать на бумаге. Эти стихи хранили в памяти самые надёжные друзья поэтессы. Впервые «Реквием» был издан лишь в 1987 году.

Вынужденное молчание Ахматовой продлилось пятнадцать лет, и прервалось только в 1940 году, появлением сборника «Из шести книг». В годы Великой Отечественной войны она снова проявила человеческое и гражданское мужество. В поэтическом цикле «Ветер войны» воплотилось мощное материнское чувство всех женщин России, провожающих своих детей на фронт. В нём одновременно слышатся и плач по погибшим, и слава героям войны.

Потом, с 1946 года наступили ещё двадцать лет опалы, в течение которых Ахматова «писала в стол». В это время она заканчивает «Поэму без героя» (1940–1962), создаёт новые стихотворения. А в 60-е годы к ней приходит мировая известность: литературная премия «Этна Таормина» в Италии, степень почётного доктора Оксфордского университета в Великобритании. Всё это стало признанием заслуг великой поэтессы перед эпохой, нацией и человечеством — хотя для самой Ахматовой важнее было сознавать, что она заслужила право со спокойной совестью называть Россию своей страной. Доказательство тому — стихотворение «Родная земля», написанное за пять лет до смерти, в 1961 году:

> В заветных ладанках не носим на груди,
> О ней стихи навзрыд не сочиняем,
> Наш горький сон она не бередит,
> Не кажется обетованным раем.
> Не делаем её в душе своей
> Предметом купли и продажи,
> Хворая, бедствуя, немотствуя на ней,
> О ней не вспоминаем даже.
>
> <...>
>
> Но ложимся в неё и становимся ею,
> Оттого и зовём так свободно — своею.

Лирика

Первый же сборник, **«Вечер»** (1912) обеспечил начинающей поэтессе хорошую репутацию в литературных кругах Петербурга. Вторая книга — **«Чётки»** — спустя всего два года принесла ей настоящую славу.

Уже в ранних стихах Ахматовой исследователи отмечают особый художественный психологизм, напоминающий подход Льва Толстого. В одной из рецензий на сборник «Вечер» об этом говорится так: «Есть состояние души, наступающее после сильных потрясений, когда <...> воспринимается множество случайных подробностей, и нет как будто мелочи столь мелкой, чтобы остаться незамеченной». Поэтесса никогда не называет, не объясняет чувства своей героини — они понятны из жестов, движений и тех самых «мелочей». Например, классическое:

> *Я на правую руку надела*
> *Перчатку с левой руки.*

> («Песня последней встречи», 1911)

Порой Ахматова так смешивает обрывки мыслей и событий, звуки, запахи, жесты, что возникают невероятно сжатые и выразительные картины, которые легко увидеть и мысленно пережить — именно так, как переживает их лирическая героиня. Чаще всего это моменты разлуки, расставания с любимым.

> *Проводила друга до передней,*
> *Постояла в золотой пыли.*
> *С колоколенки соседней*
> *Звуки важные текли.*
> *Брошена! Придуманное слово —*
> *Разве я цветок или письмо?*
> *А глаза глядят уже сурово*
> *В потемневшее трюмо.*

> («Проводила друга до передней», 1913)

Здесь важно всё: столб пыли в луче вечернего солнца, звон колоколов, отражение в зеркале... Каждая из этих деталей абсолютно реалистична, и в то же время все вместе они создают развёрнутую метафору, заставляют весь мир стра-

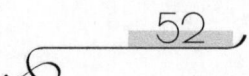

дать и терять что-то очень важное, дорогое вместе с героиней. Таких примеров очень много в лирике Ахматовой:

> *Показалось, что много ступеней,*
> *А я знала — их только три!*

(«Песня последней встречи»)

Поэтесса сокращает интерьер и пейзаж до деталей, сложные предложения — до простых, рассуждения и описания — до реплик и диалогов. Она не жертвует точностью фразы ради ритма, гораздо чаще ритмическая схема нарушается, чтобы сохранить непосредственность переживания и его выражения. Так создаётся особая ахматовская интонация, близкая к разговорной, но не переходящая в неё. Это интонация поэтического дневника, исповеди, и именно она придаёт стихам такую доверительность, интимность.

Все эти особенности сохраняются в лирике Ахматовой и после революции, только теперь они призваны выразить иное содержание. Женская поэзия уступает место поэзии гражданской, сила чувства — нравственной силе, верности отечеству и соотечественникам.

Сборники «Белая стая» (1917), «Подорожник» (1920) и «Anno Domini» (1922) стали неожиданностью для прежних поклонниц Ахматовой, зато после этих книг за поэтессой прочно закрепилась слава национального символа России.

Она всё чаще отказывается от лирического «я» в пользу «мы», но никогда не отказывается от личной ответственности, а лишь подчёркивает: в тяжёлые времена как никогда важно быть вместе — с друзьями, с единомышленниками, с общим прошлым — со своей страной.

> *А здесь, в глухом чаду пожара*
> *Остаток юности губя,*
> *Мы ни единого удара*
> *Не отклонили от себя.*
>
> *И знаем, что в оценке поздней*
> *Оправдан будет каждый час...*
> *Но в мире нет людей бесслёзней,*
> *Надменнее и проще нас.*

(«Не с теми я, кто бросил землю...», 1922)

Ещё проще — и ещё сильнее стихи Ахматовой, написанные во время Великой Отечественной войны. Пастернак писал об одном из них: «Её стихи об убитом ленинградском мальчике полны душераздирающей горечи и написаны словно под диктовку матери или старой севастопольской солдатки». В этих строках нет «поэтических» образов, исчезают символы, метафоры, гиперболы — они излишни, они просто не могут появиться там, где сама речь рождается с трудом, преодолевая комок в горле.

> *И все, кого сердце моё не забудет,*
> *Но кого нигде почему-то нет...*
> *И страшные дети, которых не будет,*
> *Которым не будет двадцать лет,*
> *А было восемь, а девять было,*
> *А было... — Довольно, не мучь себя,*
> *И все, кого ты и вправду любила,*
> *Живыми останутся для тебя.*

Два многоточия, обрывающих фразы, «почему-то», в котором скрывается отчаянное «почему?», перечисление, передающее неотступность горя — всё это признаки речи на грани немоты. Поэтесса снова начинает говорить от лица всех женщин, но чаще всего — не о любовных драмах, а о семейных трагедиях, и личное страдание усиливается болью за близких, да и вообще за всех людей.

Поэмы

«Реквием» создавался в память о трагедии страны и народа:

> *Это было, когда улыбался*
> *Только мёртвый, спокойствию рад.*
> *И ненужным привеском болтался*
> *Возле тюрем своих Ленинград.*
> *И когда, обезумев от муки,*
> *Шли уже осуждённых полки...*

Поэтому в поэме звучит не только голос Ахматовой. С этих страниц звучит многовековое женское горе всех тех, кто терял сына, брата, мужа, друга. Не случайно так сильны здесь фольклорные интонации, от тоскливой народной песни до плача и погребальной молитвы — ведь это древние формы, которые дошли до наших дней лишь потому, что из эпохи в эпоху, из поколения в поколение русским женщинам приходилось оплакивать своих близких. Героиня «Реквиема» знает, что она не одинока в такой беде.

Буду я, как стрелецкие жёнки,
Под кремлёвскими башнями выть, —

говорит она, разделяя своё горе и с женщинами, проводящими вместе с ней дни и месяцы в очереди у стен тюрьмы, и с теми, кто провожал на казнь мятежных стрельцов, и с Матерью Божьей, видевшей мучения сына своего, Иисуса Христа. Ради всех них и от имени всех них Ахматова пишет эту поэму — как памятник общему страданию. Образом памятника и заканчивается «Реквием», призывающий потомков вечно помнить,

...как постылая хлопала дверь
И выла старуха, как раненый зверь.
И пусть с неподвижных и бронзовых век
Как слёзы струится подтаявший снег,
И голубь тюремный пусть гулит вдали,
И тихо идут по Неве корабли.

Ахматова рисует картины Апокалипсиса, откровенно приравнивая свою эпоху к концу света — и, вероятно, с нетерпением ожидая Страшного Суда, обещанного Библией. Если уж не во власти человеческой восстановить справедливость и вернуть отнятые жизни, должна быть сила, способная покарать виновных.

«Поэма без героя» — уникальное литературное явление. Ни одно другое произведение Ахматовой не вызывало столько откликов и интерпретаций, причём поэтесса старательно собирала их, по-видимому, считая обилие разночтений доказательством своего творческого успеха.

Поэма состоит из трёх частей: «1913», «Решка», «Эпилог», и всё, за исключением трёхчастной композиции, не раз изменялось Ахматовой. Поэма существует в разных редакциях и вариантах, каждый из которых претендует на завершённость и окончательность. Таким образом текст предстаёт не как «готовый продукт» творчества, а как нечто живое, менявшее свою художественную структуру в течение четверти века. В последние годы жизни Ахматова работала над «театральной версией» поэмы.

«Я посвящаю эту поэму памяти её первых слушателей — моих друзей и сограждан, погибших в Ленинграде во время осады. Их голоса я слышу и вспоминаю их, когда читаю поэму вслух, и этот тайный хор стал для меня навсегда оправданием этой вещи», — пишет Ахматова на первой странице. Первая часть книги возвращает читателя в далёкое дореволюционное прошлое, на тридцать лет назад. Так происходит необычное — и для того времени, и для самой Ахматовой — погружение в глубины собственного «я» и культурного пространства, освоенного ею. Во Вступлении, написанном уже во время блокады, поэтесса скажет:

> *Из года сорокового,*
> *Как с башни, на всё гляжу.*
> *Как будто прощаюсь снова*
> *С тем, с чем давно простилась,*
> *Как будто прекрестилась*
> *И под тёмные своды схожу.*

Удивительно, что в сороковые годы XX века в Советском Союзе возник замысел произведения, в значительной степени предугадавшего открытия постмодернизма. Ведь в сущности это «поэма в поэме» и «поэма о поэме», книга, рассказывающая о себе. Можно даже сказать, что её сюжет — история о том, как не удавалось написать или дописать «Поэму без героя». Вторая часть носит название «Решка», то есть оборотная сторона монеты: она посвящена технике создания «Поэмы»:

> *Но сознаюсь, что применила*
> *Симпатические чернила,*
> *Что зеркальным письмом я пишу,*
> *Что другой мне дороги нету, —*
> *Чудом я набрела на эту*
> *И расстаться с ней не спешу.*

Загадочность поэмы, безусловно, вызывает особый читательский интерес, насыщенность культурологическими ассоциациями и цитатами приглашает к проверке кругозора и увлекательной дешифровке текста, притягательная биографичность побуждает ближе познакомиться с Ахматовой-женщиной, но художественные достоинства книги заслуживают не меньшего внимания. Здесь есть и зыбкие образы «теней», и резкая графика пейзажей блокадного Ленинграда, и оригинальные ритмические построения, например, вальс в духе 1913 года — о том, кого Героиня напрасно ждёт всю поэму — о её Герое:

> *Он не станет мне милым мужем,*
> *Но мы с ним такое заслужим,*
> *Что смутится Двадцатый Век.*
> *Я его приняла случайно*

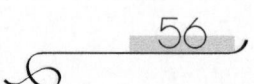

За того, кто дарован тайной,

С кем горчайшее суждено,

Он ко мне во дворец Фонтанный

Опоздает ночью туманной

Новогоднее пить вино.

И запомнит Крещенский вечер,

Клён в окне, венчальные свечи

И поэмы смертный полёт...

Но не первую ветвь сирени,

Не кольцо, не сладость молений —

Он погибель мне принесёт.

«Поэма без героя» стала мощным финальным аккордом творчества Ахматовой и в очередной раз доказала её человеческую и творческую смелость, независимость, способность ломать каноны и создавать то, что сначала вызывает удивление, потом восхищение и наконец — уважение.

Владимир Владимирович Маяковский

Владимир Маяковский (1893–1930) родился в Грузии (там служил его отец) и рос в счастливой семье, где все любили поэзию, музыку и друг друга. Но в 1906 году отец внезапно умирает, и мать с детьми переезжает в Москву. Так начинаются годы бедности и тягот. Маяковский плохо учился в гимназии, зато много читал, увлекался философией Гегеля, марксизмом, естествознанием. Романтика и жажда великих свершений привели юношу в партию большевиков, когда ему не было и пятнадцати. Интересно, что Маяковский-подросток считал сочинение стихов несовместимым с революционной деятельностью, а потому сам подавил в себе первые лирические порывы.

Писать он начал в шестнадцать лет — в тюрьме, где провёл почти год за то, что работал в подпольной типографии и распространял прокламации. Сидя в одиночной камере, Маяковский перечитал поэтическую классику и «всё новейшее», главным образом символистов. Позже, в автобиографии «Я сам» он будет вспоминать о том, как пытался сделаться символистом, привлечённый стихами Белого и Бальмонта: «Попробовал сам писать так же хорошо, но про другое. Оказалось, так же про другое — нельзя». В тот раз юный поэт так и не смог найти свою тему, своего лирического героя, свой поэтический язык.

Помогло знакомство с футуристами. В 1911 году Маяковский поступает в Московское училище живописи, ваяния и зодчества (любовь и талант к рисованию были у него с детских лет) и встречает там Давида Бурлюка. Он-то и открыл в Маяковском поэта, однажды услышав строчки его стихов. Из той же автобиографии: «Уже утром Бурлюк, знакомя меня с кем-то, басил: «Не знаете? Мой гениальный друг. Знаменитый поэт Маяковский». <...> Ещё и рычал на меня, отойдя: «Теперь пишите. А то вы меня ставите в глупейшее положение». Вдохновлённый похвалой старшего и уважаемого товарища, Маяковский «весь ушёл в стихи».

Весёлое хулиганство и немалые амбиции — вот что демонстрировал поэт публике. От него, исключённого сначала из гимназии, а потом и из училища, разгуливающего в жёлтой кофте или с пучком редиски в петлице пальто, трудно было ожидать чего-то серьёзного, глубокого. Но первой пьесой молодого автора стала трагедия. Её название шокировало публику: **«Владимир Маяковский»**. Пастернак писал: «Заглавье скрывало гениально простое открытие, что поэт не автор, но — предмет лирики, от первого лица обращающейся к миру. Заглавье было не именем сочинителя, а фамилией содержанья».

Маяковский одновременно был режиссёром спектакля и играл главную роль. Но представление закончилось скандалом — люди не хотели принимать мир таким, каким он предстал на сцене: уродливым, больным. Пугали лица этого мира («человек без глаза и ноги», «человек без головы», «женщина со слезищей»). На их фоне особенно зловеще звучали слова лирического героя:

Милостивые государи!
Говорят,
где-то,
— кажется, в Бразилии —
есть один счастливый человек!

Один счастливый человек на весь безумный мир, да и того никто не видел! Герой Владимир Маяковский, «поэт 20—25 лет», как обозначено в списке действующих лиц, не был понят людьми. Та же участь ждала и реального Владимира Маяковского. В стихотворении «Несколько слов обо мне самом» сделано горькое признание: «Я одинок, как последний глаз у идущего к слепым человека».

Но больше всего поэта страшило то, что никто не увидит за скандалом главного — его страстного желания спасти людей от «громадного горя и сотни махоньких горь», открыть им глаза на то, что «в земле городов нареклись господами... бездушные вещи».

Начавшаяся в 1914 году первая мировая война ещё раз убедила Маяковского в том, что человечество расколото надвое: на настоящих и равнодушных, причём последние составляют большинство. Война стала проверкой людей на подлинность, разграничила истинные ценности и ложные:

> *Знаете ли вы, бездарные, многие,*
> *думающие, нажраться лучше как, —*
> *может быть, сейчас бомбой ноги*
> *выдрало у Петрова поручика?...*

(«Вам!», 1915)

Одна за другой открываются новые грани таланта Маяковского. Он сотрудничает с журналом «Новый Сатирикон» и в своей сатире, следуя законам жанра, отказывается от футуристических приёмов ради доступности широкому читателю. Зато он прекрасно подбирает самые язвительные выражения:

> *От страсти извозчика и разговорчивой прачки*
> *невзрачный детёныш в результате вытек.*
> *Мальчик — не мусор, не вывезешь на тачке.*
> *Мать поплакала и назвала его: критик...*

(«Гимн критику», 1915)

На 1915 год приходится творческий расцвет Маяковского, увенчавшийся изданием одной из лучших его вещей — поэмы **«Облако в штанах»**. По сути, она явилась промежуточным итогом, соединившим все темы и сквозные образы раннего периода.

Октябрьская революция 1917 года открывает следующий этап творчества поэта. Горячо отстаивая новую власть и новое государственное устройство, он завоёвывает репутацию «трибуна революции», создаёт миф о человеке, «чьё сердце октябрьскими бурями вымыто», и которому ничего не надо, «кроме тебя, Революция!» Действительно, Маяковский с восторгом встречает зарю новой жизни. Друг за другом появляются поэмы «Человек» (1916–1917), «150 000 000» (1920), «Про это» (1923), «Владимир Ильич Ленин» (1924), «Хорошо!» (1927), десятки стихотворений. Рождаются строки, воспевающие советскую Россию и Советский Союз:

> *Жизнь прекрасна и удивительна.*
> *Лет до ста*

расти

нам

без старости.

Год от года

расти

нашей бодрости.

Славьте,

молот

и стих,

землю молодости.

(«Хорошо!», 1927)

Слагая восторженные гимны и пророча стране великое будущее, Маяковский, как и раньше, стремится сделать лучше её настоящее. Он выводит свою сатиру на театральную сцену, создавая пьесы «Мистерия-буфф» (1921), «Клоп» (1929), «Баня» (1930), продолжает писать сатирические «гимны» и памфлеты. Чувствуя, что время одиночек прошло и наступила эра коллектива, поэт старается измениться и продолжить служение народу в новом качестве.

Но я

себя

смирял,

становясь

на горло

собственной песне.

Слушайте,

товарищи потомки,

агитатора,

горлана-главаря.

Заглуша

поэзии потоки,

Я шагну

через лирические томики,

как живой

с живыми говоря.

(«Во весь голос», 1929–1930)

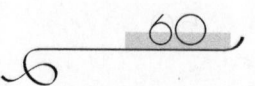

«Заглушив» в себе лирика, Маяковский совершил самый рискованный шаг в своей жизни — человек его темперамента оказался просто не в состоянии пережить вынужденную «немоту». И хотя тайна гибели поэта до сих пор не раскрыта, сам факт подобной поэтической исповеди почти накануне рокового выстрела говорит о многом.

Лирика

Страстному романтику Маяковскому пришлось по душе увлечение футуристов идеей движения, непрерывной смены состояний. Привлекала его и возможность создавать принципиально новые образы, разрушать стереотипы. Поэту нравилось демонстрировать свой авангардизм, своё необычное видение привычных вещей.

> *Я сразу смазал карту будня,*
> *плеснувши краску из стакана;*
> *я показал на блюде студня*
> *косые скулы океана.*
> *На чешуе жестяной рыбы*
> *прочёл я зовы новых губ.*
> *А вы*
> *ноктюрн сыграть*
> *могли бы*
> *на флейте водосточных труб?*

(«А вы могли бы?», 1913)

В финале стихотворения звучит вызов поэта всем, кто не готов принять его самого и новое искусство. За местоимением «вы» стоят люди с узким мышлением, презирающие любого, кто думает и чувствует иначе, чем они. Им бросает поэт своё «Нате!»:

> *Вот вы, мужчина, у вас в усах капуста*
> *где-то недокушанных, недоеденных щей;*
> *вот вы, женщина, на вас белила густо,*
> *вы смотрите устрицей из раковин вещей.*
>
> *Все вы на бабочку поэтиного сердца*
> *взгромоздитесь, грязные, в калошах и без калош.*
> *Толпа озвереет, будет тереться,*

ощетинит ножки стоглавая вошь.

А если сегодня мне, грубому гунну,

кривляться перед вами не захочется — и вот

я захохочу и радостно плюну,

плюну в лицо вам

я — бесценных слов транжир и мот.

(«Нате!», 1913)

Герою больно и обидно: он открыл людям «столько стихов шкатулок», а им, неблагодарным и равнодушным, это не нужно! Он идёт к этим людям с открытым сердцем — но красота и довольство тела для толпы куда важнее душевной красоты. Поразительно трогательный образ: «поэтя» (видимо, ласковая форма слова «поэт») и его сердце-бабочка...

Вопреки футуристической броскости, главное в стихотворении — типично романтическое противостояние героя пошлой толпе. Эта оппозиция станет нервом всего творчества Маяковского, так же как маска «грубого гунна» станет его щитом, за которым скрывается тонкая и ранимая душа.

Пастернак писал: «Я очень любил раннюю лирику Маяковского... Её серьёзность, тяжёлая, грозная, жалующаяся, была так необычна. Это была поэзия мастерски вылепленная, горделивая, демоническая и в то же время безмерно обречённая, гибнущая, почти зовущая на помощь».

Лирика советского периода звучит совсем по-другому. Маяковский создаёт свой вариант свободного синтаксиса, графически придав ему вид знаменитой «лесенки», чеканит стихи, словно марши. Необычны и его рифмы — поэт находит сложные созвучия на стыках слов или вовсе «собирает» их из аллитераций и ассонансов.

И вдруг,

 как будто

  ожогом,

   рот

скривило

 господину.

Это

 господин чиновник

  берёт

мою

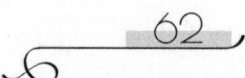

краснокожую паспортину.

Берёт —

как бомбу,

берёт —

как ежа,

как бритву

обоюдоострую,

берёт,

как гремучую

в 20 жал

змею

двухметроворостую.

(«Стихи о советском паспорте», 1929)

Лирический герой этого периода остаётся всё тем же романтиком, только теперь он не одиночка перед лицом насмехающейся толпы — он один из миллионов строителей светлого будущего. В стихах Маяковского больше нет оппозиции «я» — «вы», на её место приходит союз «я» и «мы» или просто «мы», ради которого поэт готов забыть о своей индивидуальности.

Мы

разносчики новой веры,

красоте задающей железный тон.

Чтоб природами хилыми не сквернили скверы,

в небеса шарахаем железобетон.

(«Мы идём», 1919)

Впрочем, несмотря на все изменения жизненной и творческой позиции Маяковского, его идеалом всегда была жизнь, полная сильных, открытых чувств, одухотворённая любовью (к женщине, к людям, к стране) и высокой целью строительства нового мира. Этот пафос пронизывает всю лирику поэта, какой бы разнообразной по тематике и идейному содержанию она ни казалась.

Поэмы

«Облако в штанах». Как пояснял сам Маяковский, за четырьмя частями поэмы стоят четыре «долой!»: «долой вашу любовь», «долой ваше искусство», «долой ваш строй», «долой вашу религию». Однако весь этот бунт, доходящий до отчаянного, исступлённого богоборчества, рождается из огромного, неизмеримого страдания мужчины, которого бросила любимая женщина, Мария. Без неё всё теряет смысл.

Не было ещё в русской литературе столь страстной поэмы о любви — поэмы, написанной будто не словами, а ударами сердца. Её строки полны безмерной нежности, несмотря на «непоэтичность» образов.

> *Тело твоё*
> *я буду беречь и любить,*
> *как солдат,*
> *обрубленный войною,*
> *ненужный,*
> *ничей,*
> *бережёт свою единственную ногу.*

О чувстве говорится прямо и открыто, строки поэмы переполняет боль лирического героя, боль физически ощутимая — настолько мастерски передаёт Маяковский душевное смятение и муки несчастного человека. Рваный ритм, словно затруднённая речь (многие строки трудно произнести вслух, настолько они сложны фонетически: «В хорах архангелова хорала бог, ограбленный, идёт карать»), пугающие образы («во рту умерших слов разлагаются трупики»)...

Герою не суждено обрести простое человеческое счастье, которого он так жаждет. И женщина, и Бог отворачиваются от него — он остаётся один в равнодушном мире:

> *Эй, вы!*
> *Небо!*
> *Снимите шляпу!*
> *Я иду!*
> *Глухо.*
> *Вселенная спит,*
> *положив на лапу*
> *с клещами звёзд огромное ухо.*

«Хорошо!» — поэма, которую сам Маяковский называл «программной вещью», но это далеко не единственная причина, по которой она заслуживает особого внимания.

Интересен уже жанровый подзаголовок: «поэтохроника». И в самом деле,

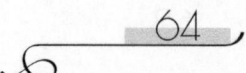

перед читателем проходят все этапы, все вехи на пути от старой России к новому государству СССР. Изображены здесь и многие исторические лица (одни — карикатурно, другие — с любовью, как Ленин и Дзержинский). Однако и в новом жанре Маяковский остаётся художником. Его поэтические образы кажутся созданными для плаката. Здесь оформляется новый стих, подчинивший сложную фонетику и экспериментальную лексику одной цели — воплощению небывалой силы народа, идущей по стране стремительным маршем:

> *Отряды рабочих,*
> *матросов,*
> *голи —*
> *дошли,*
> *штыком домерцав,*
> *как будто*
> *руки*
> *сошлись на горле,*
> *холёном*
> *горле*
> *дворца.*
> *Две тени встало.*
> *Огромных и шатких.*
> *Сдвинулись.*
> *Лоб о лоб.*
> *И двор*
> *дворцовый*
> *руками решётки*
> *стиснул*
> *торс*
> *толп.*

Любуясь мощью революции, ликуя от долгожданного обретения свободы, Маяковский как истинный футурист ничуть не сожалеет о гибели старого мира и старой культуры. Многие будут цитировать строчку из поэмы: «Кругом тонула Россия Блока...», придавая ей скорбный оттенок, но сам поэт продолжает с явным удовольствием:

> *Незнакомки,*
> *дымки севера*

шли

на дно,

как идут

обломки

и жестянки

консервов.

А чтобы «старьё» не пропадало напрасно, «жестянки» наполняются новым содержанием — так появляется сатирическая переделка «Евгения Онегина» в четвёртой главе. Она вовсе не говорит о неуважении к Пушкину — просто Маяковский уверен, что старая литература сама по себе уже неинтересна и никому не нужна, зато может быть неплохим материалом.

Поэт искренне стремится к объективности, как и положено историку. Советский союз для него — «страна-подросток», бесконечно любимая, но далеко не идеальная. Повсюду разруха, спекуляция, голод, мещанство и прочие приметы «трудного возраста». Этим новая страна особенно дорога Маяковскому: ведь «землю, которую завоевал и полуживую вынянчил», любишь, как частицу себя, ведь «землю, с которой вдвоём голодал, — нельзя никогда забыть!»

Здесь, как и в лирике советских лет, лирическое «я» отходит на второй план перед эпическим «мы», потому что оно гораздо нужнее обществу, чем самая яркая личность.

Мы будем работать,

все стерпя,

чтоб жизнь,

колёса дней торопя,

бежала

в железном марше

в наших вагонах,

по нашим степям,

в города

промёрзшие

наши.

И герой, и сам поэт твёрдо верят: объединившись, советский народ обязательно поднимет свою страну из руин, вдохнёт в неё жизнь, превратит в огромный «город-сад». И заключительные строки звучат как гимн отечеству, «которое будет»:

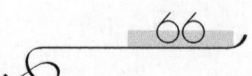

Как хо-

рошо!

За городом —

поле.

В полях —

деревеньки.

В деревнях —

крестьяне.

<...>

Доют,

пашут,

ловят рыбицу.

Республика наша

строится,

дыбится.

Для кого-то Маяковский останется в памяти «агитатором», «горланом», для кого-то — «безукоризненно нежным», как «облако в штанах», кто-то будет восхищаться его острословием, а кому-то станут особенно дороги простые и светлые стихи, написанные для детей, но несомненно одно: это уникальный поэт и незаурядная личность. Человек, наделённый сверхчеловеческим трудолюбием, способный перелопатить «единого слова ради тысячи тонн словесной руды» и найти такое слово, которое завладеет читателем.

Сергей Александрович Есенин

Детство Сергея Есенина (1895–1925) прошло в Рязанской губернии — он родился в селе Константиново и учился в церковно-приходской школе соседнего села. С двух лет мальчик воспитывался в семье деда по материнской линии. Рос рядом с тремя взрослыми сыновьями деда, они же, как могли, учили его жить. В своей первой автобиографии Есенин писал: «Трёх с половиной лет они посадили меня на лошадь без седла и сразу пустили в галоп». Примерно так же учился Есенин прочим мальчишеским премудростям — плавать, лазать по деревьям, драться, причём дед хвалил его за озорство и драчливость: «так будет крепче». Многое изменится в жизни поэта, но в душе он навсегда останется мальчишкой, который не может позволить себе плакать от боли или признать поражение. За три года до смерти Есенин напишет:

> *Как тогда, я отважный и гордый,*
> *Только новью мой брызжет шаг...*
> *Если раньше мне били в морду,*
> *То теперь вся в крови душа.*
>
> *И уже говорю я не маме,*
> *А в чужой и хохочущий сброд:*
> *«Ничего! Я споткнулся о камень,*
> *Это к завтраму всё заживёт!»*

(«Всё живое особой метой...», 1922)

Так или иначе, начало творческого пути Есенина было лёгким и многообещающим.

«Восемнадцати лет я был удивлён, разослав свои стихи по журналам, тем, что их не печатают, и поехал в Петербург, — вспоминал поэт. — Там меня приняли очень радушно. Первый, кого я увидел, был Блок, второй — Городецкий. <...> Городецкий свёл меня с Клюевым...» Столь именитые покровители и безусловная новизна, самобытность есенинской лирики обеспечили юному дебютанту мгновенный и шумный успех. Ведь никто другой не смог бы написать:

> *Там, где капустные грядки*
> *Красной водой поливает восход,*
> *Кленёночек маленький матке*
> *Зелёное вымя сосёт.*

(«Там, где капустные грядки...», 1910)

В литературных салонах хотели видеть автора «деревенских» стихов милым «пастушком» — и Есенин охотно появлялся на публике в крестьянской одежде. Способствовала популярности и красота «пастушка» — изящный юноша с золотыми кудрями и голубыми глазами был интересен не только своей поэзией.

Немногие знали, насколько серьёзно этот человек относится к созданию стихов. До приезда в Петербург он провёл два с половиной года в Москве, где работал (сначала в торговой конторе отца, затем в типографии) и слушал лекции на историко-филологическом отделении Народного университета Шанявского. Благодаря им Есенин заново открывает для себя Евангелие, знакомится со

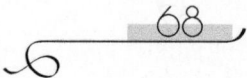

«Словом о полку Игореве» и «Поэтическими воззрениями славян на природу» А. Н. Афанасьева. Эти три книги сильно повлияли на творчество молодого поэта, особенно последняя: Афанасьев, влюблённый в древнюю славянскую культуру, помог юноше поверить в изначальную выразительность и лиризм русского языка. Так нашла словесное выражение глубокая, беззаветная любовь Есенина к своему краю. Важно было и то, что он умел видеть поэзию в простом деревенском быте и передавать её читателям, которые никогда не видели русскую деревню изнутри.

Однако революция, изменившая жизнь страны, ворвалась и в мир деревни, опрокинув весь привычный уклад. Поначалу Есенин принял эти изменения с восторгом, как и Клюев, ожидая освобождения народа, расцвета мужицкой Руси, долгожданного сближения села и города. Почти так всё и происходит, однако результат не радует Есенина: «...Ведь идёт совершенно не тот социализм, о котором я думал, — пишет он, — а определённый и нарочитый». Кроме того, одновременно с социально-политическими переменами в Россию приходит и научно-технический прогресс. Его победное шествие тоже не радует поэта, так как угрожает основе основ деревенского мира — главенству природных сил и особому, трепетному отношению к ним. Особенно трагично звучит эта мысль в поэме **«Сорокоуст»** (1920).

Душевное смятение поэта всегда толкало его не только к творческому поиску, но и к поиску родной души. Женившись во второй раз, теперь на известной американской танцовщице Айседоре Дункан, Есенин в 1922 году отправляется с ней в турне по странам Западной Европы и США. Он проводит за границей больше года и возвращается уставшим от того, что назовёт в своём очерке «железным Миргородом» — от торжествующей бездуховности Запада.

За рубежом Есенин живёт теми же мыслями, что не покидали его в России, а гибельные предчувствия лишь усиливаются. Там, в поездке были написаны многие стихотворения, вошедшие впоследствии в цикл «Москва кабацкая» (издан в 1924). В эти же годы начинается работа над поэмой «Чёрный человек» — поэмой о безысходном одиночестве и непоправимых ошибках.

Есенину жизненно важно вновь обрести чувство единства с природой, народом, временем. Вернувшись из-за границы, он заново влюбляется в свою родную Русь, пытается полюбить её новый облик. Советская Россия воспевается в поэмах: «Гуляй-поле» (1924), «Баллада о двадцати шести» (1924), «Песнь о великом походе» (1924), «Анна Снегина» (1925). Сложное отношение к стихии народного бунта вообще и к идейным диссонансам послеоктябрьского времени в частности выражено в драматических поэмах «Пугачёв» (1921) и «Страна негодяев» (1923). Тонкий лирик, Есенин сознательно оттеняет лиризм эпосом, желая стать выразителем народного мнения, народных настроений.

Поездка по Кавказу в 1924, после разрыва с третьей женой, Софьей Андреевной Толстой (внучкой Льва Толстого), подарила Есенину второе дыхание, помогла его лирике заиграть новыми красками. Давние мечты о Востоке, знакомство с творчеством великих поэтов Грузии и Армении, кавказским фольклором и прекрасной природой вылились в цикл «Персидские мотивы», полный света и нежности.

Однако красивая сказка о Персии так и осталась для Есенина сказкой, а память о родном доме заставляла думать о том, что «отмечталось» и «не сбылось». Даже тяжёлая болезнь — туберкулёз — гнетёт его не больше, чем ощущение, что жизнь прошла бесцельно и бесплодно, лишь «приснилась».

28 декабря 1925 года Сергей Есенин повесился в номере гостиницы «Англетер» в Ленинграде. Посмертно многие назовут его великим русским поэтом, а Маяковский скажет: «У народа у языкотворца умер звонкий забулдыга-подмастерье».

С 1926 года на стихи Есенина был наложен запрет, и поэт смог вернуться к своим читателям лишь через тридцать лет, с началом политической «оттепели».

Лирика

Ранние поэтические сборники Есенина поразили современников особым лиризмом и свежестью образов. В них деревенская и диалектная лексика не просто придаёт стихам «сельский колорит» — она помогает увидеть мир глазами лирического героя, неотделимого от тех мест, где он родился и вырос.

> *Край любимый! Сердцу снятся*
> *Скирды солнца в водах лонных.*
> *Я хотел бы затеряться*
> *В зеленях твоих стозвонных.*
>
> *По меже, на перемётке,*
> *Резеда и риза кашки.*
> *И вызванивают в чётки*
> *Ивы — кроткие монашки.*

(«Край любимый! Сердцу снятся...», 1914)

Здесь появляется слово, ключевое для ранней поэзии Есенина — «кротость». У него и Русь — «родина кроткая», и сам герой — «тихий отрок, чувствующий

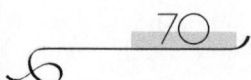

кротко». Здесь звучит признание в любви к миру и готовность принимать его таким, каков он есть. «Всё встречаю, всё приемлю, / Рад и счастлив душу вынуть», — читаем в финале того же стихотворения.

Современники заметили, что религиозные мотивы лирики Есенина заметно отличаются от веры, распространённой в высших слоях российского общества. Оказалось, поэт берёт христианские образы не из самой Библии, а из так называемого «народного православия» — сказаний, легенд, апокрифов, сложенных по евангельским мотивам. Причудливая смесь древних языческих верований с христианством много веков назад породила целый пласт народной культуры, получивший название «двоеверия». Первый сборник Есенина **«Радуница»** (1916) полон его отголосками:

> *Засучивши с рожью полы,*
> *Пахаря трясут лузгу,*
> *В честь угодника Миколы*
> *Сеют рожью на снегу.*

(«Микола», 1913–1914)

В этом стихотворении поэт пересказывает одну из легенд, герой которой — святой Николай Угодник, а заодно и описывает обряд, языческий по своей сути, который совершается в честь христианского святого. Сам Есенин позднее объяснит это очень просто: «Я просил бы читателей относиться ко всем моим Исусам, Божьим матерям и Миколам, как к сказочному в поэзии». Набожность была неотъемлемой частью народной культуры и быта, поэтому она приходит в есенинскую лирику вместе с другими приметами родной и любимой Руси:

> *Гой ты, Русь, моя родная,*
> *Хаты — в ризах образа...*
> *Не видать конца и края —*
> *Только синь сосёт глаза.*

(«Гой ты, Русь, моя родная...», 1914)

Но не только любовью и счастьем наполнены стихи Есенина — с самого начала в них есть и трагизм. Поэта не оставляет мысль о мимолётности жизни, о неизбежности страдания. Особенность Есенина в том, что он способен чувствовать страдание любого живого существа. По-человечески пронзительны его стихи о горькой — иначе не скажешь — судьбе коровы или собаки, у которых люди безжалостно отняли и убили детей: телёнка, щенков. В этих стихах нет громких слов и упрёков, есть только обречённость и боль.

После революции 1917 года и недолгого восхищения ею поэта охватывает грусть «за уходящее милое, родное, звериное». Есенина печалит и ужасает то, что природа отступает под натиском машины. Он с болью сознаёт, что остался «последним поэтом деревни», да и сама деревня скоро перестанет существовать либо изменится до неузнаваемости. Мир рушится, земля уходит из-под ног.

Ещё перед революцией в стихах Есенина появились новые мотивы, и его лирический герой временами называл себя «хулиганом», «бродягой и вором» — так заявлял о себе бунтарский дух, без которого невозможен и с которым так сложен русский национальный характер. Теперь герой, отчаявшись найти в этой жизни свет, добровольно погружается во мрак, подобно герою Блока, только, в отличие от него, не находит успокоения и в вине.

В сборнике **«Москва кабацкая»** появляется образ города — и он разительно отличается от поэтизированной деревни. Любовь и ненависть к новому обиталищу слиты воедино и одинаково заставляют лирического героя страдать. Впрочем, город служит лишь зеркалом его души, и сам герой это прекрасно понимает:

> *Шум и гам в этом логове жутком,*
> *Но всю ночь напролёт, до зари,*
> *Я читаю стихи проституткам*
> *И с бандитами жарю спирт.*
>
> *Сердце бьётся всё чаще и чаще,*
> *И уж я говорю невпопад:*
> *«Я такой же, как вы, пропащий,*
> *Мне теперь не уйти назад».*

> *(«Да! Теперь решено. Без возврата...», 1922)*

Разгульная жизнь не способна отвлечь «пропащего» героя от тягостных раздумий, он снова и снова сожалеет об утраченной чистоте, о непройденных дорогах и сделанных ошибках (**«Письмо матери»**, 1924; **«Письмо к сестре»**, 1925). Тема смерти прочно закрепляется в стихах 27–28-летнего поэта, его лирика всё чаще напоминает исповедь, покаяние, прощание с жизнью:

> *Я устал себя мучить бесцельно,*
> *И с улыбкою странной лица*

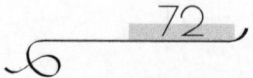

Полюбил я носить в лёгком теле
Тихий свет и покой мертвеца...

(«Я усталым таким ещё не был...», 1923)

На этом фоне особенно светлыми кажутся стихи из цикла **«Персидские мотивы»**. Читая их, трудно поверить, что Есенин никогда не был в Персии, о которой написал столько проникновенных строк. Очарованный вязью персидских стихов, поэт увлечённо создаёт свои «восточные» строфы, и их чёткое построение в сочетании с характерной для его лирики мелодичностью даёт эффект редкой напевности. А когда на персидский мотив слагаются песни о родном рязанском крае — возникают шедевры, подобные **«Шаганэ»** (1924):

Шаганэ ты моя, Шаганэ!
Потому что я с севера, что ли,
Я готов рассказать тебе поле,
Про волнистую рожь при луне.
Шаганэ ты моя, Шаганэ!

Потому что я с севера, что ли,
Что луна там огромней в сто раз,
Как бы ни был красив Шираз,
Он не лучше рязанских раздолий.
Потому что я с севера, что ли.

Я готов рассказать тебе поле,
Эти волосы взял я у ржи,
Если хочешь, на палец вяжи —
Я нисколько не чувствую боли.
Я готов рассказать тебе поле...

Поэмы

«Сорокоуст» (1920) — это плач Есенина по умирающей Руси, по уходящей навсегда поэзии естественной, природной жизни.

Видели ли вы,
Как бежит по степям,

В туманах озёрных кроясь,
Железной ноздрёй храпя,
На лапах чугунных поезд?

А за ним
По большой траве,
Как на празднике отчаянных гонок,
Тонкие ноги закидывая к голове,
Скачет красногривый жеребёнок?

Железная машина бездушна и тем особенно страшна для Есенина. А ведь в основу этого стихотворения лёг действительный случай, о котором поэт рассказывал в одном из писем: «Эпизод для кого-нибудь незначительный, а для меня он говорит очень много. Конь стальной победил коня живого. И этот маленький жеребёнок был для меня наглядным дорогим вымирающим образом деревни. Она в революции нашей страшно походит на этого жеребёнка тягательством живой силы с железной...»

Оттого-то в сентябрьскую склень
На сухой и холодный суглинок,
Головой размозжась о плетень,
Облилась кровью ягод рябина.

Страшные строки «Сорокоуста» провели символическую границу в творчестве Есенина: с этих пор светлые картины «берёзовой Руси» будут для него лишь воспоминанием, неразрывно связанным с чистой юностью, которая ушла так же безвозвратно.

«Анна Снегина» (1925) — это попытка Есенина доказать неразрывную связь судьбы человека и судеб страны, показать смену эпох в зеркале одной отдельно взятой жизни. В результате история юношеской любви главного героя Сергея к девушке в белой накидке служит фоном для истории двух сёл: родного ему зажиточного Радова и нищей Криуши. В поэме почти нет последовательного повествования, события разных лет представлены как отдельные эпизоды (одни — в воспоминаниях героя, другие — в рассказах прочих персонажей, третьи — непосредственно в действии). Они связываются между собой тем впечатлением, которое производят на Сергея, а его переживания и размышления становятся центральной линией сюжета.

Новым для Есенина становится социальный план поэмы, изображение крестьян в переломные для страны годы. Главный с этой точки зрения персонаж — житель Криуши Прон Оглоблин, известный по всей округе:

...Булдыжник, драчун, грубиян...
Он вечно на всех озлоблен,
С утра по неделям пьян.
И нагло в третьевом годе,
Когда объявили войну,
При всём честном народе
Убил топором старшину.

С одной стороны, Прон показывает пример того, как надо бороться за свои права и за справедливость, он готов действовать, а не рассуждать. Этим он явно симпатичен Есенину — не зря Сергей в поэме поддерживает Прона и словом, и делом. Но если пьянство и не ставится в вину крестьянскому вожаку (скорее оно служит проявлением извечной русской тоски по лучшей доле), то склонность к насилию автор не приветствует. Косвенное доказательство этого — судьба Прона. Он единственный из всего села, кто гибнет в гражданскую войну, расстрелянный белыми казаками. Так или иначе, образ Прона Оглоблина действительно очень важен, воплощая и «загадочную русскую душу», и неоднозначность всех революционных событий.

В то же время Есенин сохраняет в «Анне Снегиной» и мотивы упадка деревенской культуры в связи с пришествием культуры городской. Так называемая «цивилизация» вытесняет древнюю культуру жизни на земле.

Что же касается лирической линии сюжета, то она отступает в тень общественно значимых событий, а порой и обрывается ими. Анна Снегина, возлюбленная юных лет героя, поначалу стремится возобновить отношения с ним, хотя она уже замужем и муж её на фронте, — но внезапное известие о гибели мужа пробуждает в женщине чувство вины, а вместе с ним и неприязнь к Сергею, который отказался от участия в войне. Анна — ещё один вариант судьбы человека в революции (лишилась своего поместья; овдовев и оставшись без средств к существованию, вынуждена была эмигрировать). Её имя вынесено в заглавие поэмы, но оно дорого и герою, и автору просто как символ воспоминаний о чистой счастливой юности, когда даже неразделённая любовь не ранила, а дарила радость. Это образ, контрастный всему тому, что несёт с собой дальнейшая жизнь, особенно если она протекает в столь сложное, противоречивое время.

«Чёрный человек» (1925) — одно из самых спорных, по-разному истолкованных и оцененных произведений Есенина. В поэме повествуется о том, как мальчик, рождённый «в простой крестьянской семье, желтоволосый, с голубыми глазами», полный «прекраснейших мыслей и планов», превращается в «скандального поэта», не сумевшего найти путь к счастью. Он поддался соблазну «изломанных и лживых жестов», растратил себя и теперь «очень и очень болен». Жизнь прожита под маской, в уверенности, что

> *В грозы, в бури,*
> *В житейскую стынь,*
> *При тяжёлых утратах*
> *И когда тебе грустно,*
> *Казаться улыбчивым и простым —*
> *Самое высшее в мире искусство,*

— и вот жизнь эта приходит к закономерному трагическому финалу.

> *То ли ветер свистит*
> *Над пустым и безлюдным полем,*
> *То ль, как рощу в сентябрь,*
> *Осыпает мозги алкоголь.*

«Чёрный человек» — предельно откровенная и беспощадная исповедь поэта. По существу, это признание поражения в борьбе за право остаться собой, потому что главная трагедия лирического героя состоит как раз в том, что он теперешний жалок и неприятен самому себе, а вновь стать чистым мальчиком, каким был когда-то, уже не сможет. Его не спасает ни робкое оправдание тем, что пришлось жить «в стране самых отвратительных громил и шарлатанов», ни сомнительное утешение «высокой маркой» своего авантюризма. Циничный и беспристрастный чёрный человек говорит то, что герой не решается сказать себе сам: он один виноват во всех потерях.

Такой приём — воплощение второго «я» героя в отдельном образе —«двойнике» — имеет богатую историю в классической русской литературе. Здесь и чёрный человек из пушкинской трагедии «Моцарт и Сальери» (известно, что Есенин в двадцатых годах восхищался Пушкиным и старался походить на него), и «Двойник» Достоевского, и «Чёрный монах» Чехова. Но есенинская поэма даёт, пожалуй, наиболее болезненное и трагическое решение подобного сюжета: отрезвляющее утро не оставляет никакой надежды на «отдельность» ночного гостя от самого героя. Вместе с зеркалом, которое разбивается от его удара, предназначенного чёрному человеку, разлетается вдребезги иллюзия о том, что «счастье — это ловкость ума и рук». Прочитанная ночью «книга» о бесконечно пошлой жизни оказывается единственной и оттого такой страшной реальностью.

В огромном лирическом наследии Есенина очень сложно выделить что-то более или менее важное. Стихи разных лет в равной мере принесли Есенину любовь читателей и поэтическое бессмертие. Он был и остался дорог миллионам как юноша, влюблённый в синюю, «деревянную» Русь, как дерзкий и мятущийся «бродяга» из «Москвы кабацкой», как автор проникновенной любовной лирики.

Максим Горький

Алексей Максимович Пешков, известный всему миру как Максим Горький (1868–1936), для литературного псевдонима соединил имя отца с вымышленной фамилией — она должна была отражать «горький», то есть горестный жизненный опыт, сформировавший человека и писателя. Алёше Пешкову и в самом деле пришлось пережить немало. Он рано остался сиротой, был воспитан в родном Нижнем Новгороде дедом и бабушкой — родителями матери. Жили бедно, поэтому настоящего образования мальчик не получил. Дед сперва сам учил его по церковным книгам, а потом отправил в ремесленное училище. С детства Горький был вынужден зарабатывать на жизнь: посудником на пароходе, подмастерьем в различных мастерских, «мальчиком» в магазине... Частая смена работ и неизменная бедность не помешали самообразованию — юноша, не поступив в университет, много читал, особенно увлекался философией. Собственные мытарства и страдания окружающих только усиливали его тягу к знаниям — Горький мечтал о том, чтобы переустроить мир на более справедливых, разумных, гуманных основаниях. Будущий писатель испытал влияние самых разных философских теорий, от французского Просвещения до немецкого романтизма, от радикального «человекоцентризма» Ницше до политэкономии Маркса. Кроме того, в книгах искал он объяснение человеческой природы, объяснение взлётов и падений личности — всего того, что видел во время скитаний по России.

Первый рассказ **«Макар Чудра»** появился в 1892 году. Он прошёл почти незамеченным, но положил начало циклу рассказов о «босяках» — людях не просто бедных, но выпавших из общества, не нужных ему. Старый цыган Макар Чудра учит молодого собеседника: «Так нужно жить: иди, иди — и всё тут. Долго не стой на одном месте — чего в нём? Вон как день и ночь бегают, гоняясь друг за другом, вокруг земли, так и ты бегай от дум про жизнь, чтоб не разлюбить её. А задумаешься — разлюбишь жизнь, это всегда так бывает». Этот закон стал первым открытием Горького, который за несколько лет до того пытался покончить с собой и чудом остался жив.

«Бегством от дум про жизнь» и стало для начинающего писателя погружение в цыганскую романтику, в мир свободных, гордых, сильных и прекрасных героев, мир неуёмных страстей, где невозможны компромиссы. Сам он больше всего любил рассказ **«Старуха Изергиль»** с его красивыми и грустными легендами. Ларра, сын орла, не хочет жить среди людей как равный, презирает их мораль и их самих — маленьких, слабых. За совершённые преступления старейшины приговаривают Ларру не к смерти (он бессмертен), а к изгнанию. Обречённый на вечное одиночество, гордый герой со временем готов на всё, лишь бы люди приняли его или хотя бы сказали ему пару слов — но остаётся отверженным и несчастной тенью бродит по земле. Данко, герой другой легенды, пытается вывести своё племя из тёмного непроходимого леса, подарить людям жизнь и свободу, однако путников повсюду подстерегает смерть. Боясь опасности, скрытой во тьме, они отказываются идти через неё к свету и обвиняют во всём вожака. Тогда Данко, в отчаянии от того, что люди так страдают, сам разрывает себе грудь, вырывает оттуда сердце — и оно вдруг вспыхивает ярким пламенем. Держа своё сердце, как факел, освещая им путь, герой легко находит безопасную тропу, помогает людям выбраться из леса, и только после этого падает мёртвым.

Две легенды-притчи объединяет общая идея: внутренняя свобода возможна лишь тогда, когда человек готов использовать её во имя высоких целей (иначе свобода оборачивается эгоистической вседозволенностью). Этот принцип Горький пронесёт через всю жизнь, стараясь по мере сил помогать людям — не только творчеством, но и реальными делами. О его доброте тоже слагали легенды. Немало молодых талантливых авторов обязаны ему лёгким и успешным вхождением в литературу, но есть люди — и таких не меньше — которых Горький, пользуясь своим авторитетом, спас от репрессий, добившись закрытия уголовного дела или освобождения уже осуждённых из тюрем и лагерей. Впрочем, это будет позднее, а пока он, сам ещё молодой, восхищается сильными натурами, рвущимися к абсолютной свободе.

В 1898 году выходят два выпуска книги **«Очерки и рассказы»**, мгновенно сделавшие Горького знаменитым. Образы босяков, среди которых особенно ярок Челкаш из одноимённого рассказа, обращали на себя внимание как фигуры из незнакомого читателю мира. Художественная обрисовка этих характеров отличалась некоторой странностью. Лев Толстой, например, не принимал манеру Горького «возвышать» героев, заставляя цыган, воров и мужиков открыто философствовать и на несвойственном им языке изрекать мысли, явно принадлежащие автору. Разумеется, писатель и сам знал, что порой идёт против «правды жизни», однако он делал это сознательно. Помимо изображения социально-психологических типов ему важно было найти и указать смысл их бытия, а от этого протянуть нить к человеку вообще.

В раннем творчестве Горького много аллегорий. Он создаёт образы и целые произведения ради воплощения некоей абстрактной идеи. Хрестоматийными вещами стали его «Песни»: **«Песня о Соколе»** (1895) и **«Песня о Буревестнике»** (1901). Написанные ритмической прозой и многостопным белым стихом, они гораздо ближе по общей тональности к древнему героическому эпосу, чем к современной лирической поэзии.

Над седой равниной моря ветер тучи собирает. Между тучами и морем гордо реет Буревестник, чёрной молнии подобный.

То крылом волны касаясь, то стрелой взмывая к тучам, он кричит, и — тучи слышат радость в смелом крике птицы.

В этом крике — жажда бури! Силу гнева, пламя страсти и уверенность в победе слышат тучи в этом крике.

(«Песня о Буревестнике»)

Пафос борьбы, поэзия риска, упоение стихией, которая пугает остальных, — характерные черты гражданского романтизма вообще, а в данном случае — неоромантизма рубежа XIX–XX веков. И то, что Горький активно поддерживал социалистов с их революционными устремлениями, закономерно вытекало из его собственного романтического мировосприятия.

Подтверждением тому служит поэма в прозе **«Человек»** (1903). Как и у Маяковского и Андреева, чуть позже написавших одноимённые произведения, главного героя здесь зовут Человеком — это красноречивое свидетельство предельной обобщённости образа. Однако Горький опять рисует не тип, не характер, а идеал. Он величествен благодаря Разуму и способности Преодолевать жизнь (прописные буквы — ещё один способ придать повествованию торжественность, подчеркнуть вневременной смысл поэмы). «Вооружённый только силой Мысли, ... идёт свободный гордый Человек далеко впереди людей и выше жизни» — всё это заставляет вспомнить Сверхчеловека из философских книг Ницше. Герой Горького — избранная, исключительная личность, которая не принадлежит ни земле, ни небу, ни какому-то историческому времени: «...Один на маленьком куске земли, несущемся с неуловимой быстротою куда-то в глубь безмерного пространства, ...

Он мужественно движется — вперёд! и — выше! — по пути к победам над всеми тайнами земли и неба».

Горьковский Человек не знает иллюзий, он готов видеть мир без прикрас — хотя бы для того, чтобы изменить его, не оставив ничего пошлого, грязного, ложного. Кстати, самая отвратительная Ложь для него — утверждение, что «Человеку нет пути иного, как путь на скотный двор спокойного довольства самим собою». Даже Вера, Надежда и Любовь отвергаются как порождения Лжи, Смерти и Пошлости, и единственной опорой Человека остаётся Разум. Он и только он должен помочь Человеку выполнить его призвание: «...осветить весь мир, ...найти гармонию между собой и миром, в себе самом гармонию создать».

Сам писатель не мог не заметить слабого места поэмы — его идеал оказался вырван из жизни, лишён не только быта, но и характера, а ведь это уже не аллегорический Буревестник... Сверхчеловек не смог стать просто человеком, значит, и гармония, какую он способен создать — не та гармония, что нужна людям.

Исчерпав возможности притчи и аллегории, Горький переходит к использованию других художественных средств. Ещё в 1899 году он пишет повесть **«Фома Гордеев»**, задуманную как «содержательная картина современности», на фоне которой «должен бешено биться энергичный здоровый человек, ищущий дела по силам, ищущий простора своей энергии». Герою «тесно» жить в мире, если им правят буржуа каких бы то ни было формаций и воззрений. Дело здесь не в социальном конфликте — Фома сам достаточно богат — просто люди, поначалу казавшиеся ему симпатичными (умный и волевой Яков Маякин, его мечтательная дочь Люба, утончённая аристократка Софья Медынская), постепенно открываются с «изнанки». Оказывается, что Маякин жесток и двуличен, причём нисколько этого не стесняется, Люба часто тяготится своими прекрасными мечтами, понимает их бесплодность и от отчаяния готова удариться в противоположную крайность, Медынская уже смирилась с ощущением опустошённости. Фоме больно видеть, как они обманывают своё предназначение, дарованный природой богатый духовный потенциал. Их жизнь превращается в пустое, бессмысленное существование, «заразное» и губительное для окружающих. Юноша в припадке ненависти и отвращения бросает им: «Грязищу и духоту развели делами своими. <...> Пятак — ваш бог! Кровопийцы! Чужой силой живёте... Чужими руками работаете!» Но и сам он уже утратил былой заряд жизненной силы, похоронил свои мечты о тёплых человеческих отношениях, о настоящей любви. «Зачем живём?» — мучительно думает он. И, не найдя ответа, сам обрывает свою жизнь.

В этой повести Горький проявляет немалое мастерство в передаче душевных движений героя, в том, как он постепенно, шаг за шагом узнаёт людей. Постепенно углубляются впечатления, предчувствия Фомы. Сменяют друг друга картины, воплощающие его понимание жизни, словно кадры киноплёнки, смена которых и рождает движение, развитие. За внешними, очевидными чертами проступают другие, ранее скрытые от взгляда, пока все они не складываются наконец в единое целое.

По мысли Горького, трагедия Фомы не только в бездушности его окружения, но и в собственной пассивности, личностной незрелости. Он только ждёт чего-то прекрасного, но не ищет и не созидает.

Своеобразным итогом первого этапа горьковского творчества явилась пьеса **«На дне»** (1902), отразившая философские искания писателя той поры. Эта драма вобрала в себя все наблюдения, накопленные за годы пристального внимания к «босякам», представила целую галерею психологических типов со всей гаммой отношений между ними.

С 1906 по 1913 год Горький живёт за границей, спасаясь от ареста за революционную деятельность. Там и выходит в свет роман **«Мать»** (1906) — книга, создавшая Горькому репутацию пролетарского писателя, трибуна социалистических идей. В ней отразились, хоть и довольно романтизированно, два очень серьёзных и сложных процесса: внутреннего объединения рабочих, крестьян, интеллигенции в общем движении за свободу; а также личностного роста и развития по мере участия в этой деятельности.

Позднее, после сближения Горького с группой философов, составивших особое течение в марксизме (А. В. Луначарским, А. А. Богдановым, В. А. Базаровым) его мечта о подъёме народного сознания совместилась с «богостроительной» идеей. Впрочем, ещё в своих странствиях по Руси писатель встречал немало стихийных «христиан-социалистов», и это мировосприятие всерьёз увлекло писателя.

В 1908–1911 годах появились реалистические «Лето», «Городок Окуров», «Жизнь Матвея Кожемякина». За ними последовали цикл рассказов «По Руси» (1912–1917) и автобиографические повести «Детство» (1913) и «В людях» (1914). Здесь уже нет места «чистым теориям», образы и конфликты рождаются из реальных интересов и переживаний современников. Герой-повествователь из рассказов «По Руси», странствуя, старается понять каждого встреченного, кем бы он ни был, «заглянуть в глубину души, где живут незнакомые мысли, неслыханные слова». В живом наблюдении всегда присутствует образная яркость и точность картины мира, своеобразный, но художественно убедительный синтез увиденного. Это характерная черта стиля писателя, реалистический дар которого блестяще сказался и в жанре литературного портрета, где Горьким создано немало шедевров, рисующих Льва Толстого, Чехова, Есенина, Короленко и ряд деятелей русской революции.

После октября 1917 года в жизни писателя, помимо вдохновенной организаторской деятельности в области культуры, были недоумённые и горестные размышления о неоднозначных результатах революции, вылившиеся в публицистический цикл «Несвоевременные мысли. Заметки о революции и культуре» (1917–1918), выход из партии большевиков, третья часть автобиографической трилогии «Мои университеты» (1922), эмиграция с 1921 по 1928 год и написанные за границей «Рассказы 1922–1924 гг.», повесть «Дело Артамоновых». Последние годы прошли в работе над четырёхтомной эпопеей «Жизнь Клима Самгина» (1925–1936), в интенсивной общественной деятельности, в том числе и в руководстве Союзом писателей. Горький вернулся в Россию, в Советский Союз, чтобы стать одним из главных идеологов советской власти и сыграть важнейшую роль в отечественной культуре, получив признание как одна из крупнейших фигур в России XX века.

Драма «На дне»

Знаменитая пьеса Горького показывает жизнь людей, опустившихся на самое дно жизни. Герои не имеют ни дома, ни семьи, ни какой бы то ни было иной опоры, большинство их не в ладах с законом, поскольку воровство, шулерство, проституция — всё, что им остаётся, чтобы не умереть от голода. У половины не осталось даже имён — их заменили клички: Барон, Актёр, Татарин... Нищета, грязь, болезни, озлобленность мучают всех, но общая беда не объединяет людей. Они совершенно равнодушны друг к другу. Горький мастерски выразил это в диалогах и ремарках первых двух актов — все говорят, не ожидая ответа, кто-то уходит, возвращается, продолжает свою тему или вообще говорит с самим собой (подобного эффекта и теми же средствами добивался Чехов-драматург, с которым нередко сравнивают Горького-драматурга).

При этом каждый из персонажей ревностно охраняет от вторжения посторонних тот сокровенный уголок своей души, который ещё позволяет ему чувствовать себя человеком. Одни хранят в нём мечты о чуде, способном всё изменить (Настя ждёт большой любви, Актёр верит, что когда-нибудь вылечится от алкоголизма, Пепел страстно желает бросить воровство и начать новую жизнь, женившись на Наташе), другие лелеют воспоминания о благополучном прошлом (как Барон, который когда-то был дворянином). Никто не хочет верить в собственную обречённость, не хочет признавать, что фактически уже мёртв — Сатин, пожалуй, единственный, кто имеет мужество признать: «Дважды убить нельзя».

Настоящее действие начинается, когда на сцену выходит новый персонаж — странник Лука. Он появляется со словами о том, что «человека жалеть надо», и тем самым располагает к себе самых отчаявшихся, самых потерянных, самых слабых. В задушевных разговорах они раскрываются перед стариком, а тот охотно поддерживает каждого, говоря то, что тот хочет услышать. Лука обещает умирающей Анне загробную жизнь, рассказывает Актёру о лечебнице для алкоголиков. Он лжёт, но это «ложь во спасение», потому что странник уверен: «не всегда правдой душу вылечишь».

Здесь сталкиваются две принципиальные позиции — с Лукой спорит Сатин, утверждая, что «жалость унижает человека», а человек на самом деле огромен, в нём — «все начала и концы». Ему принадлежит известная, широко цитируемая фраза: «Человек — это звучит гордо!» Однако жизнь так и не ставит последней точки в этом споре, оказываясь сложнее, чем каждая из двух идей. С одной стороны, неизбежно рушатся иллюзии, созданные Лукой. Пробуждённые к жизни, обнадёженные герои начинают бороться за своё призрачное счастье, дремавший между ними конфликт разгорается и разрешается бурно и трагично для многих. Наступает глубочайшее разочарование. Актёра оно толкает на самоубийство, но он далеко не единственная жертва. В то же время не оправдываются до конца и слова Сатина — никто не уходит с гордо поднятой головой. Последнее действие пьесы, казалось, давало робкую надежду на возрождение: по крайней мере, люди начали слышать друг друга и задаваться жизненно важными вопросами, но всё обрывается известием о смерти Актёра. «Эх... испортил песню... дурак!» — восклицает Сатин.

Роман «Мать»

Здесь, как и в пьесе «На дне», тоже есть борьба идей, но теперь она принимает вид противопоставления разума и сердца. Социалист Павел Власов считает, что «только разум освободит человека», то есть фактически повторяет тезис из поэмы «Человек». Писатель, конечно, симпатизирует Павлу и делу, за которое тот борется, но сам уже склоняется к более сложному решению вопроса. Не зря один герой осуждающе называет Власова «железным человеком», а другой говорит ему: «Надо в сердце, в самую глубину искру бросить. Не возьмёшь людей разумом...» Рассудить их помогает история Ниловны, матери Павла — ведь именно она является центральным персонажем, давшим название роману. Любовь к сыну помогает ей сначала поверить в его правду, а затем и заменить Павла в кругу товарищей-революционеров после его ареста. Она силой любви находит общий язык с людьми из разных сословий, объединяет их и передаёт им свою — теперь уже действительно свою правду, тогда как аскетизм и суровость Власова, напротив, отталкивали от него людей, причиняли боль близким и мешали раскрыться всему лучшему в нём самом.

В то же время роман показывает и поддерживает становление новой морали, согласно которой конфликт разума и сердца обязан решаться в пользу первого, если на той стороне — интересы страдающего большинства. Горьковские революционеры не сомневаются в справедливости этой арифметики, в отличие от героев русской литературы XIX века (например, героев Достоевского). Даже Андрей, один из самых человечных героев романа, говорит: «По дороге вперёд и против самого себя идти приходится. Надо уметь всё отдать, всё сердце. Жизнь отдать, умереть за дело — это просто! Отдай больше, и то, что тебе дороже твоей жизни, — отдай, — тогда сильно взрастёт и самое дорогое твоё — правда твоя!..» В более жёсткой формулировке это звучит так: «Приходится ненавидеть человека, чтобы скорее наступало время, когда можно будет только любоваться людьми. Нужно уничтожать того, кто мешает ходу жизни».

Однако при всей традиционности революционных идей, отражённых в романе, заметно выделяется чисто горьковская трактовка самой сущности борьбы и тех целей, которые она преследует. Вопреки традиции писатель не рисует своих рабочих голодными, измождёнными, больными, как это делали многие авторы-социалисты. Для Горького и его героев главное зло — бездуховность, бессмысленность однообразного существования, ведь для городского простонародья были закрыты все пути к разумной, творческой, культурной жизни. Рождаясь, человек был уже обречён двигаться по замкнутому кругу: дом, фабрика, кабак (поскольку пьянство было единственным известным способом потратить заработанные деньги, а пьяные драки — единственным доступным развлечением).

Иначе говоря, цель революции по Горькому — помочь людям от состояния «испуганных тараканов» перейти на тот уровень бытия, на котором «человек — это звучит гордо». Не случайно череда поражений Власова, аресты товарищей, его самого и наконец, Ниловны в финале романа вовсе не означают их поражения. Главное завоевание революционеров — то, что они смогли открыть горизонты иной жизни и иной правды для женщины, чьё «тело, разбитое долгой работой и побоями мужа, двигалось бесшумно и как-то боком, точно она всегда боялась задеть что-то». Проходя сложнейший путь от всепоглощающего страха за сына и инстинктивного отторжения всего нового до свободного, зрелого принятия собственных решений и способности вести за собой других, она своим примером доказывает необходимость решительной переделки жизни.

В этом свете особый смысл приобретает слово, вынесенное в заглавие романа. По замыслу автора, Ниловна должна была «обрисовать весь мировой процесс как шествие *детей* к правде», смягчая юношеский максимализм материнской мудростью и тем самым придавая гармоничность революционному движению — ведь его смысл для писателя заключается в постижении и утверждении прежде всего нравственных ценностей: любви, веры человека в себя и в жизнь, душевной чистоты.

Иван Алексеевич Бунин

Иван Бунин (1870–1953) принадлежал к старинному, но обедневшему, а потом и вовсе разорившемуся дворянскому роду. Детство и юность будущий писатель провёл под Ельцом, в Орловской губернии. «В глубочайшей полевой тишине, — писал он позже, — летом среди хлебов, подступивших к самым нашим порогам, а зимой среди сугробов и прошло всё моё детство, полное поэзии, печальной и своеобразной». С ранних лет мальчик был очень религиозен и много думал о смерти (отчасти под влиянием церковных книг, отчасти из-за глубоких переживаний после смерти маленькой сестры). Сильное впечатление произвели на Бунина и неординарные люди, с которыми он столкнулся довольно рано. Таков был его первый учитель, эрудированный и художественно одарённый человек, который внезапно решил оставить общество и стал скитальцем. Бунин с детства чувствовал всё то прекрасное и светлое, чем богат мир, и это питало его страстный интерес к жизни. Из-за безденежья он не окончил даже гимназию, так что учиться ему пришлось самостоятельно. Впрочем, это не помешало писателю стать одним из самых образованных и интеллигентных людей своего поколения.

Первые творческие шаги были сделаны в 1887 году — под впечатлением от смерти Надсона, которого боготворила тогдашняя молодёжь. Бунин посылает в печать свои первые стихотворения: «Деревенский нищий» и «Над могилой Надсона». Впоследствии он сам признавал слабость этих ранних стихов, но тогда их публикация вдохновила его на дальнейшее сочинительство.

Вступив в литературу как лирик, Бунин остался им на всю жизнь, в том числе и в прозе — не зря литературоведы назовут её «лирической». При этом он всегда был убеждённым реалистом, избегая слишком ярких, искусственных образов и черпая вдохновение только из жизни, а не из теорий о ней. Сочетание естественности с неожиданным ракурсом взгляда на мир — одна из главных особенностей художественной манеры Бунина. Вот одно из юношеских стихотворений, поразившее даже Льва Толстого:

> *Не видно птиц. Покорно чахнет*
> *Лес, опустевший и больной.*
> *Грибы сошли, но крепко пахнет*
> *В оврагах сыростью грибной.*
>
> *Глушь стала ниже и светлее,*
> *В кустах свалялася трава,*
> *И, под дождём осенним тлея,*
> *Чернеет тёмная листва.*
>
> *А в поле ветер. День холодный*
> *Угрюм и свеж - и целый день*
> *Скитаюсь я в степи свободной,*
> *Вдали от сёл и деревень.*
>
> *И, убаюкан шагом конным,*
> *С отрадной грустью внемлю я,*
> *Как ветер звоном однотонным*
> *Гудит-поёт в стволы ружья.*

(«Не видно птиц. Покорно чахнет...», 1889)

Простая, хорошо знакомая картина, но в ней есть ощущение движения, точнее, вечного круговорота жизни, где всё проходит, оставляя лишь воспоминания и чувство утраты. Природа примиряет человека с мимолётностью всего сущего, возвышает до понимания мировой гармонии.

Человек в бунинском творчестве выходит из потока природного бытия и несёт в себе память о своём происхождении, поэтому природа никогда не бывает здесь «фоном», она — главное и активное действующее лицо. Бунин очень обиделся на Зинаиду Гиппиус, однажды назвавшую его «не писателем, а описателем», однако по его произведениям действительно можно писать картины, так много в них выразительных деталей, воссоздающих не только сам окружающий мир, но одновременно и созвучный ему внутренний мир человека. Один из героев говорит: «...Каждое малейшее движение воздуха есть движение нашей собственной жизни».

Ещё в конце 1880-х годов он увлечённо размышлял о судьбах мировой

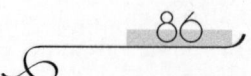

цивилизации, утверждая важность культуры, поднявшей человека из животного состояния. Однако постепенно приходило понимание того, что гармония и счастье так и не достигнуты, несмотря на усилия религии, морали, права, науки, искусства. Появилось стремление углубиться в человеческое сознание, раскрыть его тёмные и светлые стороны, чтобы уяснить возможности человека. Это и делает Бунин в ранней прозе, из которой состоит первая книга писателя «На край света» и другие рассказы, изданная в 1897 году. «Танька», «Кастрюк», «На хуторе», «На чужой стороне», «На край света», «В поле» развивают мотив одиночества, неуютной, опустошённой жизни. «Вести с родины», «Учитель», «На даче», «Без роду-племени» посвящены душевному смятению современных людей, жаждущих и не достигающих перемен. Они томятся грёзами о светлом будущем, но безнадёжно прощаются с мечтой. Бунин резко осуждает мещанство, нигилизм, пустословие — всё то, что мешает человеку реализоваться в жизни.

В рассказах следующего десятилетия формируется творческая манера писателя: повествование подчиняется авторским раздумьям, часто незавершённым, размываются границы жанров. Бунин не нашёл в современности того, что способно обогатить вечность, зато открыл это в почти утраченном крестьянском укладе. Рассказ «Антоновские яблоки» критиковали за явную идеализацию деревенского быта и духа, но писателю было дорого подмеченное им особое внутреннее состояние людей, крепко связанных с полями, дорогами и стойким запахом яблок — тем более, что этим духом напитан целый пласт русской культуры «с именами Жуковского, Батюшкова, лицеиста Пушкина». Вместе с исчезающим ароматом антоновских яблок в старых помещичьих садах уходит навеки дворянская Россия.

Со временем история приобретает для Бунина особое значение — история народа, страны и отдельного рода, поскольку в ней кроется знание о человеке. Писатель судил по себе: «Чувствую и чувствую в себе всех своих предков, — не раз говорил он. Все корни мои, ушедшие в русскую почву, чувствую».

С 1907 года Бунин вступает в самую счастливую пору своей жизни. Он женится на Вере Николаевне Муромцевой, которая будет его верной спутницей до конца дней, разделяя все радости, горести и бесконечные странствия мужа. А путешествий было действительно много. В погоне за новыми впечатлениями и более универсальным знанием жизни Бунин колесит по Европе, едет в Турцию, Сирию, Палестину, Индию, Египет, Алжир, на Цейлон... Знакомство с чужими землями и древними цивилизациями помогло писателю составить представление о развитии человечества. Яркие впечатления от путешествий он отразил в стихах и прозаических «путевых поэмах», получивших затем общее название **«Тень птицы»** (1907–1911, издана в Париже в 1931 году).

Любование экзотикой сочетается с раздумьями о погибших культурах, и в этом контексте по-новому видится Бунину то, что происходит в России. С одной стороны, он признаёт необходимость социально-политических перемен и заявляет: «Пережил я очень долгое народничество, затем толстовство; теперь тяготею больше всего к социал-демократии, хотя сторонюсь всякой партийности». С другой стороны, Бунина пугает то, что так привлекало многих его современников — стихийность народа. Он предпочёл бы не революционный взрыв, а организованную деятельность по защите народных интересов.

Бунин задумывается о психологии русского человека, обнаруживая общие для крестьянина и помещика внутренние противоречия. Этой проблематике посвящены повести **«Деревня»** (1910) и **«Суходол»** (1911).

«Деревня» необычайно полемична и социальна в сравнении с другими произведениями её автора, и исследователи видят в этом реакцию Бунина на реформу Столыпина (она была рассчитана на самостоятельность крестьянина, умение хозяйствовать и строить собственное благополучие). Тихон Красов, один из главных героев повести, своей судьбой опровергает теорию реформатора — с головой уйдя в хозяйство, он добивается неплохих результатов, но при этом считает свою жизнь загубленной, тоскуя по общению с близкими и даже по возможности «урвать свободный вечерок, захватить с собой ковёр, самовар, посидеть на траве...» Работа отнимает все силы, и в результате Тихон становится ожесточённым, озлобленным. Другой персонаж — Серый, «самый нищий и бездельный мужик во всей деревне», не устаёт ждать помощи и поддержки. Сын его Дениска — мужик нового поколения, развязный, наглый, не любящий ни землю, ни родителей, зато читающий одновременно пошлые книжонки и «Роль пролетариата в России».

Бунин создаёт поразительно верные социально-психологические типы, беспощадно показывая не только нищету деревни с говорящим названием Дурновка, но и духовную нищету крестьян. Примечательно, что по сюжету повести выводы эти делает Кузьма, брат Тихона, то есть такой же крестьянин, как и остальные герои. Он не осуждает односельчан, скорее, сочувствует им и пытается понять смысл такого существования. Писатель же ясно показывает: ни понять, ни оправдать нельзя, потому что люди эти губят не только свою жизнь — они убивают будущсс России. Какую революцию могут совершить они и какое общество построить? На фоне распространённых тогда в России социалистических убеждений подобные рассуждения писателя звучали довольно пессимистично.

Но «антинародничество» Бунина вовсе не означает нелюбви к родине и народу. «Россия! Кто смеет учить меня любви к ней!» — восклицает он в одной из статей, отвечая на обвинения в недостатке патриотизма. Просто, по Бунину, любовь не даёт права закрывать глаза на недостатки. Напротив, честность должна быть превыше всего, ради блага самой России — ведь заблуждения и ложные ожидания могут иметь трагические последствия. Эти идеи и пафос легли в основу ряда рассказов первой половины 1910-х годов — они и принесли писателю славу. Впрочем, в узком литературном кругу Бунин был признан ещё раньше, когда ему присудили Пушкинские премии и избрали его, не окончившего даже гимназию, почётным членом Российской Академии наук.

А Бунин обращается к новым темам. Он исследует культурное наследие древности и в первую очередь различные философские учения. «Братья» (1914), «Сны Чанга» (1916), «Третьи петухи» (1916) — эти рассказы отражают размышления о жизни в свете буддизма или теории Декарта. Философия не является здесь самоцелью, но служит основанием для масштабных обобщений.

Важным произведением этого периода стал рассказ **«Господин из Сан-Франциско»** (1915). Немолодой американский миллионер путешествует с женой и дочерью на круизном пароходе, купаясь в привычной роскоши и угодливости окружающих. Внезапная смерть разом переворачивает всё, и семья Господина, лишившись волшебной силы его статуса, испытывает не только боль утраты, но и всевозможные унижения, вплоть до необходимости скрывать смерть близкого человека, дабы «не портить настроение» другим отдыхающим.

Бунин достигает здесь поразительного мастерства в организации повествования, в символизации мотивов и деталей. Корабль — своеобразная модель человеческого общества. На его палубе и в салонах шумит нарядная толпа, которую обслуживает многочисленный персонал, в трюме работают «адские топки», а над всем этим где-то высоко в своей рубке находится капитан, похожий на языческого идола. «Декорации» выдают в этом плавучем социуме копию процветающего буржуазного мира начала XX века, но автор ясно показывает, что всё происходящее относится к мировой цивилизации вообще. Во все времена люди стараются не думать о суровом и всесильном океане, «ходящем за стенами» (то есть о непредсказуемости и неотвратимости судьбы) и о том, «что стоит глубоко, глубоко под ними, на дне тёмного трюма» — а стоит там ящик с мёртвым телом Господина из Сан-Франциско.

Как и всегда у Бунина, жизнь наполняется особым смыслом от тесного соседства со смертью. Американец долгие годы и десятилетия не позволял себе простых человеческих радостей, работая «на будущее» и надеясь наверстать упущенное позже, став хозяином жизни. Однако мечты разбиваются о суровую реальность, поскольку никто не может быть хозяином собственной жизни, даже если повелевает жизнями других. Ущербность материально ориентированного сознания прекрасно проявляется в эпизоде, где герой посещает Италию. Он чувствует себя обманутым, видя вместо ожидаемого рая реальный приморский городок под пеленой дождя. Он не замечает подлинной красоты только потому, что облик живой Италии оказывается не похож на рекламные картинки для туристов. Смешное на первый взгляд разочарование персонажа наполняется трагизмом, когда становится ясно, что на него потрачены последние дни жизни, последние драгоценные часы. Ощущение «последнего мгновения» позволяет Бунину чётко разграничить истинные и ложные ценности.

Ещё один глубокий образ — пара якобы пассажиров (на самом деле — наёмных актёров), играющих красивую любовь по заказу капитана. За ней стоит вся цивилизация, уставшая от игры в богатство, успех, власть. Ошибиться в трактовке не даёт название корабля — «Атлантида». Заимствованное из легенды об острове, утонувшем вместе с цивилизацией атлантов, оно предсказывает печальный финал обществу, утратившему смысл жизни.

Спустя год написано знаменитое **Лёгкое дыхание** (1916) — горький рассказ о том, что бывают «наивность и лёгкость во всём», которые опасны бездумностью. Главная героиня, гимназистка Оля Мещерская, наделённая редкой красотой и «бессмертно сияющими» чистыми глазами, по роковой легкомысленной ошибке губит себя, даже не успевая понять гибельности своего положения. Короткая юная жизнь, растраченная на «связи» без любви, оборвалась — и «рассеялось в мире» лёгкое дыхание девочки, мечтавшей об особенной, прекрасной судьбе.

1917 год заставил Бунина как никогда тяжело переживать тревогу за будущее страны. Возмущаясь тотальным разрушением, в том числе разрушением нравственных и культурных устоев, писатель не скрывает своей «антисоветской» позиции. Когда стало ясно, что ужиться в советской России не удастся, а возврата к прошлому нет, Бунин покидает страну. В январе 1920 года он с женой отплывает в Константинополь, а потом перебирается во Францию, где и живёт до конца своих дней. В эмиграции закончены и опубликованы дневники 1917—1918 годов — «Окаянные дни», отразившие лицо новой России таким, каким увидел его писатель: пьяные матросы, безграмотные депутаты, пошлые агитаторы...

Во Франции созданы и такие шедевры Бунина, как новеллы «Митина любовь» (1925), «Солнечный удар» (1925), автобиографический роман «Жизнь Арсеньева» (1930) и книга рассказов о любви «Тёмные аллеи» (1943). В них совершенствуется бунинский метод «символического реализма», где каждая деталь нужна для создания обобщённого образа России и мира в целом. В 1933 году Бунин первым из русских писателей получает Нобелевскую премию по литературе — несмотря

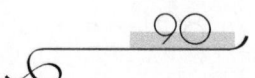

на слова одного из современников: «Он почти непереводим». Бунин через всю жизнь пронёс трепетное отношение к родному языку, необычайно ценя Слово и не позволяя ни себе, ни окружающим небрежного и легкомысленного обращения с ним:

> И нет у нас иного достоянья!
>   Умейте же беречь
> Хоть в меру сил, в дни злобы и страданья,
>   Наш дар бессмертный — речь.

(«Слово», 1915)

«Тёмные аллеи»

Это книга, которую часто называют «энциклопедией любви». И действительно, её сорок рассказов — это сорок историй о том, какими могут быть отношения мужчины и женщины. Поражает огромное разнообразие оттенков любви: простодушная, но нерушимая привязанность крестьянской девушки к барину, соблазнившему её («Таня»); скоротечные увлечения («Зойка и Валерия»); краткая однодневная связь («Антигона», «Визитные карточки»); страсть, доводящая до самоубийства («Галя Ганская»); наивная исповедь малолетней проститутки («Мадрид»). Любовь может быть возвышенным мигом просветления или, наоборот, физическим влечением без духовной близости. Последнее, впрочем, показано в книге как разрушительное, несущее гибель.

Однако при всём разнообразии сюжетов ни один из них не нашёл счастливого финала, не завершился союзом любящих сердец. Так отразилось глубокое убеждение Бунина в том, что истинное, высокое чувство не только никогда не имеет удачного завершения, но обладает свойством избегать брака. Писатель неоднократно повторял это, цитируя слова Байрона: «Часто бывает легче умереть за женщину, чем жить с ней». Любовь — сильнейший накал страстей, но такое состояние не может продолжаться вечно или хотя бы так же долго, как и семейная жизнь. Страсть неизбежно угасает, а без неё любовь перестаёт быть любовью. Поэтому трагический внешне финал (смерть героев, непреодолимая разлука, измена, разрыв) с точки зрения писателя лучше, чем традиционно благополучный — внезапно обрываясь, чувство сохраняется в памяти героев, то есть навеки остаётся на высшей точке своего развития.

Рассказ «Холодная осень» отчётливо выражает эту идею: героиня, потеряв жениха в первой мировой войне, продолжает жить просто потому, что смерть не спешит прийти за ней. Революционные годы, голод, эмиграция, скитания, создание семьи и её распад, одиночество — всё это, заняв тридцать лет, значит для женщины гораздо меньше, чем тот холодный вечер, когда она провожала любимого на фронт. Реальная жизнь — лишь «ненужный сон» в ожидании новой встречи «там», за её пределами.

Роман «Жизнь Арсеньева»

Роман состоит из пяти книг, шаг за шагом изображающих детство, юность, взросление и становление личности главного героя. «Жизнь Арсеньева» имеет автобиографическую основу: писатель заново переживает и переосмысливает опыт юных лет. Конечно, нельзя утверждать, что Алексей Арсеньев — это Иван Бунин в молодости, да и сам писатель неоднократно отрицал это, но, несомненно, автор «отдал» герою многое: домашнее образование, свой литературный дар и муки творчества, жажду познания, умение поэтизировать мир, постоянный поиск (в том числе и поиск истинной любви).

Авторы реалистических автобиографий обычно стремятся показать становление героя как личности, объективно передать связи человека с миром. «Жизнь Арсеньева» — другая книга. В ней человек открывает мир, «принимает его в своё сознание». Повествование строится как внутренний монолог героя-рассказчика, поэтому главный предмет изображения — его внутренняя жизнь, эмоционально окрашенные впечатления, желания, мысли и чувства.

Как и классический роман, «Жизнь Арсеньева» рисует широкую панораму общественной жизни эпохи со всеми её философскими, социальными, политическими идеями и движениями — ведь бурные споры, подпольные студенческие кружки, сама атмосфера назревающих перемен не могли остаться без внимания неравнодушного молодого человека. Бунин заставляет Алексея погрузиться в гущу политических событий, делая его старшего брата Георгия убеждённым социалистом. Покинув родительский дом, Арсеньев-младший живёт у брата, знакомится с его друзьями, увлекается идеями переустройства России, мечтает о конституции и республике, но стремится воплотить свои мечты не в жизни, а на бумаге. Натура героя такова, что для него писательство — более естественный путь выражения гражданской позиции, чем прямое участие в политической деятельности.

Постепенное взросление Алексея особенно заметно в его отношениях с прекрасным полом. Автор проводит его через разные уровни любовных переживаний: первую полудетскую влюблённость в молоденькую Анхен, страстную связь с горничной брата, взрослой замужней женщиной, сильное и глубокое чувство к Лике, не мешающее, впрочем, случайным скоротечным романам. Здесь ещё раз раскрывается бунинская философия любви. Лику больно ранит нежелание Алексея создать настоящую семью, иметь детей. Однажды она очень точно определяет сложившуюся ситуацию, говоря, что стала для него чем-то вроде воздуха, без которого жизни нет, но которого не замечаешь. Мучительное непонимание друг друга приводит отношения героев к трагическому финалу — Лика уезжает от возлюбленного и, тяжело заболев в дороге, умирает. Эта утрата становится тяжелейшим потрясением для двадцатилетнего Арсеньева, а любовь к Лике — главным событием его жизни, бережно хранимым в памяти долгие, долгие годы.

Вопросы

1. Как общественная жизнь и философия рубежа XIX–XX веков повлияли на развитие русской литературы?

2. Каковы идейные и художественные принципы модернизма как творческого метода?

3. В чём состояли главные открытия поэзии Серебряного века?

4. Сравните темы, образы, эстетику поэзии и прозы начала XX века.

5. Кто из писателей (поэтов), на Ваш взгляд, лучше всего представляет русскую литературу этого периода?

Глава 8

Русская литература 1920–1930-х годов

Общий взгляд

Октябрьская революция 1917 года провозгласила широкие массы рабочих и крестьян хозяевами своей страны и её строителями. Впервые в России их интересы стали серьёзно влиять на политику, общественную жизнь, культуру и искусство. Так родилось новое действующее лицо, новый герой своего времени — **масса**.

Отношение к ней, как и к самой революции, среди интеллигентов было сложным, противоречивым. Блок, например, говорил о том, что всё происходящее исторически закономерно: европейская культура полностью исчерпала себя, и поэтому на смену ей должны прийти «варварские массы», чтобы начать новый цикл культурного развития.

Признавая неизбежность пришествия масс, Бунин, однако, утверждал, что они нецивилизованны и нуждаются в «обработке» со стороны дворянства — иначе их общество так и останется варварским.

Руководство страны тоже понимало, что необходимо обрабатывать массовое сознание и грамотно строить модель нового общества, поэтому довольно быстро была создана идеология, помогавшая направлять мысли и действия миллионов людей в нужное русло. Это была система идей, которая охватывала все аспекты жизни человека, учила, как нужно понимать и оценивать действительность, социальные и личные проблемы и конфликты. Важнейшей частью этой системы была программа дальнейшего развития общества, требовавшая активного участия

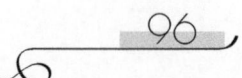

от каждого его члена.

Что входило в состав идеологии марксизма-ленинизма?

Главным авторитетом была объявлена коммунистическая партия, и правильным могло быть только то, что соответствовало её политике. А политика партии строилась в интересах большинства, то есть революционного рабочего класса. Её цель — строительство социализма, преобразование всего мира, а главный метод — непримиримая борьба с капиталистической идеологией и с буржуазией вообще.

Правда, на протяжении первого послереволюционного десятилетия политика государства менялась, вместе с ней отчасти менялась и идеология. Это было ещё одним испытанием для простых людей, которым было очень трудно понять всё происходящее и оправдать ожидания правительства.

Во время гражданской войны, когда экономика была очень ослаблена и государство даже не могло прокормить воюющих солдат, действовала политика военного коммунизма, политика чрезвычайных мер. Вся промышленность работала только на оборону страны, а крестьяне должны были сдавать излишки урожая и других продуктов в пользу фронта и рабочих по минимальной цене (это называлось продразвёрсткой). Такая мобилизация всех ресурсов обеспечила победу в войне и помогла сохранить советскую Россию.

Новая экономическая политика (нэп) проводилась с 1921 по начало 30-х годов. Она разрешала свободную торговлю и прямой обмен товарами между промышленностью и крестьянским хозяйством через кооперацию — чтобы «укрепить союз рабочего класса с крестьянством на экономической основе». По существу, нэп допускал рыночные отношения под контролем «диктатуры пролетариата». Стала расти новая буржуазия, так называемые нэпманы — торговцы, арендаторы, предприниматели. Рабочим тоже начали выплачивать заработную плату деньгами, чего не было при «военном коммунизме».

1920-е годы

Разумеется, литература не могла остаться в стороне от таких радикальных перемен, так как всегда откликалась на любые события и идеи, важные для страны и народа. Только теперь она была официально призвана властью на службу новому обществу, её задачей стало воспитание читателя как сознательного гражданина, верного делу коммунистической партии. Иными словами, от литературы требовалось соответствовать идеологии.

Особенно важна стала литературная критика. Играя роль посредника между авторами и читающей публикой, она не только отмечала художественные достоинства и недостатки произведений или раскрывала идеи, выраженные в них, — теперь критик учил читателя (а заодно и писателя) понимать и жизнь, и искусство согласно требованиям исторического момента.

Итак, новая литература активно развивалась, старая продолжала жить и бороться за право участвовать в жизни общества — картина складывалась довольно пёстрая. Попытки упорядочить литературный процесс, ввести его в рамки общих правил и форм социальной деятельности привели к образованию немалого числа организаций и объединений.

1. Литературно-художественные организации

В это время продолжают существовать и развиваться течения, возникшие на рубеже веков, зарождаются новые художественные движения, появляются литературные группы и писательские организации. Их образование в большой степени связано с желанием людей искусства принимать непосредственное участие в общественно-политической жизни страны. Кроме того, организации давали авторам возможность регулярно выпускать книги и периодические издания. С другой стороны, творческие объединения возникали и по инициативе, спущенной «сверху», т.е. создавались для выполнения задач, поставленных партией и правительством. Пожалуй, это был первый подобный опыт в истории литературы. Так возникли наиболее влиятельные объединения своего времени — Пролеткульты, РАПП, ЛЕФ.

Пролеткульты (сеть Пролетарских культурно-просветительских организаций) были созданы перед Октябрьской революцией и в первые послереволюционные годы являлись самой массовой общественной организацией Советской России. В 1920 году в Пролеткультах состояло более 300 тысяч рабочих, которые в свободное время занимались литературой, музыкой, живописью, театром.

Цель этого объединения была проста: установить господство пролетариата в духовной сфере путём утверждения новой пролетарской культуры. Ленин говорил об этом так: «Нужно взять всю культуру, которую капитализм оставил, и из неё построить социализм». Однако на деле отношение к наследию прошлого среди пролеткультовцев было неоднозначным. Например, стихотворение «Мы» Владимира Кириллова проникнуто совсем другим пафосом:

> *Мы во власти мятежного страстного хмеля,*
> *Пусть кричат нам: «Вы палачи красоты!»*
> *Во имя нашего завтра — сожжём Рафаэля,*
> *Музеи разрушим, растопчем искусства цветы.*

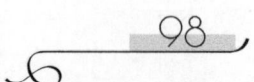

Многие пролеткультовцы, в том числе их руководитель Богданов, крайне негативно отнеслись к стихотворению, в котором отношение к буржуазной идеологии переносится на классическую культуру, но ошибка Кириллова была очень характерна для того времени: так ошибались многие! Кроме того, «Мы» очень хорошо выражает одну из главных идей своего времени — идею торжества и всемогущества массы: «Мы победители пространства морей, океанов и суши».

Однако и здесь есть одно «но» — серьёзная опасность, которую хорошо почувствовал Маяковский: «Пролеткультцы не говорят ни про «я», ни про личность. «Я» для пролеткультца всё равно что неприличность».

В рядах Пролеткульта состоял и Алексей Гастев — поэт, а затем организатор Центрального института труда. Он разработал довольно детальный проект переустройства общества, мечтая, что люди будущего превратятся в полезные и удобные автоматы, лишённые имён. «В дальнейшем, — писал он, — эта тенденция незаметно создаст невозможность индивидуального мышления».

Когда настала эпоха нэпа, радикальные Пролеткульты перестали отвечать потребностям времени. К 1922 году они распадаются, уступая место новым формам организации творческой деятельности — объединениям пролетарских писателей, художников, музыкантов и т. д.

Теперь за создание теории пролетарского искусства активно принялась **группа «На посту»**, выпускавшая одноимённый журнал. Так называемые «напостовцы» открыто хотели сделать литературу лишь одной из форм марксистской идеологии. Именно они поделили всех писателей на три категории: пролетарских (которых надо было поддерживать), буржуазных (требующих идейного уничтожения) и попутчиков (их надо было воспитывать и превращать в убеждённых пролетариев). Напостовцы быстро превратили литературную борьбу в политическую, и многие писатели возмущались их агрессивностью, в результате чего журнал был закрыт.

В начале следующего года для руководства литературой была создана **Российская ассоциация пролетарских писателей (РАПП)**. Вскоре она продолжила линию напостовцев и даже стала выпускать журнал с похожим названием: «На литературном посту». Однако рапповцы пошли дальше — они стали не только контролировать идейное содержание произведений, но и требовать определённой формы. «Правильным» и поэтому главным творческим методом объявили реализм (приравняв его к материализму), а романтизм, такой популярный ещё несколько лет назад, сейчас назвали идеализмом, совершенно не нужным советскому обществу.

Одновременно с художественно «правыми» организациями действовал и **Левый фронт искусств (ЛЕФ)** во главе с Маяковским. Он объединял поэтов, художников, критиков и теоретиков искусства авангардного направления. Лефовцы отрицали многие традиционные виды творчества, даже художественный вымысел в литературе, противопоставляя им документ, так называемую «литературу факта», и активно развивая искусство агитации. В декларации 1923 года говорилось: «Леф будет агитировать искусство идеями коммуны. < ...> Леф будет агитировать нашим искусством массы, приобретая в них организованную силу. <...> Леф будет бороться за искусство — строение жизни».

Судьба ЛЕФа стала очевидной, когда Маяковский перешёл в РАПП.

2. Попутчики

Наряду с «официальными» объединениями в 20-е годы существовали и такие литературные явления, которые не имели мощной идеологической платформы. Они, напротив, были созданы авторами, пытавшимися уберечь свою творческую индивидуальность от давления властей. Их объединяла не организация, а общая эстетическая позиция. Так появилось, например, содружество ленинградских писателей **«Серапионовы братья»**, куда входили Е. Замятин, Н. Тихонов, Вс. Иванов, В. Каверин, К. Федин и др. Кроме того, разумеется, огромную роль в литературном процессе играли и «одиночки», не входившие в состав каких бы то ни было групп.

Если «организованные» литераторы выражали идеи и пафос, распространённые в массах и близкие официальной идеологии, то так называемые «попутчики», как правило, предлагали читателю несколько иной подход. Это не всегда означало спор писателя с властью, просто взгляд на новое общество со стороны меньшинства позволял авторам заметить те проблемы, которые не существовали для большинства, живущего в едином порыве и устремлении к светлому будущему. Именно так в поэзию и прозу двадцатых годов пришла проблема отношений личности и массы. Стали появляться произведения о том, как трудно человеку перейти из одной эпохи в другую, если при этом ему приходится менять образ жизни, окружение, а часто и убеждения. Революция здесь изображается уже не как героический эпос, а как мучительная драма, что заставляет читателя размышлять о морали, совести и подлинной человечности.

1930-е годы

С наступлением тридцатых годов начался новый виток исторической спирали. Уже в 1929 году Сталин объявил о необходимости «обострения классовой борьбы». Нэп был свёрнут, а на смену ему пришли два новых глобальных проекта: индустриализация и коллективизация.

Индустриализация означала развитие промышленности, прежде всего тяжёлой — производства машин и оборудования. Это было необходимо, чтобы догнать в техническом и экономическом отношении капиталистические страны Европы и США, доказать возможности социалистического строя. И действительно, за две довоенные пятилетки были введены в действие более девяти тысяч крупных заводов и фабрик, созданы отрасли промышленности, которых раньше в России просто не существовало: автомобильная, станкостроительная, авиационная и другие. Это вывело СССР на первое место в Европе по общему объёму выпускаемой промышленной продукции, превратило аграрную страну в мощную индустриальную державу.

Тот же 1929 год стал и началом массовой **коллективизации** — создания колхозов и совхозов. Индивидуальные крестьянские хозяйства противоречили государственной системе промышленности, правительство видело в этом угрозу возрождения капитализма. Поэтому вся земля была национализирована, то есть стала собственностью государства, и работать крестьяне стали уже не на себя, а на колхоз. Колхозы сдавали бо́льшую часть продукции в «центр», откуда она потом распределялась по стране, шла в города и голодающие области. Торговлю эту вело государство, а колхозники не получали за свою работу денег — только долю из общего урожая. Разумеется, такое положение дел совершенно не устраивало зажиточных, сравнительно богатых крестьян, которых теперь называли «кулаками» и принуждали отдавать в колхоз и землю, и скот, отказываться от нажитого своим трудом хозяйства. Их сопротивление коллективизации было очень упорным, ожесточённым и нередко превращалось в маленькие войны, но в конце концов кулаки были уничтожены, арестованы или вместе с семьями высланы на поселение в Сибирь, а колхозы окончательно утвердились как главная форма сельского хозяйства.

Во многом эти начинания были, безусловно, прогрессивны и экономически оправданы. Однако методы, с помощью которых они воплощались в жизнь, очень напоминали эпоху военного коммунизма с его «красным террором». Для многих тридцатые годы остались в памяти многочисленными арестами и казнями по политическим обвинениям — так называемыми «репрессиями». Особенно пострадала от них интеллигенция, в том числе и литературная среда.

Но политика Сталина в отношении литературы была не только карательной. Поскольку перед писателями стояла задача быть «инженерами человеческих душ» и помогать партии управлять сознанием народа, им чётко объяснили, как это надо делать.

В 1934 году был организован единый Союз советских писателей. Председателем его стал Горький, специально для этого вызванный Сталиным из эмиграции. На первом же съезде Союза писателям представили новый художественный метод — **социалистический реализм.** Он должен был обеспечить выполнение основной функции советской литературы — «изучать, оформлять и тем самым утверждать новую действительность». Её основным пафосом стало, по словам Горького, утверждение «бытия как деяния, как творчества», а центральной темой, соответственно, труд и человек труда. Главный герой тоже меняется, и на смену массе приходит трудовое сообщество — **коллектив**, сплочённый общей созидательной деятельностью на благо государства.

Поэзия

Поскольку главное событие эпохи — революция, о ней писали все, хотя и делали это по-разному. В начале двадцатых годов большинство поэтов воспевали и романтизировали грандиозный исторический переворот, возможный только благодаря героизму сотен и тысяч простых людей.

Очень популярны и близки к творчеству пролеткультовцев оказались стихи **Демьяна Бедного** (настоящее имя — Ефим Алексеевич Придворов, 1883–1945). Фольклорные поэтические формы Бедный наполняет новым, агитационным содержанием, тем самым делая социалистическую пропаганду хоть и не художественной, но образной, а значит, близкой и понятной читателю-крестьянину. Говоря на народном языке, поэт представляет свои идеи как выражение народной воли, хорошо угадывая настроение своих читателей.

Яркой фигурой своего времени был **Николай Тихонов** (1896–1979), продолжавший поэтическую традицию Николая Гумилёва, который принёс в литературу XX века романтический образ героя, воина, путешественника. Лирический герой Тихонова — тоже романтик, только закалённый революцией и гражданской войной, «спокойный и ловкий, как железные гвозди, простой». Однако для него нет ничего невозможного. Он совершает подвиги, равные подвигам богатырей и титанов, как и они, презирая смерть.

Тем не менее, стихи Тихонова прославляют земную жизнь (ведь все подвиги совершаются во имя будущего счастья на земле) и сильны не только несомненными художественными достоинствами, но и своим мощным жизнеутверждающим пафосом.

Авторы следующего поколения, так называемые «комсомольские поэты», уже не только воспевают героев, но и отражают противоречия эпохи.

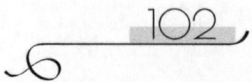

Михаил Светлов (1903–1964) — из числа таких поэтов. В его стихотворении «Гренада» юный мечтатель погибает в Испании, воюя за народ чужой страны, то есть, по существу, за мировую революцию. Теперь герои всё чаще ищут романтику либо где-то за пределами России, либо в её прошлом, потому что современная им идеология вступает в непримиримый конфликт с романтическими идеалами. Пожалуй, наиболее отчётливо эту идею выразил **Эдуард Багрицкий** (1895–1934):

> *А век поджидает на мостовой,*
> *Сосредоточен, как часовой.*
> *Иди и не бойся с ним рядом встать.*
> *Твое одиночество веку под стать.*
> *Оглянёшься — а вокруг враги,*
> *Руки протянешь — и нет друзей;*
> *Но если он скажет: «Солги» — солги.*
> *Но если он скажет: «Убей» — убей.*

(«ТВС», 1929)

Лирика 30-х годов глубоко и честно выразила характер нового поколения — молодёжи эпохи сталинских пятилеток. Голосом этих комсомольцев стал **Ярослав Смеляков** (1913–1972). Наивные стихи юного поэта дышали радостью просто от самого факта жизни и от уверенности, что жизнь эта нужна и полезна обществу. Работа вдохновляет лирического героя, и он просто ощущает, как своими руками строит своё же будущее. Читатели-ровесники разделяли искренний энтузиазм Смелякова и веру в то, что

> *Мы радостным путём побед*
> *по всей земле пройдём.*

(«Смерть бригадира», 1932)

Чуть позже, в 1934 году повзрослевший поэт поймёт: «Человек не может подгонять своё творчество всегда под радость, человек имеет право на творчество слёз, а нас заставляют писать о машинах, ...когда хочется писать о слезах».

Смеляков поплатился за свой бунт — был осуждён и отправлен в исправительно-трудовой лагерь. Это была первая из трёх его судимостей, и тем не менее, даже пройдя через лагеря и тюрьмы, поэт светло вспоминал годы счастливой комсомольской юности, вовсе не считая их романтику и трудовой порыв обманом или самообманом. Радость бытия была правдой, и фактически власти не стоило тратить столько сил на то, чтобы принуждать творческих людей к её воплощению в искусстве.

По-новому зазвучала в тридцатые годы и крестьянская поэзия. В литературу пришли те, кто писал о колхозной деревне, выражая чаще всего не индивидуальное «я», а типовой характер колхозника. Такая лирика, по существу, продолжала и развивала на новом материале древние фольклорные традиции, согласно которым личное выражает себя в общем, хоровом — не случайно ведь почти все народные лирические песни поются хором.

И действительно, многие стихи в те годы становились песнями, приобретая огромную, массовую популярность. Неожиданно для себя поэтом-песенником оказался **Михаил Исаковский** (1900–1973). Он был очень удивлён, вдруг «услышав с экрана песню на свои слова». Вскоре его «Катюшу», «И кто его знает...», «Шёл со службы пограничник...» и другие стихи, положенные на музыку В. Г. Захарова, руководителя народного хора имени Пятницкого, уже пела вся страна. Поют их и сейчас — как правило, считая народными песнями, потому что автору удалось органично соединить фольклорные ритмы и образы с мелодической лёгкостью, романтичностью:

> *Снова замерло всё до рассвета,*
> *Дверь не скрипнет, не вспыхнет огонь.*
> *Только слышно — на улице где-то*
> *Одинокая бродит гармонь.*
>
> *То пойдёт за поля, за ворота,*
> *То обратно вернётся опять.*
> *Словно ищет в потёмках кого-то*
> *И не может никак отыскать.*

(«Одинокая гармонь»)

Лирическая песня тоже утверждала миф о светлой, радостной, счастливой жизни советских людей в своей стране. Конечно, это был государственный заказ (не зря песня особенно расцвела во второй половине 30-х годов, в разгар политического террора), но не меньше, чем властям, этот миф нужен был и самим людям. Популярность нельзя «спустить сверху». Народ, измученный сначала войнами, а потом голодом и нищетой, неизбежными в послевоенное время, верил, что скоро наступит желанное счастливое будущее — и эта вера имела все основания, в первую очередь, мощный экономический подъём. «Песня о

Родине» (1935) на стихи **Василия Ивановича Лебедева-Кумача** (1898–1949) действительно была созвучна чувствам миллионов людей, благодаря чему и стала неофициальным, народным гимном Советского Союза:

> *Широка страна моя родная,*
> *Много в ней лесов, полей и рек.*
> *Я другой такой страны не знаю,*
> *Где так вольно дышит человек.*

Пример совсем другой творческой судьбы даёт **Борис Леонидович Пастернак** (1890–1960), стихи которого всегда были бесконечно далеки от политики. На Первом съезде Союза писателей ему предложили занять место «официального поэта», подобно Горькому, бывшему главным представителем советской прозы. Правда, для этого надо было «перестроиться мировоззренчески», и поэт отказался от высокой чести.

Пастернак с детства был окружён людьми искусства (отец — известный живописец и иллюстратор, мать — пианистка). Он рано начал заниматься музыкой, подражая и матери, и своему кумиру композитору А. Н. Скрябину, который был соседом Пастернаков по даче. Юноша собирался стать музыкантом, но этому помешала любовь к философии и интерес к литературной деятельности. Он окончил философское отделение Московского университета, провёл семестр в немецком городе Марбург, получил предложение остаться там работать, но — отклонил его. Пастернак сделал окончательный выбор в пользу поэзии. Вернувшись в Москву, он активно вступает в литературную жизнь — сначала в рядах футуристов, потом — в оппозиции к ним. Первый раз его стихи появляются в печати в 1913 году, и одно из них быстро становится знаменитым.

> *Февраль. Достать чернил и плакать!*
> *Писать о феврале навзрыд,*
> *Пока грохочущая слякоть*
> *Весною чёрною горит.*
>
> *Достать пролётку. За шесть гривен,*
> *Чрез благовест, чрез клик колёс,*
> *Перенестись туда, где ливень*
> *Ещё шумней чернил и слёз.*
>
> *Где, как обугленные груши,*

С деревьев тысячи грачей
Сорвутся в лужи и обрушат
Сухую грусть на дно очей.

Под ней проталины чернеют,
И ветер криками изрыт,
И чем случайней, тем вернее
Слагаются стихи навзрыд.

(1912)

Два первых сборника («Близнец в тучах» и «Поверх барьеров») доказывают, что ранний Пастернак, как и Маяковский, его поэтический кумир, увлекается сложными метафорами и броскими, неожиданными образами, но в то же время отличается от футуристов своей «скромностью» — в его стихах очень редко встречается местоимение «я», и лирический герой — это всего лишь свидетель того, что происходит в мире, а вот мир является настоящим героем, «действующим лицом». Поэзия же лишь посредник между ним, великим, таинственным, живым, прекрасным — и человеком.

Следующий шаг на этом пути — книга «Сестра моя жизнь» (написана в 1917, опубликована в 1922), где, как писал поэт, нашли выражение «совсем не современные стороны поэзии, открывшиеся мне революционным летом». В самом начале сборника Пастернак спрашивает: «Какое, милые, у нас / Тысячелетье на дворе?» Конечно, он не игнорирует жизнь страны и общества, он просто говорит, что предмет поэзии — нечто иное:

Это — круто налившийся свист,
Это — щёлканье сдавленных льдинок,
Это — ночь, леденящая лист,
Это — двух соловьёв поединок.

(«Определение поэзии»)

Лирика Пастернака — это любовь к миру, доверие к нему и любование удивительной гармоничностью мироздания. Поэтому здесь чувства и поступки человека часто сравниваются с моментами жизни природы, а не наоборот. Например, к любимой женщине обращаются такие слова:

Ты так же сбрасываешь платье,

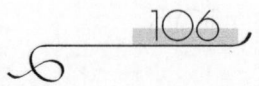

Как роща сбрасывает листья...

Сад, ветка сирени, пруд, летняя ночь вдруг начинают жить своими чувствами и порывами. Природа не выражает ничего, кроме самой себя, она самоценна и этим прекрасна. Дождь, например, не плачет, как у большинства поэтов, а играет мокрыми листьями:

> *Ужасный! — Капнет и вслушается,*
> *Всё он ли один на свете*
> *Мнёт ветку в окне, как кружевце,*
> *Или есть свидетель.*

Именно об этой свежести образа и звука писал Мандельштам: «Стихи Пастернака почитать — горло прочистить, дыханье укрепить, обновить лёгкие: такие стихи должны быть целебны от туберкулёза».

В дальнейшем Пастернак работает одновременно над стихами и прозой, пробуя себя в разных жанрах и темах: повесть «Детство Люверс» (1918), книга стихов «Темы и вариации» (1923), поэмы «Девятьсот пятый год» (1925–1926) и «Лейтенант Шмидт» (1926–1927), роман в стихах «Спекторский» (1925–1930). Поиски не прошли даром — его лирика ещё больше меняется, стремясь к ясности смысла и чистоте слога. Так появляется книга стихов с выразительным названием «Второе рождение» (1932). Поэт пытается расстаться с ролью «свидетеля» и стать участником не только поэтичной жизни природного мира, но и далёкой от гармонии жизни общества. Он понимает риск, сопутствующий этой новой роли — и идёт на него во имя искусства и своего долга перед ним.

> *О, знал бы я, что так бывает,*
> *Когда пускался на дебют,*
> *Что строчки с кровью — убивают,*
> *Нахлынут горлом — и убьют!*
>
> <...>
>
> *Когда строку диктует чувство,*
> *Оно на сцену шлёт раба,*
> *И тут кончается искусство,*
> *И дышат почва и судьба.*

Во второй половине 30-х, когда существовать в литературе, не выражая интересы партии и правительства, стало невозможно, Пастернак находит для себя достойный выход — работает над переводами классиков западноевропейской поэзии, в первую очередь Шекспира. При этом он активно выступает как деятель культуры, защищает от идеологической критики своих талантливых коллег. Своё жизненное кредо Пастернак сформулировал в первом стихотворении последнего поэтического цикла:

Во всём мне хочется дойти
До самой сути.
В работе, в поисках пути,
В сердечной смуте.

До сущности протекших дней,
До их причины,
До оснований, до корней,
До сердцевины.

Проза

Проза 1920-х годов

На становление эпоса начала 20-х годов сильно повлияла символистская концепция революции как движения стихийных сил, глубоко поэтических и иррациональных. В литературе продолжается соседство модернизма и реализма, причём реалистическая проза, как и на рубеже веков, по своей поэтике существенно отличается от классических образцов конца XIX века. Так называемый «новый реализм», конечно, неоднороден, да и модернистская литература отличается большим разнообразием. В 20-е годы спектр художественных поисков и открытий необыкновенно широк, поэтому следует выделить несколько явлений, наиболее важных для своего времени.

Орнаментальная проза

Название отражает главную особенность этой прозы — она как будто «украшена» ритмом и тропами, словно своеобразным «орнаментом». В ней почти нет фабулы и характеров (как в поэзии), а значит, повышенная выразительность формы просто необходима. Масштабный, «плакатный» стиль изображения практически исключает художественный психологизм, да и задачи орнаментальной прозы иные — создать величественную картину, изображающую зарю нового мира.

Александр Малышкин (1892–1938), создавая свою героическую поэму в прозе «Падение Даира» (1921), опирается на реальные события конца гражданской войны, окончательный разгром войск белого генерала Врангеля. У Малышкина этот эпизод окончательно утверждает советскую власть, поэтому автор использует такой необычный стиль повествования, чтобы подчеркнуть исключительность того, о чём пишет: «В штабе армии, где сходились нити стотысячного, за керосиновыми лампами работали ночами, готовя удар. Стотысячное двигалось там отражённой тенью по веерообразным маршрутам — на стенах, закругляя щупальцы в хищный смертельный сдав. Молодые люди в галифе ползали животами по стенам — по картам, похожим на гигантские цветники, отмечали тайные движения, что за курганами, скалами, перешейками: они знали всё». Приметы стиля — частая замена существительных прилагательными, динамичность построения фраз — добавляют выразительности, но нередко затрудняют чтение.

Романтическая проза

Молодая литература 20-х годов изображала революцию, с одной стороны, как стихийное движение «множеств», мечтающих о светлом будущем, с другой — как идею, которая призвана организовать этот процесс, превратить его из стихии в осознанную политику и стратегию. Роль отдельного человека в этой ситуации становилась двойственной. Это одновременно эпический герой, который своими руками творит историю (такой герой всегда был характерен для романтической литературы), и материал для проверки и утверждения идеи. Несмотря на схематичность внутреннего мира героя, он всё равно изображается как исключительная личность, способная вести за собой массу.

Такой взгляд на человека отразился во многих произведениях того времени. Некоторые из них потом были признаны классикой советской литературы. Одно из них — роман «Железный Поток» (1924) **Александра Серафимо́вича** (1863–1949). Его фабула тоже основана на реальном событии, которое писатель представляет как героическую эпопею, потому что рисует превращение испуганной и растерянной толпы в единое целое, в силу, готовую до конца противостоять врагу. Серафимович создаёт обобщённый образ командира, который добивается подчинения людей всеми средствами — страхом, железной дисциплиной, личным примером, но в первую очередь пониманием природы и психологии человека. Возникновение «железного потока» возможно только благодаря избавлению людей от личного восприятия событий, повиновению каждого могучей воле всезнающего и всемогущего руководителя. Сочетание этой величественной мощи с изображением ужасов войны производит особенно сильное впечатление и подчёркивает героизм происходящего.

Роман **Дмитрия Фурманова** (1891–1926) «Чапаев» (1923) во многом перекликается с «Железным потоком». Он посвящён боевым подвигам легендарного героя гражданской войны, под руководством которого воевал и сам писатель. В книге сплетаются художественно-документальная хроника и размышления повествователя, анализ и обобщение исторических событий. Искренне восхищаясь своим командиром, Фурманов, в отличие от Серафимовича, создаёт живой и очень человечный образ, в котором храбрость, воинское мастерство, справедливость и отцовское отношение к бойцам сочетаются с маленькими слабостями, присущими каждому живому человеку.

При этом писатель последовательно воплощает в романе один из идеологических принципов. Да, Чапаев — лидер, масса любит, знает его и связывает с ним свои надежды. Но для комиссара Клычкова (как и для самого Фурманова) даже Чапаев — материал, из которого нужно создать новую личность. Это должен делать идеолог, знающий, каким должен быть человек. С помощью Клычкова командир и сам вырастает в идейном отношении, и служит высоким примером для всех красноармейцев.

Роман Фурманова не просто был признан классикой, он действительно стал для нескольких поколений подлинно народной книгой — благодаря своему герою и талантливо воспетому идеалу мужества и самоотверженности.

Сатира и юмор

Михаил Зощенко (1894–1937) — наиболее популярный юморист 20-х годов. Он пишет в сказовой манере, то есть передаёт повествование герою. А герой — человек массы, который демонстрирует свой отказ от проклятого дореволюционного прошлого вместе с его «буржуйской» культурой. Конечно, при этом герой-рассказчик очень далёк от автора, что и позволяет Зощенко иронизировать над его речью, поведением, взглядами на жизнь.

Столкнувшись с новыми, недоступными ему ранее развлечениями, занятиями, услугами — от театра до лотереи и бани — герой теряется и неизбежно попадает в смешные ситуации. Например, в рассказе «Прелести культуры» он идёт в театр и не знает, что там принято снимать пальто. В результате бедняга страдает от жары, потому что под пальто на нём надета ночная рубашка, и ему уже совершенно не интересна сама пьеса. С одной стороны этот герой — просто неудачник, которому постоянно не везёт, с другой — Зощенко показывает, что этот персонаж не видит в жизни ничего, кроме мелочей.

Писатель далеко не всегда осуждает героя, понимая, что таким его сделали обстоятельства. Маленький мещанин просто не готов к своей новой роли хозяина жизни. Конечно, он был бы счастлив её сыграть, но этого не позволяет слишком низкий культурный уровень, слишком примитивное мышление. И, смеясь над большими претензиями маленького человечка, читатель часто не догадывается, насколько печальные выводы делает Зощенко. А ведь главная проблема заключается в том, что других «хозяев» у нового времени практически нет, и «культурный вакуум» грозит поглотить всё общество. Тот самый смешной герой — уже его жертва, первая, но далеко не последняя.

В конце 20-х годов Зощенко скажет: «Я писал не для того, чтобы посмешить; это складывалось помимо меня — это особенность моей работы».

В отличие от Зощенко, *Илья Ильф* (1893–1937) и *Евгений Петров* (Евгений Петрович Катаев, 1903–1942) намеренно создавали свои романы как юмористические, и их популярность с годами и десятилетиями не становится меньше. «Двенадцать стульев» (1928) и «Золотой телёнок» (1929–1930) многократно переиздавались, по ним были сняты художественные фильмы, а многие реплики героев до сих пор цитируются как афоризмы. Авторы талантливо используют приём, открытый Гоголем в «Мёртвых душах», и показывают панораму современной жизни через авантюрные похождения гениального и обаятельного жулика Остапа Бендера. Мещанство, обывательство, глупость и мошенничество не кажутся ни злом, ни трагедией — они просто смешны, потому что их легко вывести на чистую воду, обратить против самих себя. В этом, наверное, и состоит секрет привлекательности Бендера — обманывая обманщиков, он, по существу, делает то, о чём втайне мечтает любой честный гражданин. К тому же, Великий комбинатор, как называет он себя, очаровывает читателя безграничным оптимизмом, жизнелюбием, находчивостью и неистребимым чувством юмора, которые так нужны в любую эпоху.

Литература первого советского десятилетия постоянно возвращалась к некоторым особенно важным вопросам. Разговор о них требовал от писателей особого гражданского мужества и литературного мастерства, поскольку зачастую художественная правда становилась доказательством правды исторической. Ниже представлены произведения, разные по своим художественным особенностям, но объединённые тем, что их авторы поднимают наиболее острые, болезненные проблемы своего времени.

В повести **«Щепка»** *Владимира Зазубрина* (1895–1938) говорится о буднях «расстрельной комнаты» и о том, что убийство, то есть казнь, может быть просто работой. Зазубрин описывает насилие не как случай, а как *систему*, хорошо налаженный механизм. Самое тяжёлое испытание для главного героя, Андрея Срубова — то, что он работает вместе с человеком, который недавно руководил расстрелом его отца. Друг детства становится убийцей старого доктора, но по-прежнему пьёт кофе с Андреем — совершенно неестественная, фальшивая ситуация. Её можно объяснить только идеологией гражданской войны и разрушением человеческой личности под действием такой идеологии.

Срубов пытается представить Революцию, как «великую беременную бабу», будущий ребёнок которой — это великая, счастливая страна. И поэтому нужно «давить, давить, давить» всех «паразитов», мешающих матери. Но Андрея пугает окружающая жестокость, ему кажется, что баба-Революция стоит по колено в кровавой реке, и мимо неё проплывают мёртвые тела, между которыми плывёт и он сам. Революция «всё взяла — душу, кровь и силы. И... отшвырнула. Ей, ненасытной, нравятся только молодые, здоровые, полнокровные». Андрей видит, что он всего лишь одна из тысяч ненужных «щепок», отброшенных согласно пословице «лес рубят — щепки летят».

Трагедией оборачивается взаимная любовь героев в повести **Бориса Лавренёва** (1891–1969) **«Сорок первый»** (1924). Девушка Марютка — солдат Красной Армии, а её возлюбленный — пленный офицер-белогвардеец. Пара неожиданно оказывается на безлюдном острове, откуда невозможно выбраться самим, и изоляция от «большого мира» с его правилами помогает молодым людям увидеть друг в друге не классовых врагов, но просто мужчину и женщину. Хрупкая гармония мгновенно разрушается с появлением «белых» — при их приближении к острову герой бросается навстречу, а Марютка стреляет в него, чтобы не позволить пленному бежать. Гражданский долг берёт верх над чувствами, хотя после убийства девушка горько оплакивает своего любимого.

Исаак Бабель (1894–1940) в книге рассказов «Конармия» (1926), написанной на основе своего дневника, показывает армейские будни так, как их видит герой, не похожий на остальных, герой-интеллигент Кирилл Лютов (под этим именем служил в Конармии сам Бабель). Все относятся к нему с лёгким презрением и даже недоверием. Чтобы заслужить право слиться с массой, юноше приходится переступить через своё «я», научиться быть другим человеком. Рассказ «Мой первый гусь» показывает первый шаг героя на этом пути, причём этот шаг — символическое убийство. Пусть жертва — всего лишь гусь, но то, что пропуском в «свои» становится кровь, конечно, не случайно.

В то же время писатель доказывает, что необходимость думать и смотреть на

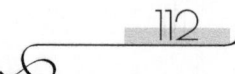

мир по-новому может обернуться трагедией даже для человека массы. В рассказе «Письмо» простой конармеец, вчерашний крестьянин пишет матери о том, как в бою встретил отца — тот воевал за белых, поэтому его пришлось убить. Причём парень даже не жалеет об этом — ведь отец превратился во врага.

Бабеля потрясает жестокость, на которую способны люди, однако он хочет понять характер войны и воюющих людей, даже если их поступки кажутся чудовищными. Правда в том, что эти люди привлекательны и отвратительны одновременно. Говоря словами одного из героев, «революция — это хорошее дело хороших людей. Но хорошие люди не убивают». И тем не менее, нет других людей, готовых проливать за революцию свою и чужую кровь.

Писателю не позволили довести творческий поиск до конца, так как его правда о жизни и времени плохо совмещалась с требованиями идеологии.

Не менее драматично сложилась и литературная судьба **Бориса Пильняка** (1894–1938). Его «Повесть непогашенной луны», «по ошибке» опубликованная в 1926 году в журнале «Новый мир», так и не дошла до читателя — весь тираж номера был уничтожен властями. Вторая публикация состоялась только спустя 60 лет.

Главный герой повести, командарм Гаврилов — легендарный полководец, «человек, который командовал армиями, тысячами людей... Это был человек, который имел право и волю посылать людей убивать себе подобных и умирать». По окончании войны Гаврилов и его авторитет становятся не нужны и даже опасны для того, кто раньше воевал вместе с ним, а теперь руководит страной. В результате командарма направляют на операцию, хотя он совершенно здоров, и во время операции герой умирает, не выдержав наркоза. Тот самый бывший военный товарищ, «негорбящийся человек», как пишет о нём Пильняк, приезжает в больницу проститься с мёртвым Гавриловым: «Прощай, брат!»

Повесть была написана вскоре после того, как на операционном столе умер командарм Фрунзе, верный сторонник Сталина, и вымышленные имена героев (Гаврилов) или их отсутствие («негорбящийся человек») вряд ли могли кого-то обмануть. Пильняк угадал не только метод устранения политических конкурентов, но и то, почему эти конкуренты не пытались спастись — ведь командарм соглашается на операцию, хоть и уверен, что не переживёт её. Объяснение просто и страшно: эти сильные и волевые люди верили, когда им внушали, что их смерть *нужна* стране.

В то время, как у многих вызывали тревогу характеры и судьбы людей, трагически искалеченные временем, а также то, что советская Россия строит свое будущее счастье на крови и слезах, в то время, как шли споры о том, в чём должно заключаться счастье советского человека, были и люди, которые сомневались, возможно ли это счастье вообще. Слишком велика оказалась разница между гуманистической идеей общества, построенного на всеобщем равенстве и братстве, и тем, как на практике видели воплощение этой идеи современники. Неожиданной опасностью стал фанатизм, то есть бездумная, слепая преданность масс идеалу. Поэтому в литературе вновь появился жанр антиутопии, призывающий читателя посмотреть на свой идеал будущего с иной точки зрения, серьёзно задуматься о последствиях дня сегодняшнего и о том, чего можно ждать от дня завтрашнего, если он станет логическим продолжением нынешнего безумства.

Об этом роман **«Мы»** (1921), который на первый взгляд кажется произведением фантастическим. Писатель *Евгений Замятин* (1884–1937) рисует картину практически идеального общества, где у людей есть всё и государство очень строго следит за тем, чтобы все были равны в правах и обязанностях. Все носят одинаковую одежду, живут по общему расписанию, одинаково работают, отдыхают и даже думают! Как следствие — человек неизбежно теряет своё лицо, свою индивидуальность. Образное доказательство этого — то, что у жителей Единого Государства просто нет имён, вместо них — номера. Из жизни незаметно уходит понятие свободы. Разве возможна свобода, если человек живёт в комнате со стеклянными стенами, если кто-то другой, «сверху» распоряжается всем, вплоть до его личной жизни? Да, регулярные розовые билетики, дающие мужчине право на свидание с женщиной, делают жизнь размеренной, спокойной и даже физиологически гармоничной (жениться и выходить замуж нельзя, потому что семья — основа неравенства, зависти и ревности посторонних). Однако такая гармония становится тюрьмой, когда в человеке просыпается любовь и вместе с ней — душа.

Главного героя романа зовут Д-503, и от его лица автор ведёт повествование. Любовный треугольник между Д-503 и двумя женщинами, О-90 и I-330, открывает герою глаза на ограниченность его существования. В итоге зарождается заговор против власти, который жестоко подавляется по приказу Благодетеля, первого человека в государстве — путём хирургической операции из мозга героя просто удаляют участки, производящие эмоции. После этого Д-503, предав любимую, возвращается к прежней «счастливой» жизни, вспоминая о любви как о безумии, а о своей заговорившей было душе — как о болезни.

Критика 20-х годов называла «Мы» злобным памфлетом, направленным против советской власти, но ведь в то время действительно было немало социальных проектов, ставивших своей целью организацию именно такого образа жизни.

Достаточно вспомнить поэзию и пропаганду пролеткультовцев, где «мы» часто означало отказ от «я», как в стихах Луговского: «Хочу позабыть своё имя и званье, На номер, на литер, на кличку сменять». Самым ярким примером такой теории, пожалуй, была уже упоминавшаяся идея Гастева об изменении природы человека по образцу машины — ведь только функциональная целесообразность слаженного механизма может быть научно-передовым идеалом устроения общества.

И всё же критика Замятина направлена не столько на преобразователей, подобных Гастеву, сколько на создателей идеологии, которая позволяет превратить личность в общественно полезную машину, не имеющую своего мнения. Другое зло, отражённое в романе — беспощадная борьба системы (то есть власти и её карательных органов) с неповиновением. В справедливом обществе, разумеется, такая борьба логична, обоснованна и необходима, но если человек виноват лишь в том, что хочет думать, чувствовать и жить самостоятельно? В романе это расценивают как бунт и жестоко подавляют его — вместе с героями. В стране подобный тип государственного режима впоследствии назовут тоталитаризмом, и он, существуя, впрочем, не только в Советском Союзе, через некоторое время будет устрашать весь западный мир. Это лишний раз доказывает, что Замятин правильно предугадал возможные перспективы развития общества, где ставка делается на безликую и послушную массу, а технический прогресс приходит на смену духовному развитию человека.

Впрочем, как показала жизнь, совсем не обязательно запугивать и обезличивать народ, чтобы он служил будущему счастью, добровольно отказавшись от счастья в настоящем. **Андрей Платонов** (1899–1951) в романе **«Котлован»** (1930) доказывает: утопическое мышление, то есть устремлённость к гармонии завтрашнего дня, неизбежно обесценивает день сегодняшний. То, что есть здесь и сейчас, не имеет значения, потому что это далеко от идеала.

Центральный образ «Котлована» — идея огромного «общепролетарского дома», который надо построить вместо старого города, чтобы все люди жили вместе, как добрые соседи и друзья. Платонов буквально реализует старую метафору — страна как общий дом. Однако метафоричен не только образ дома, но и его судьба: стройка заканчивается, едва начавшись. Единственное, что успевают сделать строители — выкопать гигантский котлован, который и становится в символическом смысле их общей могилой, а по сюжету — могилой для девочки Насти, сироты и потому общей любимицы.

Для героев Платонова как будто не существует опыта прошлых веков и поколений, традиций и авторитетов. Они сами решают для себя, что хорошо, а что плохо, поэтому их поведение и ценности зачастую кажутся такими странными и спорными — это помогает писателю показать слабые места нового «гуманизма», его ошибки и их последствия для страны, народа, отдельного человека. Так, Настя с детской простотой предлагает рабочим убить двоих «кулаков», которые позволили себе требовать платы за труд. Ей отвечают: «Не разрешается, дочка: две личности это не класс... <...> Мы же, согласно пленума, обязаны их ликвидировать не меньше, как класс, чтобы весь пролетариат и батрачье сословие осиротело от врагов!» Девочка сразу же переводит громкий лозунг на простой и понятный язык: «Это значит плохих людей всех убивать, а то хороших очень мало». Её «перевод» позволяет читателю безошибочно увидеть, что красивый призыв к борьбе за народное счастье скрывает оправдание многих и многих убийств. При этом неграмотная речь рабочих, состоящая из готовых лозунгов — ещё одно доказательство того, что они не мыслят самостоятельно, а просто повторяют то, что слышат по радио, даже не сомневаясь в справедливости и гуманности «партийной линии».

Не различая добро и зло, строители котлована верят, что строят счастливое будущее. Легко воспринимая смерть, даже собственную (все рабочие, пока дом не готов, живут и спят в гробах), они считают, что идут к вечной жизни. Эти контрасты разоблачают утопию, которой живут герои романа, доказывают обречённость их мечты.

Одной из самых сложных тем русской литературы всегда была тема интеллигенции и народа. После революции она приобрела небывалую остроту. «Две культуры», которые раньше существовали параллельно, теперь вступили в противостояние, причём массовая культура, став господствующей, начала преследование элитарного, «буржуазного» искусства. Это был своего рода аналог гражданской войны, её продолжение и логическое развитие.

Очень показателен в этом отношении роман **Александра Фадеева** (1901–1956) **«Разгром»** (1926) и его оценки современниками писателя. Главные герои книги совершенно не похожи на типичных персонажей, действующих в военной прозе двадцатых годов: командир отряда Левинсон — не железный воин, а обычный человек со своими слабостями и сомнениями; его ординарец Морозка — легкомысленный парень, неожиданно вырастающий в зрелую личность; интеллигент Мечик, полный красивых устремлений, напротив, оказывается способен на предательство. Да и момент действия выбран автором так же нетрадиционно — согласно заглавию, это не победа, а поражение, разгром отряда.

Критики живо отреагировали на появление романа. Одни хвалили Фадеева за психологизм, другие ругали за него же. Осип Брик писал: «Мы ценим человека не по тому, что он переживает, а по той роли, которую он играет в нашем деле. Поэтому интерес к делу для нас основной, а интерес к человеку — интерес производный».

Впрочем, тема интеллигенции и революции в прозе 20-х годов раскрывалась не только на материале гражданской войны. Ярким явлением становятся написанные в середине двадцатых фантастические повести **Михаила Булгакова** (1891–1940) **«Роковые яйца»** и **«Собачье сердце»**. Главные герои обоих — выдающиеся учёные. Они совершают гениальные открытия, которые делают человека способным управлять природой и заставить её служить обществу. В «Роковых яйцах» профессор зоологии Персиков случайно открывает чудо-луч, стимулирующий рост живых клеток. Председатель совхоза по фамилии Рокк предлагает использовать его в народном хозяйстве, в эти голодные годы выращивая огромных кур. Однако происходит нелепая ошибка, и вместо куриных яиц под луч кладут яйца змей и крокодилов, из которых вскоре появляются гигантские чудовища, пожирающие всё вокруг. Только вмешательство самой природы спасает Москву и москвичей от гибели — морозы, ударившие в августе.

Несмотря на фантастический сюжет, легко понять, что Булгаков намекает на реальные события. Для него революция — это тоже опасный эксперимент, и любая ошибка может стать смертельной. Кстати, испуганная и озлобленная толпа в повести убивает профессора как виновника трагедии; людям неважно, какими были намерения учёного, важен только конечный результат.

«Собачье сердце» продолжает и развивает эту тему. Известный врач профессор Преображенский делает операцию и пересаживает собаке часть человеческого мозга. Пёс Шарик постепенно превращается в человека. Но и здесь оказывается, что учёный не всё продумал — «новая человеческая единица» становится такой же, каким был первый хозяин мозга, хулиган, хам и алкоголик.

Комизм и жестокая правда повести заключаются в том, что новый гражданин Шариков нужнее и полезнее социалистическому обществу, чем его создатель Преображенский. Швондер, мелкий представитель власти, даёт Шарикову работу и пытается с его помощью притеснить профессора, внушая бывшему псу, что он ничем не хуже Преображенского и совершенно равен ему!

Если катастрофа, произошедшая в «Роковых яйцах», всё-таки случайна, то здесь последствия эксперимента полностью зависят от «исходного материала». Никакая операция не может сделать из негодяя порядочного человека, а революция, которая делает хозяином жизни примитивного человека, — это страшная ошибка. Булгаков призывает к ответственности тех, кто разрабатывал идеи, предназначенные для масс, не зная их психологии. Он прямо говорит о том, что интеллигенция, по сути, сама виновата в том, от чего сейчас так страдает, и что она не смогла выполнить свой долг перед народом.

Двадцатые годы XX века остались в истории советской словесности самыми пёстрыми, бурными и разноречивыми, потому что уже на их протяжении последовательно усиливался контроль власти над художественным творчеством, ограничивалась свобода слова и мысли. Этот процесс успешно завершился в 1932 году, когда было принято постановление «О перестройке литературно-художественных организаций», закрывшее сразу все литературные группы. С этого момента уже не имели права на существование никакие идейные или эстетические разногласия.

Литература соцреализма

Проблематике и пафосу эпохи, а кроме того, новому творческому методу — соцреализму лучше всего соответствовали крупные эпические формы. Главным жанром прозы тридцатых годов становится роман, поистине переживающий своё возрождение. Особенно популярны несколько его разновидностей.

«Производственный роман» — совершенно новая жанровая форма, возникшая как литературное зеркало индустриализации. Писатели отправлялись в творческие командировки на крупнейшие стройки страны — и в результате сложилась определённая схема, модель, по которой создавались подобные романы. Их образцами стали «Гидроцентраль» (1931) *Мариэтты Шагинян* (1888–1982) и «Время, вперёд!» (1932) *Валентина Катаева* (1897–1986).

Здесь нет традиционных для классического романа биографий героев и поиска отдельной личностью своего места в «общей жизни». Жизнь превращается в гигантский трудовой процесс, а психология героя целиком определяется интересами его дела. Каждый человек ценен не сам по себе, а как необходимая часть коллектива, винтик огромной машины, добросовестно выполняющий свою функцию. Поскольку сюжет такого романа состоит в описании будней большой стройки (гидроэлектростанции, завода и т.п.), а сам текст насыщен многочисленными технологическими подробностями, психологическая сложность здесь просто не нужна.

С одной стороны, это стало шагом назад в художественном плане, потому что сильно упростило представления о человеке и мире, с другой — в таком созидательном энтузиазме было немало обаяния. Не случайно производственная тема одновременно вошла не только в литературу, но и в другие виды искусства — например, в живописи появился жанр индустриального пейзажа, искавший (и находивший!)

красоту не в дикой природе, а в победе над ней — в заводских трубах и раскалённой стали.

Другой тип романа, очень востребованный в 30-е годы — **роман воспитания**. В отличие от «производственной прозы», он как раз был построен на биографии центрального героя и рассказывал о формировании его личности. Как правило, судьба персонажа прослеживалась с детства и до того момента, как он занимал своё окончательное и постоянное место в обществе. Разумеется, в воспитании ведущую роль играла коммунистическая идеология, к которой человек приобщался через коллектив.

Интересный пример такой литературы — «Педагогическая поэма» (1933–1934) *Антона Макаренко* (1888–1939). Автор её не писатель, а педагог, руководитель колонии для несовершеннолетних, куда после войны были собраны дети-сироты и малолетние преступники. Ему действительно удалось перевоспитать трудных детей и подростков, вырастить их полноценными людьми, ввести в общество, поэтому популярность «Поэмы» объяснялась не её художественными достоинствами, а правдой стоящего за ней реального практического опыта. Макаренко верил, что воспитание нового человека должно начинаться с создания коллектива, перед которым стоят общие цели и который организован общим делом. Значит, и всё общество тоже могло стать своеобразной семьёй, воспитывающей каждого своего члена.

Но, пожалуй, наиболее громкий роман воспитания — это книга *Николая Островского* (1904–1936) **«Как закалялась сталь»** (1934). В центре его судьба комсомольца Павла Корчагина, за которой стоит биография самого автора. Павка Корчагин стал легендой и народным любимцем, потому что на обиды и унижения он всегда отвечает действием, решительным и дерзким. Он воюет, строит железную дорогу — словом, ведёт активную борьбу против «старого мира» во имя новой жизни. Павка благороден, честен, искренен во всех своих поступках и чувствах, от ненависти до любви, но при этом он наделён и более спорными качествами, столь характерными для его современников. Фанатизм юноши «стального» революционного поколения заставляет его судить с позиций классового подхода всё и всех, даже любимую девушку Тоню.

В литературе 30-х годов неожиданно возрождается **исторический роман**. Обращение к истории было для авторов хорошим способом уйти от «производственных» и «воспитательных» шаблонов, избежать откровенной идеологичности (хотя образы сильных, волевых и деятельных героев, оставивших глубокий след в веках, становились прекрасным примером для молодых людей). Кроме того, исторический опыт всегда помогал в нелёгкие времена переходных эпох.

Один из самых значительных исторических романов — **«Пётр Первый»** **Алексея Николаевича Толстого** (1882–1945). Автор, дальний родственник Л. Н. Толстого, не прекращал работу над этой книгой с 1929 года до конца жизни. Используя документы и хроники, он создаёт убедительную картину России на рубеже XVII–XVIII веков. Центральный образ этой картины — конечно, царь Пётр, первый русский император, своими реформами за несколько десятилетий сделавший из средневековой России сильную европейскую державу.

Основная тема романа — перестройка и укрепление государства благодаря сильному лидеру. Пётр способен одолеть как внешних, так и внутренних врагов, хотя его методы не всегда законны и гуманны. Толстой согласен со своим героем в том, что прогресс и благополучие страны — это цель, оправдывающая любые средства своего достижения. Эта идея, пусть и не высказанная открыто, полностью соответствовала политике советского правительства, а сравнение с Петром Первым косвенно укрепляло авторитет Сталина.

Впрочем, аналогии с современностью существуют только в подтексте романа, а на первый план выступают живо изображённые исторические события, правдивые характеры и бытовые детали, умело стилизованный «под старину» язык. И образ Петра, показанный в развитии, и панорама эпохи полны противоречий, психологической сложности. Всё это делает «Петра Первого» интересным не только современникам Толстого, но и читателям наших дней.

Среди важнейших проблем десятилетия нельзя не упомянуть земельный вопрос. Он был связан с множеством других предметов для размышления, приобретая не только практическое, но и гуманистическое, общекультурное значение. Эта проблема, конечно, была поставлена коллективизацией, которая означала смену хозяина земли. При этом важнее всего была не политическая сторона реформы, а её значение для всего уклада жизни в стране.

Роман **Михаила Шолохова** (1905–1984) **«Поднятая целина»** отразил сложные отношения между официальным толкованием того, что происходит на селе, и реальным положением дел. Расстановка сил в романе полностью отвечает требованиям времени. Здесь есть коммунисты, которые организуют колхоз: Давыдов (слесарь из Петербурга, присланный партией в деревню), Размётнов и Нагульнов. Им противостоят враги, готовящие восстание против советской власти: Половцев и Лятьевский. К коммунистам тянется деревенская беднота, к врагам — кулаки. Между ними остаются середняки (Кондрат Майданников и многие другие), которые колеблются перед выбором, и которых старается привлечь к себе каждая сторона.

Однако «Поднятая целина» не упрощает отношения между разными социальными силами, отражая весь драматизм коллективизации. Шолохов не скрывает, что аграрный проект правительства поставил деревню на грань новой гражданской войны. Он показывает, как опасно давить на крестьян, и предлагает другой путь преобразования, медленного и постепенного. Так вживается в казачий уклад Давыдов, женится на местной девушке, становится своим на этой земле. По мысли писателя, жизнь сама пойдёт навстречу планам переустройства, если люди, составляющие планы, по-настоящему поймут психологию и быт народа.

Кроме того, автор даёт довольно объективную характеристику кулакам, что очень необычно для советской литературы. Да, Яков Островнов — отрицательный персонаж, потому что он враг советской власти, потому что он жестокий человек, виновный в убийстве односельчанина и даже в смерти собственной матери. Но при этом Островнов — самый лучший хозяин на селе, влюблённый в землю и старающийся понять её тайны (он единственный, кто выписывает и читает журнал по агрономии). Яков Лукич ненавидит новую власть за то, что она не позволяет ему работать на себя, отбирает выращенный хлеб, мешает кормить семью. Не будь так, Островнов никогда бы не поддержал заговорщиков, людей совсем другого сословия. Если временно закрыть глаза на идеологический контекст, то за образом Островнова встаёт трагедия самой крепкой и самой культурной части крестьянства, уничтоженной за годы коллективизации.

Но у хозяйствования на земле есть и другая сторона. Мало понимать и беречь людей, знающих и любящих землю — надо самим учиться любить её. А тридцатые годы вместе с индустриализацией принесли совсем другое отношение к природе: она стала для человека стихией, которую надо покорять, бороться с ней, использовать её, силой брать всё, что она может дать. Так родилась проблема экологии.

Одним из первых эту проблему поднимает *Леонид Леонов* (1899–1994) в романе **«Соть»** (1930). Он описывает строительство бумажного комбината в глухих лесах по проекту человека, совершенно далёкого от природы, — он считает, что лес пропадает зря без вмешательства людей. Другую точку зрения выражает в романе монах Геласий. Раньше его монастырь был затерян в лесной глуши, а теперь, когда туда пришла стройка, спокойная и гармоничная жизнь закончилась. «Красота из тишины, — говорит Геласий, — а вы её корёжите». Но дело не только в том, что одним ближе красота природная, а другим — рукотворная, полезная, созданная разумом и волей человека. Важно то, что наука, жаждущая преобразовать мир, знает о нём далеко не всё, поэтому эксперимент над природой всегда угрожает страшными ошибками.

В принципе, о том же говорил и Булгаков в «Роковых яйцах» и «Собачьем сердце», но там, благодаря фантастической фабуле, эта мысль превращалась в аллегорию и выражала тревогу автора по поводу социальных экспериментов. Леонова беспокоит и то, и другое, а высказать свои опасения он заставляет отрицательного героя, бывшего офицера Буланина (только отрицательный персонаж способен сомневаться в правильности плана, одобренного государством!). Тот говорит, что наука «разъяла мир на части» и неплохо изучила их по отдельности, но совсем утратила понимание мира как целого, огромного живого организма. Попытка всё поставить себе на службу, вырубить леса и передвинуть реки может стать самоубийством. И действительно — из-за ошибок в плане строительства река вдруг поднимается, грозя выйти из берегов и затопить всё вокруг.

Конечно, Леонов не призывает остановить развитие промышленности, чтобы сохранить природу. Он лишь советует бережно обращаться с богатствами земли и помнить о существовании предела, за которым преобразование становится насилием, опасным и для природы, и для человека.

Стоит отметить, что в эти годы происходит зарождение и становление **литературы для детей**, сыгравшей огромную роль в воспитании читательской культуры с самого раннего возраста. Классиком советской детской литературы стал поэт ***Самуил Маршак*** (1887–1964). Он создал удивительно живой и многокрасочный мир, населённый забавными, фантастическими и поучительными образами — взрослых и детей, зверей, птиц, вещей, попадающих в самые разнообразные ситуации. Они вызывают смех, сочувствие, понимание, недоверие — целый спектр чувств, в основу которых писатель незаметно кладёт мораль, воспитывая ребёнка без принуждения и скуки.

Жанровое разнообразие поэзии Маршака (маленькая стихотворная новелла, баллада, загадка, сценка, песенка, сказка и присказка, считалка) сочетается с лёгкостью, изяществом, виртуозной простотой стиха, чёткостью музыкального ритма, смысловой насыщенностью текста, мудрого для взрослых и понятного детям. Не случайно многие строки Маршака превратились в пословицы, поговорки и афоризмы.

Рассказы и повести ***Аркадия Гайдара*** (настоящая фамилия ***Голиков***, 1904–1941) просто и увлекательно передают романтику революционной борьбы, учат доброте, честности, самоотверженности в мирной жизни. Дети здесь ни в чём не уступают взрослым, а порой и превосходят их благодаря своей активности и бескомпромиссности. Особенно популярна стала повесть **«Тимур и его команда»** (1940). Благодаря ей в стране развернулось массовое движение тимуровцев — пионеров, бескорыстно помогавших больным, старикам и всем, кому нужна была помощь.

В дальнейшем развитие литературы стало сложным из-за ужесточения цензуры и давления со стороны властей. Соцреализм разработал своеобразную нормативную поэтику, навязывая однотипные характеры, конфликты, сюжетные коллизии и художественные средства их выражения. Идеология определяла содержание — тематику, проблематику, пафос. В результате литература, подчинённая единой идее, создала великий миф о советской России и жизни её народа — и зашла в тупик, потому что миф можно только пересказывать, а это уже нельзя назвать творчеством.

И всё же, несмотря на сложность и неоднозначность эпохи, 1920—30-е годы не стали роковыми для национальной культуры. Искусство развивалось, причём не только силами старшего поколения — Горького, Маяковского, Ахматовой, Пастернака и других — в литературу приходили новые авторы, оставившие потомкам летопись своего времени. Шолохов, Булгаков, Платонов и их современники заставили даже эмигрантскую общественность признать, что русская литература, став советской, не изменила своим главным принципам, осталась гражданственной, а при этом — человечной, честной и художественной.

Михаил Александрович Шолохов

Родившийся в области Войска Донского (ныне — Ростовская область), Михаил Шолохов (1905—1984) в детстве часто переезжал вместе с родителями, но юношеские годы и бо́льшую часть жизни писатель провёл в станице Вёшенской, где и застала его гражданская война. С 15 лет становится самостоятельным — служит в революционном комитете, работает учителем начальной школы (хотя сам закончил лишь четыре класса гимназии, поскольку учёбе помешала война), даже занимался продразвёрсткой. Побывал и в плену у белых, и под арестом, чудом избежал расстрела и уехал в Москву, чтобы поступить в университет. Шолохова не приняли, потому что он не был комсомольцем, но юноша не уехал из столицы. Живя на случайные заработки и в свободное время занимаясь в литературном кружке при РАППе, он вскоре начинает писать.

В 1926 году Шолохов дебютирует с двумя сборниками: **«Донские расска-зы»** и **«Лазоревая степь»**. Это книги о том, что происходило на Дону в годы гражданской войны, о кровавой борьбе между красными, белыми, кулаками и прочими, но в первую очередь — о простых людях, втянутых в эту борьбу, о разрушенном укладе казаков и о сохранённой человечности. Серафимович хвалил молодого автора за «огромное знание того, о чём рассказывает», то есть казачьего быта, неповторимого донского говора; за «тонкий, схватывающий глаз». Все эти качества отразились в живой и выразительной манере повествования. Нисколько не отрицая важность установления советской власти, Шолохов показывает, что главные ценности — это дом, семья, растущие дети и счастье простой мирной жизни на земле. Поэтому писатель противопоставляет страшным сценам боёв сцены семейного быта с шалостями детей и чудачествами стариков, написанные с добрым юмором и любовью к этим людям, их языку, песням и вечной мудрости сердца. Так, в рассказе **«Чужая кровь»** старая женщина спасает жизнь солдату-белогвардейцу, потому что верит: быть может, кто-то так же поможет её «красному» сыну, если он будет ранен, ведь все эти воюющие мальчики — чьи-то дети, а для матери жизнь сына важнее любой политики.

В 1925 году Шолохов возвращается из Москвы в Вёшенскую, где начинает работу над большим романом о судьбах казачества в революции. Писал он долго и с трудом, так как тема эта была очень непростой.

Казачество с момента своего образования было особым сословием в россий-ском обществе. Его составили крестьяне, в XV–XVI веках бежавшие от неволи на юг, на никем не занятые земли, где ещё не действовали никакие законы. Получив таким образом свободу, казаки стали объединяться в военные общины, чтобы за-щитить себя от опасности со стороны соседних народов. В результате Российское государство, ослабленное войнами, нашло выгоду в том, чтобы не подчинять себе вольное казачество, а официально разрешить ему свободу — в обмен на защиту государственной границы. За каждым казачьим войском закрепили занятую им землю, платили жалование, давали боеприпасы, хлеб. Казачьи поселения (станицы) имели свой уклад, свои законы, очень близкие к древним, общинным. Все важные дела решал общий сход казаков, особым уважением и авторитетом пользовались старики.

Поэтому главный лозунг революции — свобода трудящихся от всех форм угнетения — для казаков был просто не актуален. Свободу они уже имели, а вот жалование и многие привилегии, которые давала казачеству царская власть, с приходом большевиков могли остаться в прошлом. Кроме того, казаки считали своим воинским долгом защиту интересов прежнего правительства. С другой стороны, в XX веке уже начиналось расслоение станичников на бедных и зажиточных, и беднота зачастую готова была поддержать большевиков, надеясь улучшить своё положение. Не случайно именно на Дону разворачивали свою деятельность и многие контрреволюционные группы, привлекая на свою, третью сторону казаков, колебавшихся между белыми и красными. В итоге гражданская война стала особенно долгой, мучительной и кровопролитной для казачества, положив конец его пятивековой истории. Уже в 1920 году все действующие в России законы были распространены на казачьи области, уничтожив их независимость.

После долгой и напряжённой работы замысел Шолохова оформился в четырёхтомную эпопею **«Тихий Дон»**, первая книга которой была напечатана в 1928 году, последняя — в 1940. В 1965 году за этот роман писатель был удостоен Нобелевской премии.

После выхода в свет четвёртого тома Шолохов надолго замолчал, больше занимаясь газетной публицистикой, а не литературой. В 1956–1957 годах он пишет рассказ **«Судьба человека»**, в 1960 завершает второй том «Поднятой целины» (первый был опубликован одновременно с третьим томом «Тихого Дона», в 1932) и роман **«Они сражались за Родину»**, начатый ещё в военные годы.

После смерти писателя на Дону был создан огромный мемориал, носящий его имя и включающий несколько станиц и хуторов, а Вёшенский район был переименован в Шолоховский. Тем не менее по сей день не затухают споры об авторстве великого романа. В 1929 году в целях политической борьбы с популярностью «идейно ошибочного» «Тихого Дона» был пущен слух о плагиате: Шолохова обвинили в том, что он, двадцатитрёхлетний самоучка, просто не мог написать столь серьёзное произведение. Уже в нашем веке, когда для решения этой проблемы привлекли все методы исследования текста, учёные наконец смогли окончательно доказать авторство Шолохова.

Роман-эпопея «Тихий Дон»

Книга эта занимает особое место в истории русской литературы. Шолохов отдал ей пятнадцать лет жизни и упорного труда — не зря Горький назовёт «Тихий Дон» воплощением таланта русского народа.

Роман привлекает с первых же страниц — ярким языком, который близок к разговорной речи казаков, но при этом удивительно поэтичен, колоритными и психологически убедительными образами героев. Пейзажные зарисовки свидетельствуют о страстной влюблённости художника в природу Донского края. Привлекает и атмосфера казачьего быта. Во-первых, человек здесь никогда не бывает один — за ним стоит семья, дом. Во-вторых, главное условие существования на земле — крестьянский труд, но у Шолохова он не выглядит тяжёлым, изнурительным. Труд приносит героям радость, лежит в основе простой и древней гармонии — не зря хуторяне работают с песней. В-третьих, уважение вызывает неписаный кодекс чести, священный для каждого. Таким был мир казака. Начало романа дышит мерным чередованием времён года в бескрайней донской степи, неспешным ходом хуторской жизни с хозяйственными заботами. Конечно, «Тихий Дон» не идиллия, и в казачьем укладе есть свои конфликты. Заметное давление на героев оказывает порой «мнение народное», то есть голос общины, чрезмерно жёстким бывает семейный патриархат. Но автор подаёт это как неотъемлемую часть жизни, один из вариантов вечного конфликта «отцов и детей».

Однако такая безбедная повседневность, работа в поле, ночные рыбалки, свадьбы и военные сборы, — всё это вскоре оказывается нарушено грубым вторжением исторических катаклизмов, от первой мировой войны до военного коммунизма. Любимые герои Шолохова — Григорий и Петро Мелеховы, Кошевой, Степан Астахов — должны участвовать в битвах, смысл которых им не всегда понятен.

Вся сложная, многолинейная композиция романа имеет одно организующее начало. Это судьба главного героя, Григория Мелехова. Юношей он влюбляется в замужнюю соседку Аксинью Астахову, та отвечает ему взаимностью — и завязываются скандальные отношения. Любовники даже уходят из села, чтобы жить вместе, несмотря на всеобщее осуждение. Родители Григория пытаются всё исправить, и с этой целью насильно женят сына (он не смеет ослушаться отцовского приказа). Однако вскоре Мелехов бросает нелюбимую жену Наталью и снова сходится с Аксиньей, покинув хутор и устроившись на позорную для казака работу конюхом в имении генерала Листницкого. Оттуда его призывают в армию, и Григорий на два года попадает на фронт первой мировой войны.

Раненый, он оказывается в госпитале и там впервые слышит агитацию большевиков. Полностью разделяя их отношение к этой ненужной для России войне, герой, тем не менее, не собирается изменять воинскому долгу. Вскоре, в 1917 году, он попадает под влияние ещё одной идеологии — казацкой автономии, согласно которой Дон должен отделиться от страны, где происходит что-то страшное и непонятное, и жить самостоятельно.

Обдумав все варианты, Григорий принимает сторону большевиков, вступает в отряд своего нового друга, революционного казака Фёдора Подтёлкова — и вскоре уходит из него, жестоко разочарованный. Дело в том, что Подтёлков убивает пленных, которым обещал сохранить жизнь. Мелехов не может смириться с отсутствием военной чести и простой человеческой справедливости, он вообще не хочет больше воевать.

Тем не менее его вновь мобилизуют в белую армию, и после одного из сражений он видит, как зверски расправляются с Подтёлковым и его людьми. Григорий в отчаянии, он хочет только одного — поскорее покончить с войной, и поэтому дезертирует из армии, возвращается домой. Размышляя о событиях последних лет, герой не находит ни смысла, ни цели, которые могли бы оправдать весь этот кошмар. Но не видит он и верного для себя пути.

Чтобы сохранить право на независимость, он возглавляет восстание против советской власти на своём хуторе, борясь теперь за автономию, о которой слышал два года назад. Мелехов видит, как казаки, раньше защищавшие русских крестьян, теперь убивают их, ставших солдатами, и окончательно понимает, что гражданская война ещё более бессмысленна и страшна, чем мировая. Что-то ломается в нём, исчезает интерес к жизни, остаётся лишь равнодушие — и к близким, и к себе.

Побывав по воле судьбы в Первой Конной армии Будённого, еле избежав ареста за свою прошлую деятельность по окончании войны, скрывшись от преследования в банде, но бежав и оттуда, чтобы не стать преступником в собственных глазах, Григорий возвращается за Аксиньей и хочет вместе с ней уехать подальше от этих пропитанных кровью мест. Однако во время их бегства начинается перестрелка с бандитами, и Аксинья погибает от случайной пули.

Так Шолохов замыкает круг смертей вокруг своего героя. Совершив первое убийство, зарубив в бою австрийского солдата, добрый и чуткий Григорий испытывает страшные муки совести. И с этого момента смерть начинает идти следом за ним, унося не только врагов, но и всех близких ему людей, родителей и детей, отнимая даже Аксинью. Сильный, смелый человек становится щепкой в бурном потоке истории. Чёрное небо и ослепительно сияющий на нём чёрный диск солнца, которые видит Григорий, похоронив любимую женщину — это знак страшной цены, которую людям приходится платить за войну. В финале герою всего лишь около тридцати, но в душе он уже почти старик. Прокляв «и революцию, и контрреволюцию», раздавленный ими, потерявший всё, но остающийся человеком свободным, Григорий Мелехов — это немой упрёк всем вершителям судеб страны и народа, какую бы власть они ни представляли.

Григорий, конечно, не идеален и совершал немало ошибок, блуждая по фронтам всех войн и ища правды во всех лагерях. Но он везде был самим собой и не признавал тех «правил» войны, которые оскорбляли его личную мораль. Мелехов бережёт и казацкую честь, и человеческую порядочность, но если ему приходится выбирать между ними, жертвует первой. Кроме того, он единственный в романе, кто старается восстановить разорванные связи, не делить людей на «своих» и «чужих», потому что интуитивно понимает: дети одного народа просто не могут, не имеют права быть врагами.

«Тихий Дон» — роман о разрушении жизни и о способности её к самовосстановлению. В финале душа Григория Мелехова напоминает чёрное выгоревшее поле, где, казалось бы, ничто уже не сможет вырасти. Но когда он встречает сына, вдруг на этом пепелище появляется маленький зелёный росток — надежда на новую жизнь. Шолохов дарит своему герою возрождение. «...Вот и сбылось то немногое, о чём бессонными ночами мечтал Григорий. Он стоял у ворот родного дома, держал на руках сына... Это было всё, что осталось у него в жизни, что пока ещё роднило его с землёй и со всем этим огромным, сияющим под холодным солнцем миром».

Михаил Афанасьевич Булгаков

Михаил Булгаков (1891–1940) родился в семье доцента Киевской духовной академии и получил прекрасное домашнее воспитание — кроме русского, знал восемь языков. С отличием окончил медицинский факультет Киевского университета, во время мировой войны был военным хирургом, потом сельским врачом. Вернувшись в Киев в 1918 году, по очереди призывался на службу военврачом в красные, петлюровские и белые войска. Стремясь уйти от безумия войны, оставляет медицину и начинает писать, а в 1921 году переезжает в Москву, где и проводит всю оставшуюся жизнь.

Первые литературные опыты Булгакова — это фельетоны, но очень скоро он переходит к серьёзной прозе. Ещё в 1917 году он начинает писать цикл рассказов «Записки юного врача», где с мягкой самоиронией и огромным оптимизмом рассказывает о буднях молодого сельского доктора, явно вспоминая собственный недавний опыт.

А в 1924–1925 годах выходят три повести, в которых автор проявляет себя совсем иначе. «Дьяволиада» и «Роковые яйца», несмотря на пророческую глубину фантастических коллизий, были восприняты как лёгкая сатира на новые нравы, написанная «остроумно и ловко», зато «Собачье сердце» многие поняли правильно.

К своей главной теме Булгаков подошёл в романе «Белая гвардия» (1925), размышляя о духовном пути интеллигенции под гнётом противоречия между требованиями нового времени и собственными моральными принципами. Автор, как и герои его романа, сознаёт, что прежней России уже нет и никогда не будет, но не может смириться с «отменой» вечных нравственных устоев.

Когда роман был разгромлен критикой и запрещён властями, писатель всё же не отказался от попыток донести свои горькие размышления и предостережения до читателя. В 1926 году в Московском художественном театре состоялась премьера спектакля «Дни Турбиных» по пьесе, написанной Булгаковым на основе «Белой гвардии». Страстное желание писателя, режиссёра и актёров пронести через все революционные бури основные человеческие ценности, сохранив их для России, встретило огромную симпатию зрителей, но споры и идеологические дискуссии вокруг постановки не утихали.

Воодушевлённый тем, что пьеса оказалась жизнеспособнее и действеннее романа, Булгаков полностью отдался драматургии. В 1928 году он пытается поставить во МХАТе «Бег» — о том, как множество людей после революции потеряли родину, вольно или невольно эмигрировав из страны. Хотя театр всеми силами отстаивал право на постановку спектакля, политические инстанции пьесу категорически запретили.

После этого имя Булгакова надолго становится опальным, а всем его произведениям закрывают дорогу к читателю и зрителю. Однако писатель не замолкает, а продолжает литературную деятельность, уже не для современной печати или театра, а для «своей совести и потомков». Как говорили близкие, «его нельзя было согнуть, у него была какая-то такая стальная пружина внутри... он всегда пытался найти выход». Булгаков пишет пьесы и романы, участвует в постановках чужих спектаклей, переводит классиков, читает лекции, работает редактором...

«Мастер и Маргарита»

Главный роман Булгакова был напечатан лишь через четверть века после смерти автора, в 1966 году. Публикация в журнале «Москва» заставила вновь зазвучать имя писателя. Роман поразил не только художественным совершенством, но и трезвым, дружелюбно-насмешливым пониманием жизни, свободой от всякого политического ожесточения. Продолжив религиозно-философские поиски русской литературы, книга Булгакова, тем не менее, оказалась интересна даже читателям, далёким от этой проблематики. Секрет «Мастера и Маргариты» в том, что его можно читать на нескольких уровнях — как историю любви или как бытовую комедию, как философский трактат или как мистическую прозу. И всё же, разумеется, истинный смысл булгаковского шедевра может открыться только при цельном, внимательном и вдумчивом прочтении.

Встреча исторического времени и вечности, которая была намечена ещё в «Белой гвардии», здесь определяет композицию романа. Сюжетная линия московской жизни 30-х годов перебивается главами «романа в романе» — о последних днях жизни Иисуса Христа. Связывают их между собой два героя: Мастер — автор книги о Христе, и Воланд — дьявол, пришедший в этот мир.

Именно в евангельских главах содержится ключ к пониманию всего романа Булгакова, потому что они не просто пересказывают Библию, а создают новую притчу об испытании человека. Здесь Иисуса зовут Иешуа Га-Ноцри, и он показан не как Бог и сын Бога, а как простой бродячий философ, несущий людям свою веру — веру в Добро. Иешуа говорит, что оно есть истина и справедливость, а значит, может заменить все законы, придуманные человеком. В мире добра не нужна никакая власть, ибо власть — это всегда насилие.

Именно этот вывод из, казалось бы, безобидного учения Иешуа и послужил причиной его ареста. Решить судьбу философа должен Понтий Пилат, прокуратор Иудеи. Для него молодой бродяга неожиданно становится врачом, который руками избавляет от мучительной головной боли, а спокойной беседой лечит душу. Это маленькое чудо доказывает правоту Иешуа, и прокуратор уже хотел бы его освободить... Проблема в том, что, спасая философа и Добро в его лице, Пилат рискует своей карьерой и даже жизнью — ведь тот обвиняется в преступлении против власти. На это у храброго воина не хватает смелости. Он посылает арестованного на смерть — и за это наказан вечной бессонницей, головной болью и муками совести, которую так и не смог успокоить ни лёгкой смертью Иешуа, ни возмездием его предателю Иуде.

Пилат не выдерживает испытания выбором, подтверждая древнее библейское изречение: человек познаётся по делам его.

Такое же испытание проходит и Мастер. Парадокс: написав о драме и ошибке прокуратора, он сам тоже оказывается не способен на жертву во имя Истины. Когда его роман об Иешуа и Пилате встречает жестокую критику и объявляется реакционной пропагандой религии, сломленный Мастер сжигает рукопись и уходит от борьбы в психиатрическую клинику. Тем самым он лишает своих современников той же правды, которой прокуратор лишил человечество, когда казнил Иешуа. Однако роль сумасшедшего не освобождает героя от ответственности перед собой и перед вечностью.

Проблема личной ответственности, судьбоносного для себя и для других выбора жизненного пути и главных ценностей — вот истинный стержень «Мастера и Маргариты», вокруг которого вращаются все сюжетные линии книги. В определённом смысле образ Понтия Пилата также является центральным, связывая между собой судьбы разных героев (не случайно творение Мастера и он сам, и все остальные называют не романом о Христе, а романом о Пилате).

Спасти Мастера может только Маргарита. История их любви — одна из самых поэтичных и пронзительных в русской литературе, хотя герои совсем не идеальны. Замужняя женщина, Маргарита в буквальном смысле слова готова продать душу дьяволу и стать ведьмой, только бы помочь любовнику. Она готова на риск, жертву — на поступок, и поэтому способна многое изменить. По сюжету помощь обоим приходит от Воланда.

Он — далеко не первый образ дьявола в мировой культуре. Безусловно, Булгаков прекрасно знал и учитывал эту традицию при создании своей «версии», и всё же Воланд лишь отчасти похож на своих предшественников. Да, он «князь тьмы», но не творит зла. Скорее, Воланд — эксперт по злу, и в этом качестве разоблачает тех, кто его совершает. С этой целью он и появляется в Москве «в час небывало жаркого заката». С непревзойдённым мастерством сатирика писатель изображает бюрократию, корысть, карьеризм, глупость, жадность, пошлость, лживость и прочие непривлекательные качества москвичей, причём не только обывателей, но и тех, кто называет себя интеллигентами (прекрасный коллективный образ — МАССОЛИТ, Московская ассоциация литераторов, явно намекающая на РАПП). Впрочем, Булгаков вовсе не считает, что современное ему общество — это небывалое средоточие пороков. В романе показано движение истории по замкнутому кругу, в котором меняются эпохи, режимы, религии — но не люди. Сегодня они такие же, как и сотни лет назад, и Воланд говорит: «Они — люди как люди. Любят деньги, но ведь это всегда было. <...> Ну, легкомысленны... ну что ж... и милосердие иногда стучится в их сердца». Таким образом, соотношение в жизни Добра и Зла тоже не меняется, потому что и то, и другое приходит в мир через человека.

Здесь заключена очень важная мысль — людям дана способность отличать добро от зла, и эта способность — залог их свободы, но и огромной ответственности за то, как будет жить человечество. Иешуа возглавляет царство света и добра, но не осуждает и не карает зло. Воланд, в свою очередь, руководит «ведомством» зла, но не мешает добру. Они представляют два вечных полюса одного миропорядка, и человек сам выбирает, в каком «полушарии» жить и кто будет судить его после смерти.

То, что выглядит, как весёлые шутки помощников Воланда — Коровьева, Азазелло и обаятельного кота Бегемота — заканчивается мистическим балом у Сатаны, где открываются истинные лица «шутников». Когда перед Маргаритой проходит вереница грешников и преступников всех эпох, когда ей рассказывают, на какое наказание каждый из них обречён в вечности, становится понятно: наказание — это зеркало преступления и его непосредственный результат. Служанка Фрида, задушившая платком своего незаконнорождённого ребёнка, каждое утро десятки и сотни лет подряд вновь и вновь находит этот платок у себя перед глазами, терзаясь раскаянием. Литературный идеолог Берлиоз, который учит людей тому, что нет Бога и вечной жизни — единственный, кого Воланд действительно этой вечности лишает, и второй раз убивает, отправляя в небытие.

Мастер и Маргарита тоже грешники, поэтому они не могут заслужить награды Иешуа — света. Воланд тоже не имеет права отпустить их с «полушария» тьмы. Это противоречие нельзя разрешить логически, но тут на помощь приходит чувство — милосердие. Оно нарушает логику своей бескорыстностью, ведь, пожалуй, не существует другого чувства, которое человек не мог бы обратить на себя! Когда Воланд обещает Маргарите исполнить любую её просьбу, но лишь одну — она просит не спасти Мастера, а простить Фриду, чьи страдания и искреннее раскаяние тронули её сердце. Можно сказать, что в этот момент Маргарита жертвует своей любовью ради незнакомой женщины. Так же поступит и Мастер, который попросит простить Пилата — того, из-за кого перенёс столько страданий. Они сами творят добро, и этим заслуживают желанный покой и счастье быть вместе, пусть и за пределами этого мира, в вечности.

Вопросы

1. Что объединяет и что отличает друг от друга литературный процесс 1920-х и 1930-х годов?
2. Как раскрывалась тема революции в довоенной советской литературе?
3. Каковы наиболее острые проблемы прозы этого периода?
4. Как Вы считаете, кому из авторов лучше всего удалось выразить дух своего времени?

Глава

9

Русская литература 1940–1960-х годов

Общий взгляд

Великая Отечественная война 1941–1945 годов

Эти годы, бесспорно, стали самыми трудными и страшными для России в XX веке. В ночь на 22 июня 1941 года войска фашистской Германии при поддержке правительств и армий других европейских стран начали войну, без предупреждения перейдя государственную границу СССР и одновременно совершив мощные воздушные атаки на многие приграничные города. Неполные четыре года унесли миллионы человеческих жизней, оставили в руинах почти всю европейскую часть страны. Война коснулась каждой семьи, принесла в каждый дом горе и страдания, а для многих не закончилась даже в победном мае 1945 — более четырёх миллионов солдат, партизан и мирных людей остались для близких «пропавшими без вести», так как нельзя было доказать их гибель.

Впоследствии руководство страны и лично Сталина не раз обвиняли в неготовности к войне, несмотря на донесения разведчиков, которые даже называли точную дату её начала. Действительно, укрепление границы и повышенная боевая готовность советских войск могли помешать немцам так быстро продвигаться по территории СССР — ведь в сентябре они были уже на подступах к Москве. Однако военачальники стояли перед сложным выбором. Между Советским Союзом и Германией был заключён договор о ненападении, и явная подготовка к военным действиям стала бы для Гитлера долгожданной провокацией, законным поводом этот договор нарушить. К несчастью, такая осторожность оказалась излишней, потому что ждать повода Германия не стала.

В результате первые месяцы войны превратились в непрерывное отступление советской армии — несмотря на упорные и кровопролитные бои, остановить фашистов не получалось. Не хватало вооружения, не хватало обученных солдат, не хватало грамотных офицеров (Красная Армия потеряла многих в гражданской войне и в годы репрессий). Именно на это и рассчитывал Гитлер: по немецкому плану «Барбаросса» война должна была закончиться победой захватчиков ещё осенью, до наступления морозов. Страна, построенная с таким трудом, была на краю гибели.

Её спасением стал народ. Правительство в решающий момент отказалось от политических амбиций и освободило из тюрем и лагерей всех, кто мог помочь остановить врага. В армию вернулись опытные командиры, талантливые тактики и стратеги, инженеры-конструкторы стали срочно разрабатывать новейшее оружие и перестраивать сотни заводов на выпуск военной продукции. Но вместе с ними на защиту родины встали все советские люди. Мужчины и вчерашние мальчики-школьники уходили добровольцами на фронт или в партизаны, женщины и девушки становились медсёстрами или шли работать на заводы вместо своих мужей и отцов. Даже дети стояли у станков, сменяя матерей, чтобы не останавливать производство и ночью. Советский Союз жил под девизом: «Всё для фронта, всё для победы!»

Общими усилиями ход войны был переломлен. Советские войска начали медленно теснить немцев обратно к западу. Тяжелейшие бои шли буквально за каждый клочок земли, и полностью освободить территорию страны от врага удалось только к концу 1944 года. У всех была одна цель, одна мечта — победа. Победа мира над войной, насилием, жестокостью. Об этом очень хорошо сказала Ахматова: «Человечество ещё не знало войны такого великого смысла. <...> Она перевернёт мир, эта война, она переделает всю нашу жизнь. <...> Смотрите, как она срывает все покровы, стирает все камуфляжи, обнажает всё безобразное <...>. Мы выиграем войну для того, чтобы наши люди жили в преображённом мире. Всё страшное будет смыто кровью наших близких». Гитлер начал войну с единственной целью — «уничтожить жизненную силу России», но достиг прямо противоположного эффекта — небывалого единения и подъёма национального самосознания.

Не случайно и идеология военного времени была иной, нежели ещё несколько лет назад. Люди жертвовали жизнью не ради чьих-то политических интересов, не ради государства — ради Отечества. Спасали свой общий дом, свою землю.

Перед этим великим делом отступило всё остальное, и даже те, кого недавно притесняли, забыли свои обиды на власть. Деятели культуры, писатели и поэты, как могли, старались поднять и удержать боевой дух солдат, сохранить их веру в победу, доказать непобедимость человеческого духа и прославить мужество защитников родины.

Война вернула советской литературе единство, искренность и, что важнее всего, мощный пафос гуманизма. Вновь зазвучали в полную силу голоса Ахматовой, Пастернака, Зощенко, Платонова и многих других, обречённых на молчание во второй половине 30-х годов. Появились десятки новых литературных имён, а из книг, написанных в военное время, можно составить целую библиотеку. Их читали, им верили, ими вдохновлялись — ещё и потому, что большинство авторов знали о войне не понаслышке. Более тысячи литераторов воевали на всех фронтах Великой Отечественной, и почти половина из них с войны не вернулись, не увидели победы, в которую так верили и призывали верить других. Не удивительно, что на протяжении четырёх лет в литературе существовала только одна тема — тема войны.

Послевоенная литература

Военная тема долго оставалась одной из самых важных — возможно, ещё и потому, что открывала литературе широкие возможности для психологического анализа, исторических и философских размышлений. Это был шанс сказать правду о жизни и о людях, не идя против власти, но и не подчиняя ей своё слово. Однако свобода, неожиданно обретённая литературой во время войны, после неё вновь была сильно ограничена. В 1946—1948 годах было усилено партийное руководство в области всех искусств. Художественное творчество снова объявили инструментом партии и правительства, средством воспитания советских людей. Результатом стало закрытие ряда журналов и резкая критика писателей, творческая и гражданская позиция которых не совпадала с требованиями идеологии. Поиски новых художественных форм и средств, способных отразить лицо своего времени, критики возмущённо называли «формализмом».

По законам соцреализма, вместо формалистических опытов авторы должны были заниматься «утверждением новой действительности». Появился лозунг: «Нам нужна праздничная литература!» — и лейтмотивом всей литературы стало благополучие страны, радость мирной жизни, уверенное движение вперёд, в будущее. Вслед за лидерами страны и партийными работниками писатели в своих книгах начали доказывать, что все проблемы советского общества остались позади, и конфликт — как на бумаге, так и в действительности — теперь возможен только «между хорошим и лучшим».

Но проза, представлявшая собой практическое воплощение теории бесконфликтности, просто не могла быть по-настоящему художественной. Ведь литературное произведение невозможно без острых противоречий, на которых и держится сюжет — в противном случае из книги уходит жизнь, роман или рассказ оказываются неинтересными и неубедительными. Вскоре против такой псевдолитературы восстали сами классики соцреализма, понимая, что нельзя жертвовать художественной правдой ради идеологической пропаганды. В конце концов, явная искусственность подобных сочинений могла стать (и для многих читателей стала) не доказательством, а опровержением самой идеи победного и повсеместного утверждения социализма, потому что изображённая жизнь без проблем очень отличалась от непростой послевоенной действительности.

Александр Фадеев, генеральный секретарь Союза писателей, признавал: «Советская литература по своему идейно-художественному качеству, а в особенности по мастерству, за последние три-четыре года не только не растёт, а катастрофически катится вниз». Год спустя, в 1954, Михаил Шолохов скажет: «Нам грозит потеря того уважения наших читателей, которое немалыми трудами серьёзных литераторов завоёвывалось на протяжении многих лет».

Разумеется, «бесцветность» не была полной и всеобщей, но талантливых произведений всё же создавалось очень немного, и они выглядели редкими исключениями из общего стандарта. Так, явно «выпадали из времени» книги, написанные в те годы **Константином Паустовским** (1892–1968) и **Михаилом Пришвиным** (1873–1954). В них сохранялось трепетное отношение к внутреннему миру человека и огромному миру вокруг него, изысканная образность и тонкий лиризм — всё, чем была так богата классическая русская литература. Кроме того, в это время появляются романы **Бориса Пастернака «Доктор Живаго»** (1946–1955) и **Леонида Леонова «Русский лес»** (1950–1953), но если первый сразу же был отвергнут, то второй получил высшую литературную награду страны — Ленинскую премию, потому что писателю удалось спрятать серьёзную философскую проблематику под маской соцреалистической схемы.

Пастернак так писал о замысле «Доктора Живаго»: «Я хочу дать исторический образ России за последнее сорокапятилетие, и в то же время всеми сторонами своего сюжета, тяжёлого, печального и подробно разработанного, как в идеале, у Диккенса и Достоевского, — эта вещь будет выражением моих взглядов на искусство, на Евангелие, на жизнь человека в истории и на многое другое...».

Действие романа охватывает почти пятьдесят лет (с 1903 до конца 40-х) и разворачивается в разных точках России. Отчасти поэтому один из главных мотивов — мотив дороги, который перерастает в образ-символ пути: пути страны в истории, жизненного пути человека и их пересечений, порой трагических. Один из исследователей назвал «Доктора Живаго» «романом испытания», так как его герои и в самом деле постоянно испытываются на способность сохранить себя перед лицом времени. Выдерживает этот «экзамен» только один — Юрий Андреевич Живаго.

Он истинный русский интеллигент, врач по профессии и поэт по натуре, верующий в Бога и людей. Побывав как врач на фронтах первой мировой и гражданской, Живаго убеждается: война бесчеловечна по своей природе и её нельзя оправдать никакими целями. Больше всего ценя духовную жизнь, тёплый семейный мир, для себя он видит единственный выход — уйти от водоворота истории и жить как частное лицо. В самые смутные и кровавые годы герой увозит своих домашних на Урал и надеется там построить маленький идиллический мирок. Живаго перечитывает с женой Тоней «Евгения Онегина» и пишет свои стихи, пытаясь в них воплотить и удержать смысл жизни.

Тем не менее, ему не суждено отделить свою судьбу от судьбы России. Эпоха исторических потрясений лишает людей частной жизни — революция и война снова и снова вторгаются в замкнутый мир Живаго. Он то находит, то теряет свою возлюбленную Лару, несколько раз ломается жизнь самой Лары, пока она не пропадает в лагере; жертвует всем ради революционного идеала и умирает, разочаровавшись в нём, её бывший муж, Антипов-Стрельников.

Его образ — также один из самых важных в романе. Весёлый и общительный юноша Паша Антипов в душе поэт, как и Юрий Живаго. Только он не ищет поэзию в жизни, а хочет переделать жизнь, чтобы она стала поэзией. Он женится на Ларе не по любви, а ради идеи, которую считает красивой и благородной, но искусственно созданная семья распадается, потому что приносит обоим не счастье, а душевный разлад. Поверив в революцию, Антипов ломает себя, сознательно превращается в «железного» красного командира Стрельникова. Однако он попадает в психологическую ловушку, которая была несчастьем многих — став лидером, герой начинает возвышаться, самоутверждаться за счёт других. Скоро его новое имя обрастает кровавыми легендами и слухами, а со временем превращается в прозвище «Расстрельников». Когда Антипов понимает, что с ним произошло, он пытается скрыться, убежать и от народной мести, и от угрызений совести, но в конце концов не выдерживает такой изоляции и сам выбирает смерть.

По жестокому парадоксу, жизнь сильнее всего бьёт тех, кто упорно ищет в ней добра и справедливости. Роман, который начался сценой похорон матери

Живаго, заканчивается описанием похорон самого героя — даже самый честный и одарённый человек не может достичь личного счастья, реализовать творческие силы и духовные идеалы «назло» историческому процессу, отдельно от него.

И всё же истинным финалом романа являются «Стихотворения Юрия Живаго», найденные в бумагах героя после его смерти. Они — философский ключ, открывающий более глубокий уровень книги. Автор размышляет не только об истории, но и о жизни, о том, что в ней временно, а что вечно, бессмертно и по-настоящему ценно. Самое важное заключается в повседневности, состоящей из мелочей, в потрясающей поэтичности природы и магии любви. Поэтому в «стихотворениях Живаго» сплетаются два лейтмотива: чуда жизни и роковой предопределённости человеческой судьбы.

Почувствовав в этой книге «дух неприятия социалистической революции», литературные чиновники начали кампанию против Пастернака, ставшую для него очень тяжёлым испытанием. Без ведома писателя роман был напечатан в Италии и Голландии, после чего разразился громкий скандал. В 1958 году Пастернаку под давлением властей даже пришлось отказаться от «буржуазной» Нобелевской премии.

Леонид Леонов тоже шёл к своему роману долгие годы. Он с детства был погружён в атмосферу литературной жизни и на примере отца (довольно известного поэта, принадлежавшего к крестьянскому направлению) видел, как тесно она связана с общественной деятельностью и политикой. В годы гражданской войны Леонов сражался в Красной Армии и работал в военной печати. Вернувшись в Москву, он продолжает писать стихи и фельетоны, а также создаёт свои первые рассказы, очень разные по тематике и стилистике.

В 1924 году выходит роман «Барсуки», получивший высокую оценку Горького (мнение Горького и его литературный опыт сильно повлияли на Леонова-художника). Это была книга о нелёгком времени военного коммунизма, продразвёрсток и глобальных перемен. Своеобразный «дневник эпохи» продолжили романы «Соть» (1929), «Скутаревский» (1932) и «Дорога на Океан» (1935), посвящённые индустриализации и отразившие трудовой подъём первой пятилетки. Востребованными оказались и пьесы Леонова («Половчанские сады» (1938), «Волк» (1938), «Метель» (1940), хотя последняя вскоре была запрещена и выброшена из литературы на двадцать с лишним лет). В годы Великой Отечественной войны с особой силой раскрывается талант Леонова-публициста.

Главной же книгой писателя по праву считают «Русский лес», вышедший в 1953 году. Он сразу стал большим событием в литературе. О нём очень много спорили, и до сих пор учёные не пришли к единому мнению о том, как правильно читать роман.

Сам писатель объяснял: «Я создаю в романе как бы «вторую композицию», развивающую особую мысль. Это именно то, что должно заставить читателя *блуждать* по произведению, дать ему возможность отыскивать в нём нужные, интересные для него ценности». Такая установка явно не имеет ничего общего с поэтикой соцреализма, которая стремится к предельной ясности идеи и системы ценностей.

Фабула «Русского леса» не отличается особенной сложностью. Юная Поля Вихрова приезжает учиться в Москву, где живёт её отец, известный профессор-биолог. Но девушка не хочет даже встречаться с ним: во-первых, она не может простить ему разрыва с матерью, во-вторых, считает отца врагом народа — ведь в научных журналах Вихрова постоянно обвиняют в том, что он не признаёт право народа распоряжаться природным богатством, настаивая на профессионализме природопользования. К тому же, Поля вскоре знакомится с главным противником Вихрова — профессором Грацианским, который только укрепляет её неприязнь к отцу.

Начинается война. Друзья и близкие Поли один за другим уходят на фронт. Прежде, чем последовать за ними, она всё-таки посещает лекцию отца и убеждается в справедливости его взглядов. Потом она узнаёт и подлинную историю своих родителей — оказывается, это её мать ушла от Вихрова, которого никогда не любила и не смогла полюбить. Чуть позже Поле открывается другая сторона правды — о личности Грацианского, который повинен во всех смертных грехах, начиная с предательства друзей и заканчивая отречением от собственной дочери. С фронта Поля возвращается домой уже со спокойной душой. Она обрела настоящую семью, сблизилась с братом и поверила в отца. Он тоже возвращается на родину. При встрече Вихров сообщает родным новость: Грацианский, поняв, что вот-вот будет разоблачён, покончил с собой.

За этой историей стоит второй план — философский спор, в который превращается научная полемика главных героев. Благодаря ему «Русский лес» читается как роман идей, роман-дискуссия о месте человека в мире природы, о земной цивилизации, о смысле истории и об отношении людей к историческому опыту. Леонов доказывает, что стремиться к радикальным преобразованиям в науке и хозяйстве могут только люди, не верящие в изначальную мудрость бытия. Да, человек имеет право участвовать в жизни природы и даже направлять её, но он обязан делать это очень деликатно, бережно.

Особую тональность философскому спору придаёт третий план романа.

Леонов окутывает всё происходящее атмосферой волшебной сказки с отголосками древних мифов, которые по-своему объясняют вечные тайны мироздания. Кроме того, сказка привносит в роман детскую, наивную веру в торжество добра над злом. Как возникает ощущение чуда в философском, интеллектуальном романе советской поры, откуда приходит оно? Источником чудесного становится сам русский лес, воспитавший сначала Вихрова, а потом Полю, давший им силы выдержать всё и спастись, чтобы потом спасти его.

«Оттепель» (середина 50-х–60-е годы)

История неожиданно сделала резкий поворот — в 1953 году умер Сталин. Его смерть одних обрадовала, других опечалила, но никого не оставила равнодушным. Все понимали: страну ждут большие перемены. А в феврале 1956 года состоялся XX съезд Коммунистической партии Советского Союза, где выступил с закрытым докладом новый генеральный секретарь ЦК КПСС Никита Сергеевич Хрущёв. В нём впервые прозвучали слова «культ личности», разоблачавшие образ Сталина — «отца народов» и идеального вождя. Хрущёв впервые громко заявил о том, что сталинская политика была жестокой и во многом несправедливой. Это означало одно: наконец-то наступила свобода слова, которой ждали с 1953 года.

Культурная жизнь страны оживилась, новыми красками заиграли кино, театр, живопись, музыка и литература. Стало зарождаться экспериментальное, авангардное искусство, возобновился поиск новых форм и выразительных средств. И даже соцреализм заметно изменился, чтобы не отстать от времени. Он обратился к проблемам и интересам отдельного человека, перестал бояться сложных вопросов и конфликтов.

Однако новое правительство во главе с Хрущёвым не спешило дать народу полную свободу, стараясь сохранить контроль над общественной жизнью. Действия властей были очень противоречивыми, в них сочетались либеральность и авторитарность. Когда разворачивался скандал вокруг запрещённого «Доктора Живаго», в журнале «Новый мир» печатался рассказ Солженицына «Один день Ивана Денисовича» о жизни в сталинских лагерях. Те, кто разрешил проведение первой в СССР выставки великого испанского авангардиста Пабло Пикассо, отдали приказ разгромить выставку современного советского авангарда.

Всё это объясняет ту осторожность, с какой выражались новые идеи. Некоторые художественные явления, так и не разрешённые цензурой, ушли в подполье и стали развиваться тайно. А те, кто хотел донести своё слово до современных читателей, разработали сложный «эзопов язык» — систему иносказательных средств, помогавших «спрятать» критику того, что критиковать не разрешалось. Это заметно повысило общий уровень культуры, как творческой, так и читательской, потому что излишняя простота была одним из главных недостатков соцреализма.

Но основным пафосом тех лет всё-таки стало радостное предчувствие перемен, упоение первыми признаками свободы. Это настроение хорошо выразила повесть **Ильи Эренбурга** (1891—1967) **«Оттепель»**, опубликованная в 1954 году — она-то и дала название целому периоду в истории страны. Образ и в самом деле получился очень удачным, ведь оттепель — это ещё не весна, а лишь её приближение, первые тёплые дни после долгих зимних холодов.

Повесть Эренбурга символична, хотя и наивна. Впервые в производственном романе виновник всех бед — директор завода, то есть главный человек в коллективе. Для него перевыполнение плана было гораздо важнее жизни и здоровья рабочих, но никто, кроме него, не имел права на своё мнение. Люди разучились чувствовать себя свободными даже в личной жизни. И вот директора снимают с должности, вместо него приходит другой человек — и все празднуют начало новой жизни. Даже чувства, которые герои долго прятали друг от друга, наконец вырвались и заявили о себе.

Эта прозрачная метафора отражала веру в то, что после смерти Сталина и прихода к власти Хрущёва всё пойдёт по-новому. Впрочем, отношение к такой перспективе было разным. В обществе и в творческой интеллигенции произошёл идейный раскол: одни выступали за сохранение прежних устоев и принципов (их стали называть **«охранителями»**), другие хотели перемен. Впоследствии их назовут **«шестидесятниками»**, потому что именно они будут формировать культурный процесс в 1960-е годы, в частности, создавать литературу, «которая не отстаёт от жизни, а ведёт её за собой». Третий лагерь образовали **«почвенники»**, которые отстаивали не политические, а культурные идеалы — самобытность русского народа и необходимость возвращения к традиционным ценностям.

Важно отметить, что при этом никто не сомневался в идеалах коммунизма, а все пороки власти и общества объяснялись ошибкой, неправильной реализацией прекрасных идей. В этом свете снова начали читать Ленина — в его работах видели руководство к действию. Образ вождя возвращается в литературу, заметно изменившись: теперь его главные черты — это человечность, чуткость и способность к состраданию. В нём воплощали всё то, что хотели видеть в лидере страны и вообще в человеке, образ Ильича стал персонификацией идеала.

В конечном счёте, стремление к самостоятельности, независимости и искренности определило все главные тенденции литературы «оттепели». Обобщая картину литературного процесса 40—60-х годов, можно выделить несколько главных тематических направлений, определивших и основные направления стилистических поисков, насколько это было возможно в рамках социалистического реализма.

Поэзия

Лирика военных лет

Это одна из самых ярких страниц всей советской литературы, но для своих современников она играла совершенно особую роль. В те годы вся страна жила и дышала одними чувствами, на всех были одно общее горе и одна общая мечта, поэтому и стихи, даже глубоко личные, были созвучны переживаниям миллионов людей и приобретали массовую популярность. Так, стихотворение *Константина Симонова* (1915–1979) **«Жди меня»**, написанное в 1941 году как послание лирического героя любимой девушке, мгновенно разлетелось по всем фронтам, всем городам и весям Советского Союза — под этими строками мог бы подписаться каждый боец, их ждала каждая женщина:

> *Жди меня, и я вернусь.*
> *Только очень жди,*
> *Жди, когда наводят грусть*
> *Жёлтые дожди...*
> *<....>*
> *Жди меня, и я вернусь*
> *Всем смертям назло.*
> *Кто не ждал меня, тот пусть*
> *Скажет: — Повезло.*
> *Не понять, не ждавшим им,*
> *Как среди огня*
> *Ожиданием своим*
> *Ты спасла меня.*

И так же, как в тридцатые годы, любимые стихи легко становились песнями. «Землянка» *Алексея Суркова* (1899–1983), «Дороги» *Льва Ошанина* (1912–1997), «Случайный вальс» *Евгения Долматовского* (1915–1994), задушевные, полные тепла, любви и веры — лишь самые известные из них. Их пели знаменитые артисты, ездившие с выступлениями по госпиталям и воинским частям, пели солдаты и все советские люди.

Много пишет в эти годы *Михаил Исаковский* — его «Огонёк», «В прифронтовом лесу», «Враги сожгли родную хату», такие разные по интонации, стали одинаково дороги и бойцам, и их близким. На фронте рождаются первые стихи-песни *Алексея Фатьянова (1919–1959)*: проникновенные «Соловьи», «Где же вы теперь, друзья-однополчане?» и весёлые, задорные куплеты «Ничего не говорила».

Особенность военной лирики в том, что любовь к женщине в ней неотделима от любви к семье и родной земле, тоски по простой и спокойной мирной жизни. Именно вера в любимую и силу её чувства даёт герою силы выжить в любом аду, вернуться домой победителем.

> *Верю в тебя, дорогую подругу мою,*
> *Эта вера от пули меня тёмной ночью хранила...*
> *Радостно мне, я спокоен в смертельном бою:*
> *Знаю, встретишь с любовью меня, что б со мной ни случилось.*

> *Смерть не страшна, с ней не раз мы встречались в степи...*
> *Вот и сейчас надо мною она кружится.*
> *Ты меня ждёшь и у детской кроватки не спишь,*
> *И поэтому, знаю, со мной ничего не случится!*

(«Тёмная ночь»)

Это стихотворение *Владимира Агатова (1901–1967)* впервые прозвучало как песня в кинофильме 1942 года «Два бойца». Оно, как и многие стихи тех лет, не написано о войне, а рождено ею, и на первом плане здесь не война, а тот мир, за который она ведётся, который надо спасти во что бы то ни стало.

Наряду с камерной, лирической поэзией появлялись и стихи гневные, громкие, зовущие в бой — они тоже находили мощный отзвук в сердцах людей. Гимном военного времени стала песня «Священная война» на стихи *Лебедева-Кумача*. Она появилась буквально в первые дни войны и начиналась так:

> *Вставай, страна огромная,*
> *Вставай на смертный бой*
> *С фашистской силой тёмною,*
> *С проклятою ордой.*

Семён Гудзенко (1922–1953), Михаил Луконин (1918–1976), Михаил Дудин

(1916–1993), *Юлия Друнина* (1924–1991), *Сергей Орлов* (1921–1977), *Константин Ваншенкин* (1925–2012) — поэты фронтового поколения. В их лирике зародился так называемый психологический натурализм, особый подход к решению военной темы. Суть его хорошо выражена в словах *Александра Мéжирова* (1923–2009): «Я прошёл по той войне, и она прошла по мне». Юные поэты запечатлели в своих стихах то, что видели и чувствовали, то, о чём потом не могли забыть ещё много лет — ужас войны и смерти.

> Снег минами изрыт вокруг
> И почернел от пыли минной.
> Разрыв. И умирает друг.
> И, значит, смерть проходит мимо.
> Сейчас настанет мой черёд.
> За мной одним идёт охота...

(С. Гудзенко «Перед атакой»)

Гудзенко и его ровесники не стесняются писать о том, что им страшно идти в бой, не скрывают своего потрясения гибелью друзей, болью, страданием... Они убеждены: об этом нужно писать, потому что такова правда войны — не парадная, победная правда, а самая обычная, повседневная, которую знают все, кто месяцы и годы проводит в окопах, в крови и грязи, под огнём неприятеля. Спустя некоторое время «окопная правда» заявит о себе и в прозе, станет откровением для тех, кто не видел войну своими глазами.

В стихах *Давида Самойлова* (1920–1990) и *Бориса Слуцкого* (1919–1986), написанных уже после победы, и война и образ лирического героя предстанут иными, нежели раньше.

Поэмы 1941–1945 годов тоже сочетают в себе личное и общее, интимное и гражданское, только героический пафос в них гораздо сильнее, чем в лирике. Ещё большую убедительность ему придаёт оттенок исповеди, который имеют все эти произведения. *Вера Инбер* (1890–1972) пишет «Пулковский меридиан» как поэтический дневник, отражающий военные будни в деталях, «Февральский дневник» *Ольги Берггольц* (1910–1975) — картины жизни блокадного Ленинграда, беспощадные в своей суровой правде о голоде, лишениях, слабости тела и силе духа.

Конечно, в поэмах военного времени воспевается не только подвиг народа в целом, но и личный героизм тех, кто отдал жизнь ради победы. *Павел Антокольский* (1896–1978) посвящает свой лирический эпос сыну, погибшему на войне, а *Маргарита Алигер* (1915–1992) пишет поэму «Зоя» в память о подвиге школьницы-партизанки Зои Космодемьянской.

И всё же вершиной поэзии военных лет стал шедевр **Александра Трифоновича Твардовского** (1910–1971) — поэма **«Василий Тёркин»**. Лишённая трагического накала и монументально-героического сюжета, она показывает войну глазами простого русского человека, а его самого — как героя по необходимости, без пафоса, но с юмором, добротой и невольным восхищением.

Твардовский родился и вырос в деревне, там же начал писать стихи. С четырнадцати лет печатался в газетах, воспевая молодую страну и жизнь в ней. Однако вскоре семья была раскулачена и сослана на Север, а сам поэт избежал серьёзных неприятностей только потому, что официально отрёкся от родителей.

В 1936 году Твардовский переезжает в столицу и поступает на филологический факультет Московского института истории, философии и литературы (ИФЛИ). Тогда же была опубликована поэма «Страна Муравия», написанная ещё до студенчества, первое художественно интересное произведение молодого поэта. Фактически это гимн коллективизации, но автор находит для него очень необычную форму. Твардовский талантливо стилизует поэму под фольклор, используя песенные ритмы, огромное количество присказок, пословиц и поговорок, живые и колоритные словечки. Одна из сильнейших сторон его дара — умение объединить поэтическую речь с разговорной, делая свои стихи доступными и интересными даже самому простому читателю и при этом не отталкивая читателя искушённого.

Ещё в 1939 Твардовский в качестве корреспондента попал на финский фронт. Прошёл он и всю Великую Отечественную: «писал очерки, стихи, фельетоны, листовки, песни, статьи, заметки...». Тогда же писалась и печаталась в газете поэма «Василий Тёркин».

Её герой очень напоминает солдата из русских народных сказок, весёлого, находчивого, хитрого, готового сварить суп из топора. И в то же время он, безусловно, герой, с риском для жизни совершающий подвиги. Привлекательность образа состоит именно в том, что Тёркин — это живой и яркий характер, у него есть свои слабости, простые человеческие чувства и желания. Миллионы солдат узнали в нём своего — и прочитали за строками поэмы глубокую веру Твардовского в них, обыкновенных людей, способных, если нужно, одержать победу над сильнейшим противником и вернуть себе счастье мирной жизни. Это и было главной задачей поэта:

> *Я мечтал о сущем чуде:*
> *Чтоб от выдумки моей*
> *На войне живущим людям*
> *Было, может быть, теплей...*

Композиция поэмы была рассчитана на особенности военного времени. Твардовский «собирает» сюжет из отдельных эпизодов, чтобы, получая новый номер фронтовой газеты, бойцы знакомились с новыми приключениями любимого героя. Тёркин то в мороз переплывает реку, чтобы спасти взвод, оставшийся в тылу врага, то сбивает из винтовки немецкий самолёт, то лечится в госпитале, то чинит старые часы в доме, где остановился на постой...

О героических деяниях и автор и сам Тёркин говорят спокойно, с юмором — а рядом с шуткой всегда остаётся место для грусти о погибших и для серьёзного разговора о войне. Твардовский виртуозно меняет стиль и ритм, добиваясь естественного звучания и огромной силы воздействия на читателя. Так, в главе «Переправа», где гибнет множество солдат, читаем:

> *И увиделось впервые,*
> *Не забудется оно:*
> *Люди тёплые, живые*
> *Шли на дно, на дно, на дно...*
>
> *<...>*
>
> *А по почте полевой*
> *Не быстрей идут, не тише*
> *Письма старые домой,*
> *Что ещё ребята сами*
> *На привале при огне*
> *Где-нибудь в лесу писали*
> *Друг у друга на спине...*

А чуть ниже интонация становится бодрой, весёлой:

> *Взвод на правом берегу*
> *Жив-здоров назло врагу!*
> *Лейтенант всего лишь просит*
> *Огоньку туда подбросить.*
>
> *А уж следом за огнём*
> *Встанем, ноги разомнём.*
> *Что там есть, перекалечим,*
> *Переправу обеспечим...*

Заканчивается же глава строчками, которые раскрывают истинное содержание всей поэмы:

Бой идёт святой и правый.
Смертный бой не ради славы,
Ради жизни на земле.

Даже Бунин, ненавидевший всё советское, «Василия Тёркина» принял с восторгом: «Это поистине редкая книга: какая свобода, какая точность во всём и какой необыкновенный, народный, солдатский язык — ни сучка, ни задоринки, ни единого фальшивого, готового, то есть литературно-пошлого слова. Возможно, что он останется автором только одной такой книги, начнёт повторяться, писать хуже, но даже и это можно будет простить ему за «Тёркина». Однако Твардовский повторяться не стал.

Вторая половина 50-х и начало 60-х отмечены взлётом поэзии, подобным лирическому подъёму двадцатых годов. На волне «оттепельных» преобразований в литературу пришло целое поколение молодых авторов, вдохновлённых тем, что на их глазах и при их участии начинается новая эпоха. Помогло развитию современной поэзии и возвращение к читателю многих запрещённых имён. Снова стали печатать Ахматову, Есенина, Мандельштама, Цветаеву, и огромный интерес к их творчеству незаметно, но вполне естественно привёл молодёжь к открытию для себя богатейших традиций и художественного опыта русской и ранней советской поэтической классики. Лирика вновь обретает большое влияние на прозу и драматургию, становится поистине «формой времени». Невероятно популярны были во время «оттепели» поэтические вечера и Дни поэзии, регулярно проводившиеся во всех городах. На них приходили сотни и тысячи людей, заполнявших огромные залы и стадионы. В несколько раз выросли тиражи поэтических сборников, и всё равно книг не хватало — настолько быстро они раскупались. Стихи переписывали от руки, учили наизусть — это был лирический бум, охвативший всю страну.

Самое заметное направление «оттепельной» лирики создали поэты-«шестидесятники» — *Роберт Рождественский (1932–1994), Евгений Евтушенко (1933–2017), Андрей Вознесенский (1933–2010), Белла Ахмадулина (1937–2010).* Их «громкая поэзия» (иначе — эстрадная), получила своё название за огромные аудитории, где авторы читали свои стихи со сцены, как это десятки лет назад делал Маяковский, выступления которого имели такую же шумную популярность. Да и сама поэзия «шестидесятников» похожа на строки Маяковского яркими и смелыми метафорами, динамичным синтаксисом, решительной звукописью. В их стихи так же активно входят реалии нового мира и дух научно-технического прогресса, рождающий веру в безграничные возможности человека.

Открытием «громкой поэзии» становится её лирический герой (этот образ похож у всех «эстрадников»): обычный, рядовой человек, биография которого — биография поколения. Он родом из провинции, как и все, пережил голодное военное детство, да и сейчас его трудно различить в толпе. И этот человек живёт неожиданно напряжённой, драматичной внутренней жизнью, в его душе происходят сложные и мучительные процессы, напрямую отражающие всё, что происходит в стране. Вообще у него очень близкие отношения с обществом и временем, отношения кровного родства:

> Россия, любимая,
>
> с этим не шутят.
>
> Все боли твои — меня болью пронзили.
>
> Россия,
>
> я — твой капиллярный
>
> сосудик,
>
> мне больно когда —
>
> тебе больно, Россия.

(А. Вознесенский, поэма «Лонжюмо»)

Но такое родство никогда не вызывало гордости и самовозвеличивания у лирического героя «шестидесятников». Наоборот, он словно исповедуется читателю, открывает ему все свои тайные мысли, все недостатки и слабости наравне с достоинствами — ведь живой человек не может быть идеальным, хотя бы потому, что всю жизнь меняется под влиянием обстоятельств. А значит, незавершённость человека, противоречивость можно только приветствовать, поскольку она означает его способность развиваться и в то же время быть нестандартным. Тот, кто живёт так же, как все, оставаясь индивидуальностью, достоин уважения. Хорошо сказано об этом у Евгения Евтушенко:

> Я разный —
>
> я натруженный и праздный.
>
> Я целе-
>
> и нецелесообразный.
>
> Я весь несовместимый, неудобный,
>
> застенчивый и наглый,
>
> злой и добрый.

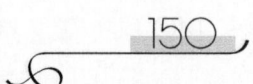

Я так люблю,

чтоб всё перемежалось!

И столько всякого во мне перемешалось —

от запада

и до востока,

от зависти

и до восторга!

Я знаю — вы мне скажете:

«Где цельность?»

О, в этом всём огромная есть ценность!

(«Пролог»)

А особенная ценность — в том, что лирический герой необычайно чуток к проблемам окружающих и любуется каждым из встреченных «простых людей». Это особенно характерно для героя поэзии Евтушенко. Мировоззрение и творческий принцип поэта открыто выражены в стихотворении под названием **«Людей неинтересных в мире нет»**. Кроме того, он сопереживает всем несчастьям настолько глубоко, что просто сливается со страдающим человеком, перевоплощается в него — и в этом таланте едины все поэты-«шестидесятники». Поэтому главная заслуга «громкой поэзии» в том, что она учила миллионы людей не быть равнодушными к человеческой боли, без промедления откликаться на непростые судьбы «простых людей» и на беды целого мира. Особенно важно, что «эстрадники» воспитывали читателей не казённым языком лозунгов, а живым примером искренних переживаний своего лирического героя.

Век популярности «громкой поэзии» оказался недолог, и в семидесятых годах она угасает. Причины тому лежат вне литературы — просто к этому времени стало ясно, что «оттепель» не превратится в настоящую весну, а свобода и гуманизм останутся в рамках, определённых властью. Именно тогда всерьёз пошатнулась вера в идеалы коммунизма. Это было тяжелейшим моральным потрясением для «шестидесятников», как и то, что читатель перестал верить их громким словам и призывам.

По-новому раскрывается в эти годы талант **Александра Твардовского**. В 1954 году он, главный редактор журнала «Новый мир», пытается опубликовать свою сатирическую поэму-сказку **«Тёркин на том свете»**. Это не продолжение легендарной «книги про бойца» — о ней напоминает лишь главный герой, по-прежнему весёлый и неунывающий, только теперь он оказался в загробном мире, мире мёртвых. «Тот свет» рисуется автором как зеркало «этого», как копия советского бюрократического аппарата, и то, что раздражает человека в реальной жизни, выглядит смешно, нелепо, абсурдно за её пределами, вне привычной обстановки. Приём оказался очень удачным — безжизненная и бесчеловечная система была представлена действительно мёртвой и ненужной даже там, где нет живых. Поэт высмеял всю иерархию «того света», не забыв и о Верховном, который «в Кремле при жизни склеп Сам себе устроил», а Тёркина всё-таки вернул обратно, к живым.

Тогда, на заре «оттепели» поэму так и не разрешили напечатать, а Твардовского за дерзость временно отстранили с поста главного редактора. Зато в 1963 сам Хрущёв одобрит книгу, она увидит свет, а многие строки быстро превратятся в афоризмы — настолько метко они бьют по порокам бюрократической системы, увы, до сих пор процветающей.

Но гораздо важнее для самого поэта была другая тема. Твардовский работает над поэмой **«За далью — даль»**, которую многие исследователи называют лирической эпопеей. Здесь объединились жанры путевого дневника (отразившего путешествие автора через всю страну, из Москвы на Дальний Восток) и дневника-исповеди (сюда вошли воспоминания и переживания лирического героя, вся работа его души). Замысел, возникший ещё в конце 40-х, был типичен для своего времени — панорама счастливой жизни Советского Союза, бурно обновляющегося после войны, и ода дружному вдохновенному труду всех его граждан, уверенно идущих в будущее. Но «оттепельные» перемены разрушили эту идиллию, и в работе наступил кризис. Потом возникла мысль — писать как раз об этом, о трудном прошлом и нелёгком настоящем, не только о том, что вдохновляет, но и о том, о чём стыдно и больно вспоминать. Так появилась, например, глава «Друг детства» — о встрече с человеком, который возвращается домой из заключения. Говоря о сталинских репрессиях, Твардовский не ограничивается обвинениями в адрес вождя и режима. Главное, что его мучит — чувство личной ответственности и вины. Герой находит себе частичное оправдание в том, что разделил заблуждения и ошибки всего народа.

Здесь нет лицемерия или малодушия, просто лирическому герою, да впрочем, и самому автору, очень трудно изгнать из сознания прежнюю веру. Об этом вторая часть поэмы, где немало размышлений о Сталине, его личности и культе личности, тесно связанных с народной психологией: «О людях речь идёт, а люди Богов не сами ли творят?» Несмотря на такую осторожность в оценках, Твардовский, тем не менее, не снимает груза ответственности с каждого, в том числе и с себя. Устами своего героя он говорит:

Я жил, я был — за всё на свете
Я отвечаю головой.

Это признание — не дань времени, а искренняя позиция поэта. С годами она лишь укрепится и найдёт своё окончательное воплощение в поэме **«По праву памяти»** (1968–1969). В ней Твардовский уже не щадит ни себя, ни народ. Центральную роль здесь играют воспоминания — о своём прошлом и прошлом семьи, в котором отражается история и трагедия страны. Автор, сливаясь с лирическим героем, признаёт свою вину перед отцом и восстанавливает его доброе имя, защищает его человеческое достоинство. Теперь он уже не стремится к осторожности, потому что как никогда уверен в своей правоте.

Цель поэта — найти правду о времени и людях, разбудить сознание современников, не дать им впредь обманывать себя и скрывать истину от потомков. Он упорно шёл к этой цели во имя трагического прошлого родины и её достойного будущего, ибо —

Кто прячет прошлое лениво,
Тот вряд ли с будущим в ладу.

(«По праву памяти»)

Особое место среди авторов той поры занимал **Булат Окуджава** (1921–1997), творчество которого нельзя отнести ни к одному течению, ни к одной поэтической школе. Скорее, он создал своё собственное движение, позднее получившее название «авторской песни». Это тоже была звучащая поэзия, только Окуджава не читал стихи, а пел их, подыгрывая себе на гитаре. Так в литературе появился новый жанр — стилизация под городской фольклор, проще говоря — самодеятельные дворовые песни.

Такой ход позволил поэту говорить о простых людях от их имени, их собственными словами, совсем уничтожая дистанцию между героем и читателем-слушателем. Главный пафос песен Окуджавы — душевность, обаяние простых человеческих чувств. Именно эта интонация сделала его лирику очень популярной. Да и мир, где живут его герои, понятен и близок любому: «Ах, Арбат, мой Арбат, ты — моё отечество...» — поётся в одной из песен. Арбат — одна из старых улочек в сердце Москвы — тогда был по духу своему безмерно далёк от нарядных, официальных проспектов и площадей, но его маленькие дворики сближали и роднили соседей гораздо надёжнее, чем любая идея. Люди Арбата — «люди невеликие», но дорогие поэту. Принципиальное отличие Окуджавы от остальных «шестидесятников» и от более ранних советских лириков в том, что он упорно не хочет искать вокруг себя ничего исключительного, особенного. Его художественный мир соткан из повседневности, которая наполнена не проблемами и болью, а тихим удовольствием от жизни. В этом мире каждый уверен: «если другу станет худо и вообще не повезёт», обязательно рядом будет кто-то, кто «протянет ему... руку — и спасёт». Поэтому лирическому герою Окуджавы неважно, какие идеи и иллюзии владеют обществом, какие разочарования постигают современников — он знает формулу спасения от любой беды: «Возьмёмся за руки, друзья, чтоб не пропасть поодиночке!».

Поэзия Окуджавы близка по духу интимной фронтовой лирике, поскольку именно на войне он, тогда восемнадцатилетний мальчик, понял, насколько хрупка человеческая жизнь и насколько важны в ней тепло и доброта. Эту идею он пронёс через всю жизнь и сумел донести её до сердец многих поклонников своего творчества:

> *Давайте восклицать, друг другом восхищаться,*
> *Высокопарных слов не стоит опасаться.*
> *<...>*
> *Давайте жить, во всём друг другу потакая, —*
> *Тем более, что жизнь короткая такая.*

Проза

В годы Великой отечественной войны небывалый расцвет переживает **документальная литература**. Причины этого очевидны: все ждали информацию с фронта, любые известия были ценными, как никогда. Очерк стал одним из самых популярных жанров, всё больше и больше сближая литературу с публицистикой. Прекрасными очеркистами показали себя Алексей Толстой, Михаил Шолохов и многие другие писатели.

За очерком следовал другой публицистический жанр — эссе, мастером которого был Илья Эренбург. Он умело сочетал факты и эмоции, наблюдения и впечатления, добиваясь большой выразительности.

Военная проза

Художественная литература военных лет развивается в малых формах —

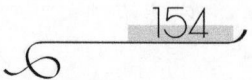

жанрах рассказа и повести. Они вошли в золотой фонд советской литературы, определив дальнейшее развитие в ней военной темы.

В художественную прозу вернулся психологизм. Герои-фронтовики оказались не только под огнём врага, но и в ситуации постоянного нравственного выбора. Когда смерть ходит совсем рядом, трусость или мужество, эгоизм или самопожертвование, верность или предательство — не просто громкие слова. От них зависит жизнь самого человека и его товарищей по оружию. Война стала серьёзным испытанием, проверкой всех человеческих качеств, и это отразилось во многих произведениях, например, документально-психологической повести **Александра Бека** (1903–1972) **«Волоколамское шоссе»** (1944) об обороне Москвы в сорок первом году. Автор из личного опыта знал, как нелегко делать выбор между жизнью и честью, преодолевать страх и не терять присутствия духа.

Героизм и подвиг тоже были неотъемлемой частью Великой Отечественной войны. Многие писатели на основе реальных фактов создавали книги о тех, кто отдал жизнь во имя Родины.

Василий Гроссман (1905–1967) в повести **«Народ бессмертен»** (1942) рассказывает о том, как отряды советской армии вырываются из немецкого окружения. Почти все эти люди гибнут, но благодаря им сдерживается натиск фашистов. Смерть одних становится спасением для многих других, а отвоёванное для страны мирное будущее — наградой и вечной славой павшим. Отдавая дань своему времени и говоря о единстве партии и народа, писатель, тем не менее, объясняет победу русских солдат более глубокими причинами. Как это делал сотни лет назад автор «Слова о полку Игореве», Гроссман с помощью традиционных фольклорных образов показывает неравнодушие самой земли к тому, что на ней происходит. Родная природа поддерживает своих сыновей, воюет вместе с ними. Птицы, кружась над головой солдата, «восхваляют его смелость, веселье, доброту», «вечерний ветер звучит» в тёмном лесу «спокойным голосом». А видя позорный поступок труса, природа сурово судит его, как могли бы осудить предателя бывшие боевые товарищи.

Многочисленные лирические отступления — о разрушенном мирном городе, о зверствах фашистов, о русском небе, о белой берёзе, о подвигах погибших за родину героев — постепенно перерастают в обобщающие философские размышления автора, звучащие, тоже в духе времени, взволнованно и эмоционально.

Ещё одна особенность военной прозы — это утверждение нечеловеческой жестокости фашистов. В 1942 году Шолохов пишет рассказ «Наука ненависти», где показывает, как война меняет характер человека. Зверства фашистов порождают в душе простого парня, от природы доброго и мягкого, ненависть к врагу и непреклонную решимость бороться с ним всеми средствами. Шолохов почувствовал, что успех войны напрямую зависит от боевого духа советских воинов. Побеждать в бою — значит убивать, но нормальный человек не может нести смерть другому под знаменем добрых чувств. Чтобы бить врага, нужно его ненавидеть, ненавидеть отчаянно, всем сердцем.

Ужас немецких концлагерей, массовые расстрелы, издевательства фашистов над женщинами и детьми, конечно, не были выдумкой солдат или идеологов. Но если, рассказывая о гражданской войне, многие писатели старались быть объективными и понять правду обеих сражающихся сторон, то сейчас для советских людей существовала только одна правда: захватчики бесчеловечны, это звери, которых надо уничтожать.

Постепенно оборона Советского Союза превратилась в непримиримую борьбу с фашизмом, до полной его победы и освобождения всей Европы от этой угрозы. Движимые любовью к родной земле и ненавистью к тем, кто принёс на неё смерть и разрушение, советские солдаты, ещё недавно бывшие мирными колхозниками, рабочими или научными сотрудниками, сумели остановить и разгромить гитлеровскую армию, которая легко покорила половину континента. В мае 1945 был взят Берлин, на куполе рейхстага появился красный советский флаг, а Гитлер, чтобы избежать позора, покончил с собой.

Духовный подъём, породивший расцвет литературы в годы войны, после неё ещё долго держался на воспоминаниях о недавнем прошлом. Но теперь, когда не требовалась мгновенная реакция на новости с фронтов, когда появилось время и необходимая дистанция для более глубокого осмысления отдельных событий и всего хода войны, стали возвращаться крупные жанры прозы, к психологизму присоединился философский подтекст.

Продолжают развиваться две главные линии, которые были намечены ранее, почти противоположные по своему пафосу и художественным средствам. Первая из них — героическая, по-прежнему воспевающая подвиги и беспримерное мужество советских людей. Теперь эти сюжеты и характеры приобретают ещё более отчётливый романтический колорит, создавая галерею идеальных образов, очень скоро превращённых идеологами в образцы для подражания, в мощное воспитательное средство.

Поистине знаковым в этом смысле стал роман **Александра Фадеева** (1901–1956) **«Молодая гвардия»**, законченный и опубликованный в 1946 году. Писатель строит свою книгу на документальной основе, рассказывая историю подпольной организации, созданной молодёжью маленького южного городка Краснодона, чтобы вести партизанскую борьбу в тылу у немцев. Подвиги этих юношей и девушек, вчерашних школьников и школьниц, их самоотверженность, упорное противостояние фашистам и героическая, мученическая смерть не были выдуманы Фадеевым. Но ему удалось придать этим образам столько поэтичности, внутренней и внешней красоты, что исторический сюжет романа почти превратился в легенду о смертельной схватке Добра и Зла, Прекрасного и Безобразного. Даже гибель молодогвардейцев предстаёт их победой, духовным торжеством над злобным бессилием фашистов. «Молодая гвардия», бесспорно, стала одной из самых ярких и значительных книг послевоенного десятилетия и вызвала огромное количество подражаний.

Интересна повесть **Эммануила Казакевича** (1913–1962) **«Звезда»**, написанная в том же году. Здесь героизм горстки людей, сдерживающих натиск немцев и сознательно идущих на смерть, приобретает не только романтическое, но и философское звучание. Автор заставляет читателя увидеть войну как глобальное, космическое событие, грозящее апокалипсисом, то есть концом света. Такой угол зрения придавал военной теме необычную для советской литературы, слегка мистическую окраску.

Более традиционна **«Повесть о настоящем человеке»** *Бориса Полевого* (1908–1981). В её основе также лежит реальная история — биография военного лётчика Алексея Маресьева. Герой, которому писатель дал фамилию прототипа, изменив в ней всего лишь одну букву, чудом остаётся жив после того, как его самолёт падает в немецком тылу. Раненый, Мересьев не может идти и ползком, по снегу, в жестокий мороз, скрываясь от врагов, голодный и обессилевший, ценой нечеловеческих усилий прорывается через линию фронта, к своим. Он теряет обе ноги, но не хочет доживать свой век инвалидом. Герой заново учится ходить на протезах и долгими тренировками добивается того, что снова садится за штурвал самолёта, возвращается к работе.

В этой повести одинаково важны и сам образ, и его контекст. Писатель показывает, что героизму есть место не только на войне, но и в мирной жизни. Подвиг — это не только готовность отдать свою жизнь, но и умение её сохранить ради будущих свершений; умение переступить через боль, неверие, через невозможность, чтобы снова приносить пользу обществу. Тем самым Полевой делает шаг вперёд в развитии героико-романтического направления советской прозы, адаптируя его к новому времени.

Вторая тенденция в литературе о войне, набирающая силу после Победы — психологический натурализм. Его поэтика рисует не подвиг, но военные будни —

привычные, долгие, утомительные, грязные, совсем не романтические. Писатели-«натуралисты» не отрицают героизма советских солдат, но свою задачу видят в другом.

Программным произведением этого направления стала повесть **Виктора Некрасова** (1911–1987) **«В окопах Сталинграда»** (1946). Она о Сталинградской битве, одном из решающих сражений Великой Отечественной, но главный конфликт неожиданно разворачивается не между воюющими сторонами, а по одну сторону от линии фронта, среди своих. Это нравственный конфликт, раскрывающий серьёзное противоречие внутри советского общества. Война обнажает и демонстрирует то, что раньше легко было скрывать: люди как-то незаметно разделились на две категории. Одни, прикрываясь красивыми и идейно правильными фразами, заботятся лишь о своих интересах, другие без лишних слов идут на жертву во имя того, что им дорого, при этом стараясь сохранить собственное достоинство. И оно определяется уже не «политической зрелостью» или «идейной стойкостью», а совсем иными критериями. «А вот вытащил бы он меня, раненого, с поля боя?» «Пошёл бы я с ним в разведку?», — спрашивают себя герои Некрасова. Оказывается, простые и определённые ответы на эти вопросы говорят о человеке гораздо больше, чем самые развёрнутые характеристики.

Писатель легко убеждает нас в том, что на жизнь, смерть и людей надо смотреть без прикрас и иллюзий. Громкие фразы кажутся насквозь фальшивыми после того, как видишь войну глазами героев повести: «Я помню одного убитого бойца. Он лежал на спине, раскинув руки, и к губе его прилип окурок. И это было страшней всего, что я видел до и после на войне. Страшнее разрушенных городов, распоротых животов, оторванных рук и ног. Раскинутые руки и окурок на губе. Минуту назад была ещё жизнь, мысли, желания. Сейчас — смерть».

Повесть Некрасова оказала настолько сильное влияние на художественное сознание других писателей и умы читателей, что и спустя двадцать лет её, наряду с «Молодой гвардией», называли самой сильной книгой послевоенного времени.

С приходом «оттепели» настало время вспоминать о войне в новой тональности. Две главных тенденции времени: лиризм и разоблачение определили две соответствующие литературные тенденции.

Первая из них воплотилась в жанре **фронтовой лирической повести**. В те годы работало целое поколение прозаиков, которые в сорок первом году были почти детьми, а в сорок пятом — уже мужчинами. На войне они научились не просто воевать, но и вообще жить, поэтому уникальный личный опыт взросления наложился для них на трагический опыт страны. Огромный вклад в библиотеку фронтовой прозы внесли *Григорий Бакланов* (1923–2009; повести «Южнее главного удара» и «Пядь земли»), *Юрий Бондарев* (род. в 1924; «Батальоны просят огня» и «Последние залпы»), *Василь Быков* (1924–2003; «Журавлиный крик», «Третья ракета», «Фронтовая страница»), *Константин Воробьёв* (1919–1975; «Крик» и «Убиты под Москвой»), *Виктор Астафьев* (1924–2001; «Звездопад»).

Литературным учителем поколения стал Виктор Некрасов, а художественным ориентиром — его «психологический натурализм». Так называемая «лейтенантская проза» рубежа 50—60-х годов вводит одно из главных понятий, без которых сейчас невозможен серьёзный разговор о войне — понятие «окопной правды». Юрий Бондарев объяснял его так: «Окопная правда... — это очень высокая достоверность. <...> Это те подробности взаимоотношений солдат и офицеров, без которых война выглядит лишь огромной картой. Это подробности характера... А в героизм входит всё: от мелких деталей (старшина не подвёз кухню) до главнейших проблем (жизнь, смерть, честность, правда)».

Очень жёсткие, натуралистические описания ничего не преувеличивают, а всего лишь называют вещи своими именами. И это не субъективный взгляд молодого испуганного повествователя — напротив, герои «лейтенантской прозы» способны видеть мир очень поэтично, а пейзажные картины, «замеченные» ими в минуты между боями, поражают читателя лиризмом, который резко контрастирует с ужасами соседних эпизодов. На самом деле это две стороны одной медали: юный герой открывает для себя чудо жизни, и это переживание особенно сильно именно потому, что жизнь висит на волоске.

Самое необычное в этих книгах о войне то, что их конфликт не имеет отношения к самой сути войны, к борьбе двух армий. Сражения играют роль фона, на котором разворачиваются главные события. Нечто подобное было и у Некрасова («В окопах Сталинграда»), однако «лейтенантская проза» шагнула ещё дальше, совсем отказавшись от идеологии, не затрагивая темы воинского долга, защиты отечества и т. п. На первый план вышла чисто нравственная проблема — проблема совести.

В повести Бакланова **«Пядь земли»** есть очень выразительный образ: два берега реки Днестр. Правый берег — это передовая, где день за днём идут бои, льётся кровь, гибнут люди. Левый — тыл, и там намного спокойнее, тише, меньше риска. Но река делит не только землю, она разделяет и людей. Есть те, кому совесть не позволяет прятаться от опасности, когда другие идут на смерть, и они всегда оказываются на «правом берегу», даже ранеными убегая из госпиталя обратно на фронт. Есть и такие, кто всеми правдами и неправдами старается остаться на «левом берегу», отсидеться за спинами других.

Бакланов, как и другие писатели-фронтовики его поколения, доказывает, что нравственная проблема легко превращается в социальную, и в условиях войны это особенно очевидно: за ложь, подлость и трусость одних всегда расплачиваются другие, порядочные и совестливые люди. На фронте они платят своей жизнью, поэтому подлецам нет и не может быть прощения. Такие жестокие уроки получают юные герои, так они учатся жить, и школа эта становится самой главной в их жизни. Впервые в истории литературы соцреализма моральные качества оказываются важнее всех прочих ценностей.

На исходе «оттепели», к концу 60-х годов в литературе о войне обозначилась ещё одна тенденция. В отличие от психологического подхода «лейтенантской прозы», она предпочитала масштабное, всестороннее изображение военных событий. Это был отклик на требование времени — общество хотело знать правду обо всём, что происходило в течение четырёх лет на всех фронтах и в тылу, в окопах и в штабах, среди солдат и командиров. Несмотря на громкую критику «культа личности», правительство Хрущёва оставило закрытыми многие архивы с секретными документами сталинской эпохи, поэтому даже историки, не говоря уже о широких массах, так и не имели целостного представления о Великой Отечественной войне.

Писатели постарались восполнить столь серьёзный пробел, и, не имея доступа к официальной информации, опирались в своей работе на воспоминания участников войны, мемуары военачальников, собственный фронтовой опыт и прочие факты. Сопоставляя их, эти авторы стремились создать панораму военных событий. В результате появлялись большие романы-эпопеи, особое место среди которых занимает трилогия **Константина Симонова «Живые и мёртвые»** (1959–1970). Её автор, работавший военным корреспондентом газеты «Красная звезда», своими глазами видел отступления, атаки и контратаки, поражения и победы советской армии, но, в отличие от бойцов, бывал на разных фронтах и знал войну с разных сторон. Симонов проводит главных героев через события трёх лет войны, от её начала до лета 1944, оставляя их там же, где встретил — в Белоруссии, под Могилёвом. Композиционное кольцо замыкается, и оно помогает писателю показать духовный и профессиональный рост действующих лиц, изменение масштаба их мышления.

Трилогия рассказывает не только о героизме защитников родины, но и о трагизме войны. Автор размышляет об ошибках командования (порой преступных), затрагивает тему репрессий 30-х годов. Постепенно, по мере развития сюжета, советская армия воюет всё лучше и лучше. Это видно не только в победном продвижении войск к границе — для Симонова главным показателем становится то, что командиры начинают беречь жизни солдат.

Чтобы создать масштабное историческое повествование, писатель задействует в нём более двухсот персонажей, даже не пытаясь проследить за судьбой каждого из них. Многие персонажи в какой-то момент выпадают из поля зрения автора. «Я оборвал эти судьбы сознательно... <...> Как раз в этой неизвестности и состоит одна из главных драм войны», — писал Симонов. Тем не менее, все действующие лица трилогии очень индивидуальны, их пути несхожи. Журналист Синцов, переживший отступление и окружение, становится рядовым бойцом, а потом и командиром взвода. Профессиональный военный Серпилин, перед войной осуждённый по политической статье и освобождённый досрочно только благодаря нехватке на фронте знающих людей, начинает воевать командиром полка, а в последней книге уже командует целой армией. Образ Серпилина обеспечивает единство трёх романов и служит нравственным центром всего повествования.

Трилогия «Живые и мёртвые» очень сильна созданным в ней образом народа, который не превращается в безликую массу, а, напротив, имеет психологическую глубину и сложность, состоит из множества индивидуальностей, говорит огромным количеством голосов. Тем печальнее для Симонова феномен массового сознания: он объясняет даже культ личности желанием мыслить и чувствовать, «как все», не искать правду в одиночку, а слепо верить вместе с миллионами.

Итак, военная тема помогает соцреализму открыть для себя драматизм отношений между народом, личностью и историческим процессом, возвращает литературу к забытой за полвека проблематике двадцатых годов.

Молодёжная проза

Не только прошлое, пусть и великое, привлекало внимание литературы этого периода — современность вызывала не меньший интерес. Голосом эпохи стало так называемое «четвёртое» поколение, то есть литературная молодёжь (*Анатолий Кузнецов* (1929–1979), *Анатолий Гладилин* (1935–2018), *Владимир Войнович* (1932–2018), *Василий Аксёнов* (1932–2009).

Вполне логично, что их произведения откликались в первую очередь на духовные запросы сверстников, отражая их жизненную позицию и искания. Герои молодёжной прозы — юноши и девушки, только закончившие школу и стоящие на пороге взрослой жизни. Они ко всему относятся иронично-насмешливо, а потому не могут обрести цель и смысл жизни, конфликтуя с окружающим миром. Главная причина конфликта — это кризис веры: ведь мир оказывается не таким, каким его представляли по книгам и фильмам.

Проза четвёртого поколения воссоздаёт молодёжный стиль той поры: стиль поведения, одежды, речи. Советская литература неожиданно сближается с американской и европейской прозой 50—60-х годов, также отразившей кризис молодёжного сознания и все те процессы, которые привели Запад к «студенческим революциям» и вдохновили движения битников и хиппи. Разница же состоит в том, что герои зарубежной литературы, не принимая современное им общество, часто уходят в свою культуру, а советская молодёжь не теряет надежды изменить всё к лучшему, переделать старый мир.

В повести Аксёнова **«Коллеги»** (1960) молодые герои, выпускники медицинского института хотят «жить взволнованно», а грубая и некрасивая действительность грозит затянуть их в болото цинизма и приспособленчества. Однако герои выдерживают испытание, в одиночку борются с вымогательством и воровством — и побеждают их (хотя бы в лице отдельных персонажей), доказывая свою профессиональную и человеческую состоятельность.

Интересно развивается в рамках молодёжной прозы конфликт отцов и детей. Вначале отцы-фронтовики и их ценности были непререкаемым авторитетом для юных бунтарей, отрицающих всё остальное. Но вскоре и эти авторитеты теряют силу, потому что отцы и деды «вещают с пафосом 14-го года», их слова шаблонны, их мышление несвободно, а ценности были навязаны идеологией и давно утратили смысл. Уже следующая повесть Аксёнова **«Звёздный билет»** (1961) представляет отношения поколений именно в таком свете. Бунт «звёздных мальчиков» — это протест против любых стандартов, защита права быть самим собой и лично распоряжаться своей судьбой.

Герои не просто противопоставляют себя миру старших, они делают это очень демонстративно. Особую роль начинает играть язык — молодёжь создаёт свой жаргон, чтобы даже в речи не зависеть от нормы, не быть «как все». В «Звёздном билете» есть один любопытный эпизод: Юрка, всегда говоривший только на жаргоне, вдруг влюбляется в «культурную» девушку и под её влиянием переходит на правильный литературный язык. «Лажо́вый спектакль, — говорит он. Линда наступает ему на ногу, и он поправляется: — Не производит впечатления этот спектакль». «Вот так и гибнут лучшие люди», — мгновенно реагирует Димка.

Дерзкие мальчики, во весь голос кричащие о своей индивидуальности, способны пробуждать её даже в людях старших поколений. Брат аксёновского

Димки, Виктор говорит так: «Вы больны болезнями, типичными для юношей всех эпох. Но что-то в вас есть особенное, такое, чего не было даже у нас, хотя разница — какой-нибудь десяток лет».

Таким образом, молодые авторы, писавшие о молодых, как оказалось, писали не только для них — их проза, в лучших традициях русской литературы, была рассчитана на всех неравнодушных людей, готовых менять мир и меняться вместе с ним ради достижения идеала и обретения собственного достоинства.

Деревенская тема

После долгих лет исключительного внимания литературы к индустриальной проблематике, покорению природы и освоению новых ресурсов взгляд писателей наконец обратился и к жизни села. Неожиданно оказалось, что там тоже многое изменилось и продолжает меняться. После войны колхозы и совхозы, разрушенные так же, как и города, должны были не только восстановиться, но и увеличить объёмы производства, чтобы спасти страну от голода. Не сразу, но это удалось сделать, ценой невероятных усилий — послевоенная политика в области сельского хозяйства очень напоминала «военный коммунизм».

К моменту наступления «оттепели» проблема голода в Советском Союзе уже была решена, но многие проблемы деревни остались и требовали серьёзного анализа. Одна из них — переезд сельских жителей в города, к более обеспеченной жизни. То, что было невозможно при жизни Сталина (колхозники просто не имели паспортов, с которыми могли бы свободно перемещаться по стране), стало реально после его смерти. Впрочем, как показало время, такая свобода привела к ослаблению деревни, а в конечном счёте и к её постепенному вымиранию. Опасность происходящих перемен сразу почувствовали те, кто был ближе к земле. Писатели, сами родившиеся в глубинке и не утратившие связи с ней, первыми начали привлекать внимание читателей к деревенским проблемам.

Новая тема шла к читателю разными дорогами. Во-первых, она выдвинула вперёд жанр **очерка**, как бы доказывая свою актуальность живыми фактами, наблюдениями, документальными зарисовками. Кроме того, очерк — публицистический жанр, поэтому он позволяет автору высказываться прямо, не облекая свои идеи и призывы в образную форму. «Неприкрытая» правда вообще была одним из девизов «оттепели», и очерковая форма стала прекрасным способом её воплощения — не случайно *Валентин Овечкин* (1904–1968) со своей книгой «Районные будни» (1952–1956) явился одним из первопроходцев не только деревенской прозы, но и всего нового литературного движения.

Во-вторых, для большинства авторов, писавших о жизни и проблемах села, эта тема была очень личной, выстраданной, что и подсказало им жанр **лирического дневника**. Он удачно объединил документальную основу с глубиной переживания, помог вызвать особое доверие и сопереживание читателей, не отнимая у автора «дневника» возможности открыто выражать свою позицию. «Владимирские просёлки» (1957) *Владимира Солоухина* (1924–1997) — одно из самых ярких произведений этого ряда. Главный герой сорок дней путешествует вместе с женой по родной земле Владимирской области и замечает то, что скрыто от глаз чужака-горожанина. Стремясь к объективности, писатель всегда находит способ сохранять в повествовании поэтическую нотку, и, например, рядом с рассуждениями о практике лесного хозяйства даёт рассказ о том, что на озере Чистеньком есть маленькое чудо — «плавучий островок, величиной с лодку, с кустарником и даже земляникой. Жители местные держат его на привязи у берега и, если нужно, катаются на нём».

В то же время проблемность деревенской прозы порождала и произведения, гораздо более драматичные по своему звучанию. *Александр Солженицын* (1918–2008) в 1963 году выступил с повестью «Матрёнин двор» (она стала его единственным, но очень удачным обращением к теме деревни).

Настоящий расцвет деревенской прозы начался в конце 60-х годов, когда в литературу пришло целое поколение авторов, родившихся в деревне и пишущих исключительно о ней: *Фёдор Абрамов* (1920–1983), *Василий Белов* (1932–2012), *Валентин Распутин* (1937–2015). Они сумели найти уже не публицистические или лирические, а художественные пути освоения этой темы. И всё же главные свершения «деревенщиков» приходятся уже на следующий после «оттепели» историко-литературный период.

В целом же литературный процесс был гораздо сложнее и разнообразнее, чем это может показаться при делении писателей и их произведений на группы. Ни к одной из них нельзя отнести, например, творчество *Валентина Катаева* (1897–1986). Автор социально-критических книг в 20-е годы, классик производственного романа и историко-революционной темы в 30-е, теперь он разрабатывает новый творческий принцип — «мовизм» (от французского слова mauvais — «плохо»). Как иронически говорил сам Катаев, «в пору, когда все пишут хорошо, надо попробовать писать плохо». Мемуарные повести «Святой колодец» (1966) и «Трава забвения» (1967) больше похожи на яркие пятна случайных воспоминаний — в западной литературе это называли «потоком сознания». Автобиографический роман «Разбитая жизнь, или Волшебный рог Оберона» (1972) состоит из 250 новелл, где писатель заново погружается в детство, знакомится с миром. Рассказы расположены в свободном порядке, подчиняясь ассоциациям, а не строгой логике.

«Мовизм» Катаева получил довольно широкое признание, поскольку удачно выразил саму атмосферу «оттепели» с её ломкой стереотипов и свободой выражения личного, индивидуального начала.

Драматургия

Расцвет театра тоже наступил в годы «оттепели», так как она принесла с собой повышенное внимание к частной жизни людей. По сравнению с масштабной проблематикой драматургии предыдущих десятилетий, конфликты современных пьес казались мелкими и незначительными. Повседневность, возвышенная до драмы, открывала в себе новые (вернее, хорошо забытые) стороны и в первую очередь — психологическую глубину.

В драматургию тоже приходит новое поколение авторов, которые возвращают к жизни «мещанский» жанр **мелодрамы.** Герои не стесняются своих чувств и не скрывают их, легко впадают в крайности, плачут и смеются, устраивают громкие скандалы и трогательные примирения. Их проблемы и современны и вечны, что только усиливает драматизм происходящего на сцене.

Основной конфликт, решаемый в большинстве «оттепельных» мелодрам — это противоречие между социальным стандартом и индивидуальными потребностями человека. Особенно удачно оно представлено в пьесах ***Виктора Розова*** (1913–2004) и *Александра Володина* (1919–2002).

Герои разного возраста и с разными «биографиями» оказываются равны перед этой проблемой, и им приходится делать сложный выбор: жить так, как принято, и равняться на общественное мнение — или идти своим путём. Чаще всего такой конфликт перерастает в философскую дилемму: иметь или быть? Общепринятый стандарт требует от человека строить карьеру, добиваться престижного и материально выгодного положения. Что же делать, если это не удаётся или просто неинтересно? Как сохранить себя, не потеряв уважения окружающих? И что выбрать, если жизнь не даёт шанса на компромисс?

Так, в пьесе Володина **«Пять вечеров»** встречаются два неудачника — когда-то близкие друг другу люди, у которых так и не сложилась ни личная, ни профессиональная жизнь. Ильин, в прошлом талантливый студент-химик, после исключения из института и окончания войны сменил много мест работы, пока не осел где-то инженером. Тамара, его юношеская любовь, тоже не слишком преуспела — училась на курсах медсестёр, воспитывала племянника-сироту, потом работала на фабрике. Оба они в глубине души стыдятся своей несостоятельности, поэтому в разговоре притворяются довольными жизнью и работой. Только давнее, но ещё живое чувство помогает Тамаре и Ильину переступить через самолюбие и понять, что настоящее достоинство не зависит от того, где и кем ты работаешь. Формулы успеха теряют силу перед искренним участием, пониманием, любовью. Лишь решившись сбросить маски, герои находят покой и долгожданное счастье.

Розов же вывел на сцену юных героев, которых скоро стали звать просто «розовскими мальчиками и девочками». Все они — оптимисты с ясными представлениями о жизни, никогда не сомневаются в том, что хорошо, а что плохо. Они бескомпромиссны и не боятся открыто высказывать своё мнение («В поисках радости» (1957), «Перед ужином» (1962), «В дороге» (1962)).

Индивидуальность человека в таких мелодрамах проявляется исключительно через речь. Диалоги подчёркнуто не сценичны, наполнены эмоциональными словечками, шутками, которые герои легко придумывают на ходу, острыми репликами — всё это раскрывает индивидуальность персонажей доказывает их внутреннюю силу.

«Оттепельные» пьесы интересны органичным сочетанием романтики с актуальными проблемами современности, стремлением защитить «старомодные» идеалы от прагматизма, пробудить в людях желание иметь собственное мнение и отстаивать его. Эта установка хорошо соответствовала общему настрою эпохи и способствовала обновлению советского театра.

На этой волне в 1956 году был организован знаменитый театр «Современник» под руководством Олега Ефремова — он открылся постановкой пьесы Розова **«Вечно живые»**. Возвращая зрителя в годы Великой Отечественной войны, спектакль рассказывал о любви, верности и предательстве, о том, что свойственно человеку во все времена. Молодые актёры сумели создать новую театральную эстетику, позволившую за правдой о повседневной жизни человека увидеть правду о его чувствах и переживаниях.

Драматургия тех лет активно выходила на киноэкраны. По пьесам Розова, например, не раз снимались фильмы, а «Летят журавли», поставленный Михаилом Калатозовым по «Вечно живым», в 1958 году получил главный приз на международном кинофестивале в Каннах и имел шумный успех во многих странах мира. Так заново утверждался авторитет советской литературы, завоёвывалось признание зарубежных зрителей и читателей.

Александр Исаевич Солженицын

Александр Солженицын (1918—2008) резко выделяется среди других авторов «оттепели» тем опытом, с которым он пришёл в литературу. Солженицын начал писать не в студенческие годы и не на войне. В 1945 году капитан Солженицын, награждённый за боевые заслуги несколькими орденами, был осуждён за то, что непочтительно высказывался о Ленине и Сталине в переписке с другом. За восемь лет заключения он успел побывать в разных тюрьмах и лагерях, и именно там в нём родился писатель, хотя условия жизни явно не располагали к творчеству. Не имея возможности записывать свои мысли на бумаге, он хранил их только в памяти. И после освобождения из лагеря, и даже после окончательной реабилитации Солженицын старательно прятал рукописи и был готов уничтожить их в случае опасности. И всё же писал — «только для того, чтоб об этом обо всём не забылось, когда-нибудь известно стало потомкам».

Все без исключения книги Солженицына проникнуты резко отрицательным отношением к советской политической системе, идеологии, власти на всех уровнях. На то у писателя были все основания — государственная машина сначала сломала ему жизнь, а потом едва не отняла её. В годы заключения он потерял семью (жена вышла замуж за другого), а вскоре у него обнаружили рак желудка. Пришлось долго лечиться, и лишь чудом Солженицын остался жив. Однако как писатель и публицист он всегда выступает не только от своего лица, стремясь быть голосом всех пострадавших.

Проза Солженицына очень близка к публицистике, к документальной литературе, а порой превращается в историко-социологическое исследование судьбы советского народа и причин его трагедии. При этом политика и психология существуют рядом, по очереди выдвигаясь на передний план повествования, и их неизменное соседство стало визитной карточкой писателя.

В 1959 появляются два рассказа: «Один день Ивана Денисовича» и «Матрёнин двор». После долгих колебаний Солженицын решается всё-таки отдать их в печать, и первым предлагает для публикации «Один день...». Он, несомненно, стал одним из самых значительных литературных событий эпохи и многих заставил пересмотреть свои взгляды и ориентиры.

В то же время создаются и более крупные вещи. Закончен роман **«В круге первом»**, работу над которым автор начал сразу после освобождения и в котором хотел выплеснуть всё наболевшее за долгие восемь лет. Место действия — лагерь особого назначения, где отбывает срок интеллектуальная элита страны: учёные-математики, физики, химики, инженеры-конструкторы, художники, переводчики... Они собраны вместе, чтобы даже в неволе продолжать научную работу, делать для государства открытия стратегического назначения. Время действия — меньше трёх суток, но за эти часы перед читателем успевает пройти огромное количество действующих лиц. По сути, это роман идей, где ведут спор разные представления о жизни, правде, науке, политике. Одновременно это и яростный спор писателя с шаблонами соцреализма. Жизнь спецтюрьмы для учёных описана по правилам «производственного романа» — так возникает пародия на популярнейший жанр советской литературы, идеологический миф разбивается о жестокую действительность.

Почти незаметно, но уверенно и настойчиво автор утверждает: тюрьма — это модель всего тоталитарного общества, образ существования целой страны. «В описании тюрем всегда старались сгущать ужасы. А не ужаснее ли, когда ужаса нет? Когда ужас — в серенькой методичности недель? В том, что забываешь: единственная жизнь, данная тебе на земле, — изломана. И готов это простить, уже простил... И мысли твои заняты тем, как с тюремного подноса ухватить не серединку, а горбушку...».

Обращает на себя внимание и работа писателя над языком, его словотворчество. Полагая, что нейтрального литературного языка мало для избранной темы, Солженицын, тем не менее, не спешит решать все проблемы за счёт жаргона или диалекта. Он самостоятельно придумывает недостающие слова по моделям, существующим в русском языке, с использованием готовых корней, приставок и суффиксов, как это делали когда-то футуристы.

В 1966 году завершена повесть **«Раковый корпус»**, замысел которой появился у писателя в день выписки из онкологической клиники. Здесь отступает на второй план социальный конфликт, поскольку главное в повести — психология человека, оказавшегося между жизнью и смертью, вынужденного заново переосмыслить пройденный путь, задуматься о вечном.

Однако главными книгами Солженицына всё же стали «эксперименты», одновременно решающие художественные и научные задачи. В шестидесятые годы писатель работает над проектом, впоследствии получившим название **«Архипелаг ГУЛАГ. Опыт художественного исследования»** (ГУЛАГ — аббревиатура, обозначавшая Главное управление лагерей).

Книга эта — детальный анализ карательной системы тоталитарного государства, в которое превратился СССР сталинских времён. Почти не имея доступа к официальной информации, писатель получил неограниченный доступ к сведениям «из первых уст» — после публикации «Одного дня Ивана Денисовича» к нему стали приходить сотни писем от людей, побывавших в заключении. Из них сложилась страшная картина гигантской машины репрессий, за тридцать лет покалечившей судьбы миллионов.

В итоге сложилась мозаика из автобиографических разделов, цитат и документов, воспоминаний очевидцев. Здесь была история массовых репрессий и громких политических судебных процессов, список всего, что было построено руками заключённых «с первой пятилетки по хрущёвские времена», описание всех приёмов, которыми ломали волю и личность арестантов. Но сила «Архипелага ГУЛАГ» не только в изложенных фактах. Исследование смогло стать художественным благодаря постоянному присутствию автора за документальным текстом. Это он отбирал случаи, сами говорящие за себя, он пересказывал своим особым языком и со своими акцентами чужие истории, он вёл математическую статистику и ставил серьёзнейшие политические, философские и психологические проблемы.

Главный вопрос, который интересует Солженицына-писателя — какова судьба человеческой души в лагере? И ответ на него оказывается прост: «Никакой лагерь не может растлить тех, у кого есть устоявшееся ядро». Это может быть любое убеждение, любая вера, но это обязательно должен быть нравственный принцип. В «Архипелаге...» много сказано о тех, кто не выдержал, сломался, подчинился, но есть и портреты тех, кто смог выстоять всё, продолжая бороться за справедливость. «Если бы все были вчетверть такие непримиримые..., — другая была бы история России!» — восклицает писатель.

Книга впервые увидела свет за рубежом, где её назвали «самым мощным обвинительным актом политическому режиму из всех, какие только предъявлялись в наше время». Вместе с Нобелевской премией, присуждённой Солженицыну в 1970 году, это вызвало настоящий скандал в СССР, писателя лишили гражданства и выслали из страны. Так он оказался сначала в Германии, затем в США, где продолжал литературную и общественную деятельность, активно выступал как публицист.

В эмиграции им была написана вещь, задуманная ещё до войны — **«Красное колесо»**. Это историческая эпопея в десяти томах, посвящённая революции. Автор придаёт ей форму летописи, тем самым занимая позицию между объективной историей и субъективными политическими интересами.

Солженицын верил в своё высокое предназначение: «Я не умер, при моей безнадёжно запущенной опухоли это было божье чудо... Вся возвращённая мне жизнь с тех пор — не моя в полном смысле, она имеет вложенную цель». Её он понимал очень широко — как содействие духовной чистоте и росту самосознания русского народа. Поэтому, признанный и почитаемый за рубежом, в 1990 году

Солженицын принимает приглашение вернуться на родину. Здесь наконец-то опубликовали его произведения, а писатель создавал новые рассказы, писал статьи, выступал на телевидении с циклом программ-размышлений «Как нам обустроить Россию» — словом, продолжал идти к своей великой цели.

«Один день Ивана Денисовича»

Фабула рассказа действительно аккуратно воспроизводит «один день одного среднего, ничем не примечательного человека с утра до вечера» (так говорил о своём замысле сам писатель). Человек этот — Иван Денисович Шухов, который был простым крестьянином, ушёл на фронт, воевал, но попал в плен, откуда потом бежал — и был арестован и осуждён на 10 лет как шпион.

«Обыкновенность» Шухова — большая художественная удача писателя, потому что позволила ему показать лагерный мир объективно, глазами простого человека, который далёк от политики и судит обо всём с позиций житейского здравого смысла. Все необходимые выводы читатель делает как бы сам, опираясь на наблюдения Ивана Денисовича, его поведение и рассуждения. Шухов за долгие годы свыкся с лагерем, понял, что и как нужно делать, чтобы выжить, не пропасть и не опуститься. Он живёт по неписаным законам ГУЛАГа, даже не замечая, насколько это дико и противоестественно: «Заключённым время не положено, время у них знает начальство», «Работа — она как палка, конца в ней два: для людей делаешь — качество дай, для дурака делаешь — дай показуху». Так и живёт герой, готовый иногда услужить, иногда схитрить, иногда помочь слабому, а иногда и оттолкнуть его в сторону.

А вокруг него — десятки и сотни других заключённых. Их характеры раскрываются в мелочах: например, в столовой внимание Шухова привлекает высокий старик, «Ю-81», который «не уходил головой в миску, как все, а высоко носил ложки ко рту». Так проводит Солженицын очень важную для себя мысль: в любых условиях человек может и обязан сохранять собственное достоинство, ведь именно оно и делает его человеком, помогает держать спину прямо, даже когда все остальные сгорбились.

Один из немногих светлых моментов здесь — сцена вдохновенной работы Ивана Денисовича, когда он, как оказывается, мастер на все руки, на стройке кладёт стену добросовестно, как дома, и бережёт казённое добро, как своё.

Тревожным сигналом становится то, что обыкновенный человек, добрый и славный, но с трудом сознающий своё «я», способен привыкнуть к любым унижениям, любую каторгу может со временем признать своим домом и нормой жизни.

Солженицын уверен: главная беда советского человека — его рабская психология, которая облегчила установление в стране тоталитарного режима.

«Матрёнин двор»

Рассказ этот имеет обличительную тональность, хотя она не выражается прямо, словами героя-рассказчика. Солженицын даёт лишь объективные факты, оставляя и эмоции, и выводы на долю читателя. Село, где не пекут хлеб, а привозят всю еду из города; неуёмная вырубка лесов; временные посёлки, живущие разработками полезных ископаемых; повсеместная бюрократия, бедность колхозников и безбедная жизнь председателей — всё это отдельные детали общей картины, бесспорные доказательства вины власти перед народом.

Впрочем, в повести не только поднимаются острые социальные вопросы, но и создаётся удивительный образ старой крестьянки Матрёны. Задача Солженицына — художественно исследовать русский национальный характер, понять, чем он питается и есть ли для него точка опоры в современном, изменившемся мире. Деревня же становится местом действия потому, что в литературной традиции она всегда играла роль «заповедника» народной культуры, где хранились нравственность и гармония, укоренённые в веках.

Здесь этот мотив с самого начала звучит тревожно, и территория вечных духовных святынь ограничена Матрёниным двором, который слишком мал по сравнению с жадным, жестоким миром. А женщина, потерявшая всех близких — жениха, мужа, шестерых детей, даже к этому миру не испытывает ни злобы, ни обиды. Она воспитывает дочь бывшего жениха; не ожидая благодарности, работает на чужих огородах, сама живёт впроголодь, так как «четверть века проработала в колхозе, но потому что не на заводе — не полагалось ей пенсии». При этом вся деревня смотрит на Матрёну с презрением, ни у кого нет для неё доброго слова: «...и нечистоплотная она была; и не бережная; и даже поросёнка не держала...; и, глупая, помогала чужим людям бесплатно». В этом перевёрнутом мире даже добродетели воспринимаются как странности и вызывают осуждение.

Однако Матрёна живёт, как святая, словно не замечая насмешек над собой, оставаясь сердечной, отзывчивой. Простой крестьянский труд, от копания картошки до собирания ягод в лесу дарит женщине покой и радость: «наломавши спину..., в избу возвращалась Матрёна уже просветлённая, всем довольная, со своей доброй улыбкой».

«Матрёнин двор» с полным правом можно назвать современным житием, но цель его не только в создании идеального образа. Солженицыну удалось совместить нравственную проблематику с социальной, показать, как катастрофически обедняется жизнь с утратой духовной основы. В финале замысел писателя раскрывается с публицистической прямотой: «Все мы жили рядом с ней и не поняли, что есть она тот самый праведник, без которого, по пословице, не стоит село.

Ни город.

Ни вся земля наша».

«Раковый корпус»

Повесть эта, в отличие от большинства произведений Солженицына, удивляет своим лиризмом и философией жизни, далёкой от политической злободневности. Действие происходит в больнице, а это пространство, где проблемы страны и народа кажутся не такими уж важными по сравнению с главным вопросом: удастся ли выжить? Смертельная болезнь — рак — не делает различий между людьми, и в одной палате оказываются те, чьи пути никогда бы не пересеклись в «большом мире»: Олег Костоглотов с биографией, похожей на историю жизни самого автора (война, лагерь, ссылка), Русанов — крупный партийный чиновник, чувствующий себя очень неуютно среди простых людей, шестнадцатилетний Дёмка, который страстно мечтает учиться и стать писателем, Поддуев — простой работяга и жизнелюб, Шулубин — «проповедник нравственного социализма»...

Общая беда примиряет людей друг с другом, более того, они начинают учиться у соседей. Учиться жить, потому что даже на пороге смерти им остаются дни, месяцы, а если повезёт — и годы жизни. И особенно острым становится ощущение того, что надо что-то успеть: прочитать, подумать, поговорить, помочь или хотя бы не навредить.

Болезнь оборачивается для героев повести нравственным испытанием, и многие из них проходят тяжёлым, но единственно возможным в этой ситуации путём толстовского Ивана Ильича. Даже Русанов уже в первые больничные дни невольно пересматривает свою благополучную жизнь и понимает: что-то в ней «не то», если его смерть нисколько не изменит повседневную жизнь семьи. Мучает героя и нелепость того, что всё это происходит именно с ним. Учитывая очевидные реминисценции к «Смерти Ивана Ильича», понятно, почему в палате появляется сборник рассказов Толстого — потрясённый его простой и ясной моралью, Поддуев затевает дискуссию о том, «чем люди живы», и только молоденькая Ася женской интуицией угадывает толстовский ответ: «Любовью».

Действительно, любовь оказывается самым значимым содержанием жизни на пороге смерти. Чувство это закрепляет человека на земле, словно доказывает право и необходимость жить. Отношения Костоглотова и доктора Веры Гангарт, окрашенные взаимной болью, далеко не просты, поэтому спасённый от гибели Олег отказывается от их продолжения, покидая больницу. Отказывается он и от лёгких отношений с медсестрой Зоей. Герой выносит из ракового корпуса главное — примирение с жизнью, и теперь вечная ссылка в Узбекистан больше не кажется ему смертельной.

Однако Солженицын не готов видеть в таком исходе только позитивную сторону. Выразительна сцена, когда перед отъездом Костоглотов заходит по просьбе Дёмки в зоопарк и невольно задумывается о несвободе зверей. «Олег не мог бы приступить взламывать клетки и освобождать их. Потому что потеряна была ими вместе с родиной и идея свободы. И от внезапного их освобождения могло стать только страшней». Так философская притча всё-таки возвращается в привычные для писателя социальные координаты.

Вопросы

1. В чём состоит уникальность литературы военных лет?
2. Что представляет собой соцреализм как творческий метод, и какую роль он сыграл в развитии советской литературы?
3. Каковы главные художественные завоевания периода «оттепели»?
4. Как раскрывалась военная тема в литературе 1945–1960-х годов, и в чём заключалась связь этой темы с современностью (т. е. интересами послевоенного времени)?
5. Какие проблемы поднимаются в прозе 1960-х годов?

Глава 10

Русская литература 1970–1980-х годов

Общий взгляд —————————————————

Период «застоя» (1970-е — первая половина 80-х годов)

За «оттепелью», вопреки ожиданиям, так и не пришла настоящая весна. Уже с середины 60-х, когда Хрущёва отстранили от власти и на смену ему пришёл Леонид Ильич Брежнев, началось постепенное возвращение на прежние позиции, ограничение всех свобод. Конечно, это не означало возрождения тоталитаризма и сталинских методов управления — времена были уже не те. Однако несогласие с властью и коммунистической идеологией по-прежнему не прощалось. Да, теперь обвинения по «политическим» статьям предъявлялись не часто, зато всё чаще случались судебные процессы против инакомыслящих по придуманным, сфабрикованным поводам (Бродского, например, судили за тунеядство). Другим популярным методом расправы стало принудительное лечение в психиатрических клиниках (о чём писали ещё Замятин и Булгаков). Наконец, многих просто лишали советского гражданства и высылали за границу.

При этом жизнь простых советских людей была довольно благополучной — заметно повысился общий уровень благосостояния и появилось ощущение бытовой стабильности, уверенности в завтрашнем дне. Духовную жизнь человека тех лет тоже нельзя назвать бедной. Бурно развивался кинематограф, открывались новые театры, росло число институтов и университетов. Советский Союз имел репутацию самой читающей страны в мире, и выбор чтения был широк: русская

и зарубежная классика, современная отечественная и иностранная литература, публикации запрещённых ранее авторов.

Отчасти поэтому в среде интеллигенции стало нарастать недовольство властью и её политикой — открылись новые горизонты и появилось желание идти всё дальше по пути обретения свободы. Писатели, публицисты, учёные не хотели молчать. Тогда уже все убедились, что «светлое коммунистическое будущее» — это миф, а в партийные лозунги не верят даже те, кто их произносит. Только одни предпочитали скрывать своё неверие, а другие — говорить о нём вслух, чтобы страна вышла из политического «застоя» и двигалась вперёд, не отставая от западного мира. Тех, кто выступал в защиту прав и свобод человека, против правящего режима, стали называть **диссидентами**, и главную роль в диссидентском движении играли именно литераторы.

В силу всех этих обстоятельств литература с начала 70-х годов развивалась по трём основным направлениям. Часть писателей работала, не вступая в конфликт с властями, часть — ушла в «подполье» (другое название, пришедшее с Запада — «андеграунд»), тайком распространяя свои произведения, раз они не могли быть напечатаны открыто. Те, кто оказался в эмиграции (Иосиф Бродский, Виктор Некрасов, Василий Аксёнов, Владимир Войнович, Сергей Довлатов и др.), формировали культуру русского зарубежья. С одной стороны, такое разделение было вынужденным и потому печальным, с другой — оно позволило русской словесности развиваться, несмотря на «застой».

В эти годы возникает новый художественный метод — **постмодернизм**. Он появляется практически одновременно на Западе и в России, со временем превращаясь в язык целой культурной эпохи, проникая не только в искусство, но и в социальные науки, философию, даже политику. Главный принцип постмодернистского мышления — отсутствие истины. Современное общество ушло слишком далеко от природы и любых объективных законов бытия. Его жизнь — спор различных идей, интересов, взглядов, теорий, вкусов, оценок, то есть царство субъективности, где все совершенно равноправны.

Одной из главных задач нового метода стало разоблачение «обманов века», и в первую очередь — всех идеологий. Постмодернисты били идеологов их же собственным оружием. Это было так называемое «чужое слово» — цитаты из авторитетных источников (лозунги, изречения лидеров, выдержки из классических произведений). Помещённые современными авторами в новый контекст, они звучали настолько смешно и пафосно, что верить им уже не получалось. Таким образом, ирония стала основным приёмом и единственно возможным пафосом постмодернизма (в том числе и самоирония, потому что ни автор, ни его герой не претендовали на знание истины).

Особенность такой литературы — принципиальный отказ от идеи и от идеалов. Писатели даже не называли свои книги произведениями, предпочитая слово «тексты» и тем самым как бы говоря, что процесс их создания ещё не завершён, последняя точка не поставлена. Впрочем, ставить её никто и не собирался — ведь всё в этом мире относительно, субъективно, и каждый читатель участвует в создании текста вместе с автором, дополняя написанное своими ассоциациями, своими смыслами.

Вообще постмодернизм отводит читателю очень активную роль, призывая самостоятельно думать, сомневаться, избавляться от стереотипов. Правила обычной жизни не подходят постмодернистским текстам, и на их пространстве не действуют привычные нормы и ценности. Здесь не существуют понятия «хорошо» — «плохо», «красиво» — «безобразно», «прилично» — «неприлично», всё становится относительным, субъективным.

Русский читатель, воспитанный на большой и серьёзной литературе, такую игру принимал с трудом. Во все времена искусство старалось быть опорой для человека, поддерживать его, освещать дорогу к истине во мраке хаоса — и теперь вдруг оно признало хаос нормой бытия. Одни люди растерялись и с горечью осознали, что вместе с идеалами рухнули всякие надежды на уверенность в завтрашнем дне. Другие были убеждены: мир стоит по-прежнему, а хаос и кризис — это само искусство постмодернизма. Третьи же увидели в постмодернизме настоящую свободу слова и духа, возможность раскрепоститься и проявить своё «я».

Одним из первых образцов русского постмодерна принято считать роман **Андрея Битова** (1937–2018) **«Пушкинский дом»**. Законченный в 1971 году, он был запрещён к публикации в СССР, издан в США, тайком распространялся на родине автора и открыто пришёл к отечественному читателю только в конце 80-х. Как писали зарубежные критики, «первое впечатление, которое получает информированный западный читатель от «Пушкинского дома», состоит в том, что автор, кажется, использовал... литературные приёмы каждого постмодернистского писателя», от Владимира Набокова до Умберто Эко и Алена Роб-Грийе. Самое интересное, что это не было заимствованием или даже влиянием — книги большинства упомянутых авторов Битов прочёл уже тогда, когда закончил свой роман. Причиной совпадения стало общее для людей разных стран и континентов переживание своего времени и кризиса веры.

В «Пушкинском доме» очень трудно определить, насколько реальны происходящие события, потому что автор постоянно заслоняет их разными «подделками». Всё это симуляция реальности. Одинаково неестественны, притворны и народное горе по случаю смерти Сталина, и «литературное» поведение героя романа, который пытается поступать так, как положено классическому герою (по профессии персонаж Битова — литературовед). В финале об этом сказано прямо: «Нереальность — условие жизни».

Такая логика легко соединяет все противоположности. Например, в традиционной культуре классикой может стать только нечто отжившее, превратившееся в памятник. Значит, чем больше человек возвышает классику, тем меньше он способен понять её сущность — восхищаясь, мы незаметно для себя заменяем настоящий предмет восхищения подделкой, неким идеалом.

Именно поэтому интеллектуальный, культурологический роман Битова на самом деле оказался в какой-то степени антисоветским. Он доказал, что и искусство, и историческая наука, и, разумеется, идеология занимаются симуляцией действительности, заставляя человека жить иллюзиями, верить в мифы, удаляться от реальности. При этом писатель не даёт забыть о том, что «Пушкинский дом» — тоже часть литературной традиции (Битов иронически называет его «романом-музеем»), а значит, и ему нельзя верить до конца. Так замыкается кольцо «нереальности», и читатель, только что поверивший в философию автора, вдруг понимает, что поддался на провокацию, принял условия игры в «подделки».

Ещё один легендарный текст русского постмодернизма, его художественный и философский манифест — прозаическая поэма **«Москва — Петушки»** (1969, опубликована в СССР в 1988). Её автор — ***Венедикт Ерофеев*** (1938–1990), которого критики нередко фамильярно называют Веничкой, по имени героя его главной книги.

Поэма принесла писателю славу в кругах советского андеграунда, проникла за границу, была переведена на тридцать языков и издана во многих странах. Она породила множество споров, но главное — множество интерпретаций. С точки зрения постмодернизма, чем больше различных трактовок вызывает книга, тем лучше она реализует свою функцию — активизирует мышление читателей, и если те начинают видеть в ней даже то, чего не видел сам автор, — это его победа над традицией «одномерной», «идейной» литературы. В заглавие поэмы вынесен маршрут пригородного поезда, конечные станции которого — Москва и Петушки. Главы — это станции, которые проезжает герой. Уже здесь заметны переклички с классикой: во-первых, подобный приём был использован Радищевым в «Путешествии из Петербурга в Москву», во-вторых, жанровый подзаголовок «поэма» над историей путешественника намекает на «Мёртвые души» Гоголя. Обе эти книги вошли в историю как обобщённые картины русской жизни, философия русского бытия определённой эпохи — значит, и «Москва — Петушки» сразу вызывает у подготовленного читателя ожидание чего-то столь же масштабного.

Однако герой поэмы, казалось бы, создан для того, чтобы все ожидания опровергнуть. Зовут его Веничка Ерофеев, и именно ему автор доверил повествование. При этом Веничка постоянно пьян, и его взгляд на мир, мягко говоря, непривычен. Как сказал один из критиков, «Ерофеев создал мир, в котором трезвость — аномалия, пьянство — закон, а Веничка — пророк его». Пьянство героя объясняют по-разному: одни считают, что это протест и способ уйти от абсурда официальной действительности, другие называют его формой медитации, третьи — своеобразным добровольным мученичеством. Во всяком случае, образ Венички позволяет сделать все эти догадки.

Герой рассказывает и рассуждает о том, что составляет его жизнь: о друзьях-собутыльниках, о женщинах, о выпивке, об икоте. При этом любая мелочь, «низкая» с общепринятой точки зрения, вдруг оказывается в одном ряду с «высокими» вещами, такими, как религия, философия, великая литература. Веничка даёт рабочим на стройке прочитать поэму Блока «Соловьиный сад» с таким «предисловием»: «Там, в центре поэмы, если, конечно, отбросить в сторону все эти благоуханные плеча и неозарённые туманы и розовые башни в дымных ризах, там в центре поэмы лирический персонаж, уволенный с работы за пьянку... и прогулы. Я сказал им: «Очень своевременная книга, — сказал, — вы прочтёте её с большой пользой для себя». Что ж? Они прочли. Но, вопреки всему, она на них сказалась удручающе» — опечаленные читатели Блока раскупили и выпили весь одеколон «Свежесть», который смогли найти в окрестных магазинах.

Первое, что бросается в глаза, — невероятная мозаика стилей в этом маленьком отрывке. Здесь есть иронически пересказанный высокий поэтический стиль Блока, рядом с ним — просторечия и неприличные слова, следом — цитата из Ленина (слова о романе Горького «Мать»), а далее — снова возвращение к лиризму, уже собственному. Причём у Ерофеева высокое и низкое не всегда спорят друг с другом. Гораздо чаще противоположные стили и идеи дополняют, углубляют смысл друг друга и вместе образуют нечто новое. Это нечто и есть личность героя-повествователя, свободная от стереотипов, но не от вечного и мучительного поиска смысла жизни.

В финале поэмы Веничку убивают четверо бандитов с «классическими профилями» (намёк на традиционное изображение классиков марксизма-ленинизма). Убийство происходит у стен Кремля, где герой непонятным образом оказывается вместо Петушков — он не может вырваться из порочного круга, он не принадлежит себе, и поэтому никак не достигнет желанной свободы.

Уточним: ненависть героя и писателя ко всему официально-советскому не имеет ничего общего с политикой. Это сопротивление законам, нежелание жить и думать так, как надо, неприязнь к самозваным авторитетам. Ориентиры истинно духовные Веничка принимает, хоть и с иронией, да и назвать его индивидуалистом тоже нельзя. Он глубоко переживает то, что происходит с народом, и общая трагедия болью отзывается в его сердце. Вечно пьяный герой словно воплощает ненормальное, болезненное состояние всего общества, сознавая и его, и свою беду: «Зато у моего народа — какие глаза! <...> Полное отсутствие всякого смысла — но зато какая мощь! (Какая духовная мощь!) Эти глаза не продадут. Ничего не продадут и ничего не купят. Что бы ни случилось с моей страной, во дни сомнений, во дни тягостных раздумий, в годину любых испытаний и бедствий, — эти глаза не сморгнут. Им всё божья роса...»

Конечно, и здесь за каждой фразой стоит цитата, превращённая в пародию, конечно, ирония здесь заметнее, чем что-либо другое, но это не отменяет серьёзной мысли, которую скрывает «видимый миру смех». Ерофеев рисует лицо народа как лицо хаоса, искренне скорбя о тех, кто даже не сознаёт своей внутренней силы и совершенно лишён потребности в её реализации.

Так начинается русский постмодернизм, постепенно завоёвывающий прозу, поэзию, драматургию. Его наступление сдерживала только цензура, не позволяя новой художественной системе развиваться открыто.

Чуть позднее, в середине 70-х на той же самой почве вырос **соц-арт**. Первая часть термина взята из слова «соцреализм», «арт» (английское «art») означает «искусство». Таким образом название, соединяя несовместимые ранее социализм и «буржуазный» язык, отражает суть явления. Это пародийная переработка идей, символов, образа мыслей — всего, что составляло культуру советской эпохи. Как и многие другие течения, соц-арт зародился в живописи, впоследствии распространившись на литературу. Авторы соц-арта «развенчивают социалистический метод производства эстетических ценностей», но удовольствие получают не от результата, а от процесса иронического вживания в образ человека той культуры, что хорошо заметно в романе «Палисандрия» (1985) *Саши Соколова* (род. в 1943), в «Кенгуру» (1974–1975) *Юза Алешковского* (род. в 1929).

Особую роль в культурной жизни 70–80-х годов играла **авторская песня**, потому что авторы-исполнители той поры (иначе их называли бардами) никогда не принадлежали к официальному миру искусства. Основателем течения был *Булат Окуджава*, но не менее любимы публикой стали *Александр Галич* (1918–1977) и *Владимир Высоцкий* (1938–1980). В их песнях звучали самые разные интонации, голоса сотен героев говорили каждый о своём и по-своему — там было всё, кроме фальши. Их почти не печатали, почти не показывали по телевидению, однако песни разлетались по стране в магнитофонных записях, веселили людей, заставляли грустить, сопереживать, думать. Пожалуй, ни один из современных авторов не имел такой невероятной популярности, как Высоцкий. Его цитировали все, от школьников до профессоров, от уголовников до интеллигентов, а похороны поэта в 1980 году собрали едва ли не больше народу, чем проходившие в то же время Олимпийские Игры.

Другое значительное музыкально-лирическое явление той поры — рок-поэзия. Её аудитория была иной, но и творчество этих музыкантов заметно отличалось от авторской песни. Здесь музыка поначалу играла более важную роль, чем слово, и лишь к концу 70-х тексты песен приобретают самостоятельное значение. Взрослея и буквально, и в поэтическом отношении, *Андрей Макаревич* и его группа «Машина времени», *Борис Гребенщиков* и «Аквариум», *Юрий Шевчук* и «ДДТ» прочно заняли своё место в русской культуре, удерживая его по сей день.

Одновременно с интеллектуальным диссидентством, провокациями постмодернизма, искренней романтикой авторской песни и суровой философией рок-поэзии набирает силу независимая **массовая литература**. Её лучшие представители вовсе не стараются уйти от проблем и интересов эпохи, но стремятся выразить серьёзные идеи в увлекательной, приключенческой, а порой и фантастической форме. Характерный пример такой беллетристики — повести братьев Стругацких, Аркадия (1925–1991) и Бориса (1933–2012): «Трудно быть богом» (1964), «Пикник на обочине» (1972) и другие.

Начав литературную деятельность ещё в период «оттепели», они сразу нашли свой художественный язык и своего читателя. Работая на стыке жанров научной фантастики и сказки, они создали модель новой цивилизации, которая достигла высокого технического уровня, но так и не избавилась от многих моральных и общественных проблем. В 70-х, когда НТР (научно-техническая революция) стала реальностью, хотя и вызывала жаркие дискуссии, Стругацкие пишут свои главные книги. Это антиутопии, которые под видом историй о космических путешествиях и внеземных драмах рассказывают о конфликтах современности и перспективах развития общества. В повестях Стругацких всегда сочетаются два плана: философско-политический и приключенческо-юмористический, благодаря чему они стали интересны широкому кругу читателей. Не одобряемые цензурой, эти фантастические притчи, однако, нашли выход даже на экран — в 1977 году на основе повести «Пикник на обочине» был написан сценарий для фильма А. Тарковского «Сталкер».

«Перестройка» (вторая половина 80-х годов)

Последний этап в истории Советского Союза и советской литературы оказался очень непродолжительным: с 1985 по 1991 год.

В апреле 1985 генеральный секретарь ЦК КПСС Михаил Сергеевич Горбачёв объявил о том, что правительство приступает к реализации масштабного социально-политического проекта, призванного изменить жизнь страны. Его целью было преодолеть наступивший кризис власти и разочарование народа в общественном устройстве.

«Перестройка» предполагала целый комплекс реформ. Политики взяли курс на так называемый «демократический социализм», который должен был стать более гуманным, чем старая командно-административная система с её жёсткой бюрократической основой. На смену монополии коммунистической партии шла многопартийность. В экономике начался переход к рыночным отношениям — свободной торговле и частному предпринимательству: ведь после провала нэпа в начале 30-х годов страна забыла о том, что такое бизнес. Бóльшая часть того, что принадлежало государству (включая крупнейшие промышленные предприятия, общественный транспорт, средства массовой информации), перешла в частную собственность — этот процесс назвали «приватизацией». Все социальные преобразования были направлены на создание правового государства, то есть обеспечение прав и свобод человека, приближение к нормам международного права. Перелом в культурной жизни общества произошёл благодаря обретению долгожданной свободы слова, или, как говорили политики и социологи, гласности.

В результате столь радикальных перемен литературный процесс стал очень многомерным. Он утратил хронологическую последовательность, потому что началась публикация книг, ранее запрещённых для советского читателя.

Сначала была заново открыта проза 70-х (в том числе «Дети Арбата» Анатолия Рыбакова (1911–1998), «Белые одежды» Владимира Дудинцева (1918–1998), «Зубр» Даниила Гранина (1918–2017)) — романы с политическим подтекстом, разоблачавшие жестокость и лицемерие тоталитарного режима. Появление в печати этих вещей подтвердило, что наступила эпоха абсолютной свободы слова.

После этого хлынул поток «возвращённой» литературы — журналы и издательства стали публиковать всех, чьи имена, казалось, уже ушли в далёкое прошлое: Платонова, Замятина, Пастернака... Читатель 80-х искал в этих книгах не столько художественное слово, сколько бунт против власти.

Разумеется, в эти годы перестала быть запретной литература подполья.

Постмодернизм из андеграунда вышел на трибуну, удивляя, эпатируя, привлекая.

Стали доступны для чтения и книги писателей «русского зарубежья» — тех, кто в своё время добровольно или вынужденно выехал за границу, как Солженицын, Бродский или Довлатов.

Сергей Довлатов (1941–1990) — одна из ключевых фигур «неофициальной» литературы. Не создав своей школы, не став во главе течения, он, тем не менее, получил признание как автор особого стиля. Довлатов — мастер короткой прозы. Он заявлял: «Я пишу псевдодокументальные истории, надеясь, что они время от времени вызывают ощущение реальности..., хотя фактически на сто процентов этого не было, это всё выдумано. <...> Фактическая ошибка — часть моей поэтики». У него не было цели чему-то учить или что-то исследовать, Довлатов всегда считал, что «цель художества — художество». Повествование кажется предельно простым. Оно лишено традиционной образности, эмоциональной напряжённости или философского подтекста, зато стиль его, внешне похожий на разговорную речь, на самом деле тщательно выверен. Известен принцип Довлатова: строить предложение так, чтобы все слова в нём начинались с разных букв, не допуская фонетических повторов. Образ героя тоже якобы незамысловат: наивный читатель без труда верит, что перед ним художественная автобиография писателя. На самом же деле и здесь скрывается гораздо более сложный авторский замысел — разрушение изнутри классического образа автора и авторской позиции.

Таким образом, проза Довлатова, на первый взгляд совершенно традиционная, служит воплощением многих основополагающих принципов постмодернизма.

Жанровое и тематическое своеобразие поздней советской литературы

Одним из открытий перестроечного времени стал жанр **антиутопии**. После того, как были опубликованы «Мы» и «Чевенгур», современные авторы, стоя на пороге совершенно непонятного будущего, стали воплощать свои опасения на бумаге. Картины социальных катастроф рисуют Александр Кабаков (род. в 1943) в повести «Невозвращенец» (1987), Людмила Петрушевская (род. в 1938) в «Новых Робинзонах» (1989), да и «Лаз» Владимира Маканина (1937–2017), напечатанный весной 1991, тоже антиутопичен по своей сути.

В конце бурного XX века проза этого жанра не только развенчивает социально-политические иллюзии. Тревогу вызывает будущее человечества вообще — при

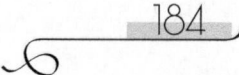

повсеместном насилии над людьми, культурой, природой. Вспоминаются давние утопии, мечты о спасении от цивилизации со всеми её угрозами. Теория «естественного человека» и возвращения в лоно природы, которую выдвинул два столетия назад французский философ Жан Жак Руссо, неожиданно нашла подкрепление в экономически ослабленной России. В годы перестройки люди получили маленькие участки земли за городом. На них строили дачи, а главное — разбивали огороды, чтобы в свободное от работы время выращивать овощи и фрукты, поскольку для их покупки не всегда хватало денег. Произошло вынужденное возвращение к земле бывших крестьян, и приобщение к нему городской интеллигенции.

Эти реалии философии и быта легли в основу повести Людмилы Петрушевской «Новые Робинзоны». Подобно герою Даниэля Дефо, оказавшемуся в одиночестве на необитаемом острове, её герои — уже добровольно — убегают из «большого мира» на островок «первобытной» жизни. Писательница ведёт повествование от лица восемнадцатилетней девушки, которая вместе с родителями обживается в заброшенной деревне. Там, откуда они уехали, остались только голод, разруха, разгул преступности.

Но и здесь, вдалеке от того страшного мира герои не находят покоя и счастья. Все их мысли об одном: не умереть от голода, как умерли те, кто не успел или не захотел бежать. Постепенно они налаживают быт, обзаводятся хозяйством, однако их жизнь имеет только биологический смысл. В повести вообще нет характеров, нет психологизма. Всем руководит логика, точный расчёт, потому что иначе героям не выжить. Они принимают в семью найденных детей — мальчика и девочку, но делают это не из милосердия, а ради будущего.

Петрушевская показывает, что жизнь вне цивилизации — не такая идиллия, как это представляется в мечтах. Более того, даже на диком «островке» семья невольно организует свою жизнь по привычной модели общества, где каждый выполняет свою функцию: «Зима замела снегом все пути к нам, у нас были грибы, ягоды сушёные и варёные, картофель с огорода, мочёные яблоки с заброшенных в лесу усадеб, даже бочонок солёных огурцов и помидоров. Под снегом, укрытый, рос озимый хлеб. Были козы. Были мальчик и девочка для продолжения человеческого рода, кошка, носившая нам лесных мышей, была собака Красивая, с которой отец надеялся вскоре охотиться на зайцев... У нас была бабушка, кладезь народной мудрости и знаний. Вокруг нас простирались холодные пространства».

Круг замыкается: даже если «Робинзонам» посчастливится сохранить свой мирок, со временем он разрастётся и превратится в большой мир со всеми его благами и угрозами.

Морально-нравственная «перестройка» общества принесла в литературу **ре-**

лигиозно-философские темы. Они стали открытием, поскольку в советскую эпоху всё, связанное с церковью и верой, находилось под запретом. Сами писатели не скрывали, что они новички в этой области. Их герои, как и большинство современников, только обретают веру, и психология человека, находящегося в поиске истины, здесь порой важнее, чем сама истина.

Валерия Алфеева (род. в 1938; повесть «Джвари»), Олеся Николаева (род. в 1955; рассказ «Кукс из рода Серафимов» и повесть «Инвалид детства»), Алексей Варламов (род. в 1963; повесть «Паломники») — вот лишь некоторые авторы, отдавшие дань религиозной теме, и произведения, отразившие характерный для своего времени интерес к духовному опыту православной церкви. Эта проза идёт к читателю с благородной миссией: восстановить утраченную традицию нравственной строгости и чистоты, раскрыть глубинный смысл христианского учения. Как говорит Вероника, героиня Алфеевой, сейчас «в этом мире нет никаких надёжных опор... Нет ни Верховного смысла, оправдывающего всё, ни чётких границ между добром и злом, нет сердцевины». Пугающую пустоту должна заполнить вера, помогая людям найти путь к Богу, который и есть «верховный смысл» и «сердцевина» мироздания, а значит — вступить на путь праведной жизни.

Поэзия

«Тихая лирика»

Наряду с авторской песней и рок-поэзией, привлекавшими в первую очередь молодёжь, значительным явлением стало литературное течение, обозначенное критиками как «тихая лирика». В самом термине звучит противопоставление этой поэзии «громкой поэзии» шестидесятников. Действительно, их эстетические, да и этические принципы во многом противоположны.

Мечтая уже не об обновлении общества (кризис «оттепели» положил конец этим мечтам), а о возвращении к истокам народной культуры, о нравственном возрождении, эти поэты пишут совсем в иной тональности. Их лирика элегична, наполнена традиционно-символическими образами, говорит с читателем на подчёркнуто простом языке.

Первым «тихим лириком» стал **Николай Рубцов** (1936–1971).

Он родился на севере, в Архангельской области, в многодетной семье — и очень рано стал сиротой. Рубцов никогда не имел своего дома. Он воспитывался в разных детских домах, учился, сменил множество мест работы, служил на

Северном флоте.

Сочинять стихи он начал ещё в детстве, в двадцать с небольшим уже печатался в коллективных сборниках, поэтому, поступая в Литературный институт, имел опыт поэтического творчества. В целом стихи этого периода довольно характерны для своего времени и мало чем отличаются от «оттепельного» потока молодёжной поэзии. Тем не менее, в предисловии к первому сборнику уже расставлены все акценты. Молодой поэт писал так: «Особенно люблю темы родины и скитаний, жизни и смерти, любви и удали. Думаю, что стихи сильны и долговечны тогда, когда они идут через личное, через частное, но при этом нужна масштабность и жизненная характерность настроений, переживаний, размышлений...» И уже среди ранних «громких» стихов можно найти те, в которых виден будущий, зрелый Рубцов-лирик.

К моменту окончания Литинститута в 1969 году он уже сложившийся поэт, автор нескольких книг, доказавших оригинальность его художественного мира и поэтического дара. В 1965 году вышел сборник «Лирика», чуть позже — сборники «Звезда полей» (1967), «Душа хранит» (1969) и «Сосен шум» (1970). Рубцову очень помогло знакомство с классикой русской и мировой лирики — он увлечённо читал и перечитывал Пушкина, Лермонтова, Кольцова, Тютчева, Фета, Блока, Есенина, Хлебникова, французских символистов. Он сознательно учился у великих, веря, что со временем сможет стать в один ряд с ними:

> *Но я у Тютчева и Фета*
> *Проверю искреннее слово,*
> *Чтоб книгу Тютчева и Фета*
> *Продолжить книгою Рубцова.*

Действительно, поэзия Рубцова смогла продолжить и развить традиции русской классики, особенно в том, что касается отношения к природе. Подобно своим литературным «учителям», советский лирик видит в ней не просто красивые картины или отражение человеческих чувств. Природный мир даёт поэту ощущение вечной жизни, определяет истинную ценность вещей и явлений. Это не было открытием Рубцова, но он стал первым, кто вспомнил о философии природы в эпоху, когда всех интересовала социальная философия.

Рубцов был единственным поэтом, кто отозвался на деревенскую тему, столь популярную в «оттепельной» прозе. В его стихах драма отношений города и деревни разворачивается широко, обстоятельно, являясь одновременно драмой лирического героя и всей современности. То, чего так боялся в начале века Есенин, всё-таки случилось: город одержал победу над селом, научно-технический прогресс — над древним укладом жизни, спокойным, неторопливым и гармоничным. Но главная проблема, с точки зрения Рубцова, в том, что «грани меж городом и селом» на самом деле проходят по душам и судьбам людей — не случайно у него так часто звучит печальный мотив утраченного счастливого прошлого и неуютного, «бездомного» настоящего.

В стихотворении **«Тихая моя родина»** (1963) лирический герой возвращается в места, где прошло его детство, — и находит там только воспоминания, потому что всё остальное давно разрушено:

> *...Купол церковной обители*
> *Яркой травою зарос.*
>
> *Там, где я плавал за рыбами,*
> *Сено гребут в сеновал:*
> *Между речными изгибами*
> *Вырыли люди канал.*
>
> *Тина теперь и болотина*
> *Там, где купаться любил...*
> *Тихая моя родина,*
> *Я ничего не забыл.*

Здесь нетрудно заметить грустные символы: заброшенная церковь — бывшее сердце села, передвинутая река, которая превратилась в болото — образ искалеченной природы... Однако картина угасания — не главное. Гораздо важнее острое чувство родины, которое и приводит лирического героя обратно к истокам. Это не вся родная страна, но тот уголок на огромной земле, где душа расцветает, потому что там просыпается память и оживляет всё самое лучшее и светлое. Для других этот уголок может быть ничем не примечательным, но не для того, кто там родился и стал человеком. Поэтому лирический герой Рубцова не раз признаётся в любви и верности своей «малой родине»:

> *С каждой избою и тучею,*
> *С громом, готовым упасть,*
> *Чувствую самую жгучую,*
> *Самую смертную связь.*

То, что деревенские жители, отрываясь от родной земли, уезжают в город, становится огромной утратой и для них самих, и для русской глубинки — она теряет людей, хранящих её заветы, тайны и песни. Тем не менее, Рубцова нельзя назвать только лишь поэтом деревни. Он по-своему любит и город:

> *Как часто-часто, словно птица,*
> *Душа тоскует по лесам!*
> *Но и не может с тем не слиться,*
> *Что человек воздвигнул сам!*

(«В городе»)

Любовь к городу — это гордость человека за самого себя, это восхищение творчеством. Если вмешательство в естественное развитие деревни разрушает её, то городская жизнь открыта навстречу преобразованиям, хороша именно своей беспокойностью, неугомонностью.

И всё-таки город, по мнению поэта, во многом проигрывает деревне — уж слишком много в нём ненужного, искусственного, фальшивого, как в плохом театре. Увлекаясь игрой в «красивую жизнь», люди теряют искренность, из их отношений уходит истинная глубина, из жизни — привычная простота и уют. Причём чем больше город, тем больше в нём показного блеска, поэтому Рубцов предпочитает маленькие провинциальные городки, утопающие в зелени садов и живущие размеренной, неторопливой жизнью — такие, как в стихотворениях «Тот город зелёный...», «Выпал снег», «Вологодский пейзаж»:

> *Столпился народ у киоска*
> *И тянет из ковшика морс,*
> *И мухи летают в крапиве,*
> *Блаженствуя в летнем тепле.*

(«Тот город зелёный...», 1969)

В лирике Рубцова прекрасно уживаются романтика и реальность, высокая поэзия и проза жизни. Этому помогает умелое использование художественных средств, особенно символики — здесь тоже сказалось внимание молодого поэта к опыту великих. Кроме того, художественный стиль Рубцова сочетает фольклорность и классику, что не мешает проявлению авторской индивидуальности, а лишь подчёркивает верность традиции. Так возникает и раскрывается образ России, главный в его творчестве. Задача этого образа — рассказать о родине души, найти корни русского характера и связать современность с историей и вечностью.

Привет, Россия — родина моя!
Сильнее бурь, сильнее всякой боли
Любовь к твоим овинам у жнивья,
Любовь к тебе, изба в лазурном поле.

За все хоромы я не отдаю
Свой низкий дом с крапивой под оконцем...
Как миротворно в горницу мою
По вечерам закатывалось солнце!

Как весь простор, небесный и земной,
Дышал в оконце счастьем и покоем,
И достославной веял стариной,
И ликовал под ливнями и зноем!..

(«Привет, Россия...», 1969)

Рубцов находит для себя ответ на давний вопрос: в чём тайна России, разгадка удивительной поэтичности многострадальной страны? По его мнению, это умение русского человека видеть земную красоту и поднимать её до небес, тем самым духовно возвышаясь над невзгодами повседневной жизни. Потому и сильна, непобедима русская душа, что в полёте за мечтой ей не нужно отрываться от земли, а можно, наоборот, подпитываться её мощью и вечной мудростью природного бытия.

После смерти Рубцова «тихая лирика» ожила в стихах других поэтов. Анатолий Жигулин (1930–2000), Анатолий Прасолов (1930–1972), Владимир Соколов (1928–1997), Николай Тряпкин (1918–1999), Анатолий Передреев (1934–1987), Станислав Куняев (род. в 1932) — лишь самые известные. В творчестве большинства из них заметна традиция «новокрестьянской поэзии» 20-х годов, представленной Клюевым и Клычковым. Ещё чаще лириков 70-х сравнивали с Есениным. Стихи привлекали новым для советской литературы культом природы с религиозными нотами, воспоминаниями о крестьянской старине, влюблённостью в мир сказок и легенд. Эти поэты противопоставляют гармоничному прошлому хаос и запустение, царящие в сегодняшней, колхозной деревне, да и в городе тоже.

Эту идею каждый из поэтов воспринял и переосмыслил по-своему. **Юрий Кузнецов** (1941–2003), например, часто возвращается к языческому мышлению далёких предков, видит повсюду действие таинственных, неведомых сил. Его лирический герой хочет покоя, и поэтому готов вслепую, наугад искать дорогу в тот древний мир, прочь от людей и их переменчивой морали — как отчаянно ищет моря «заблудившаяся» рыба:

Из земли в час вечерний, тревожный
Вырос рыбий горбатый плавник,
Только нету здесь моря! Как можно!
Вот опять в двух шагах он возник.
Вот исчез, снова вышел со свистом.
— Ищет моря, — сказал мне старик.

Одной из главных фигур в «тихой лирике» часто называют **Анатолия Жигулина**. Его мир — простая русская природа, родная и близкая своей скромной красотой. Она дорога лирическому герою в любой момент, в любое время года, в любом обличье. Объяснить такое отношение просто: природа хороша каждым своим уголком, звуком и запахом, так же, как жизнь прекрасна и бесценна во всех своих проявлениях. Для Жигулина это не просто слова: он, прошедший через лагеря, искренне любит жизнь такой, какая она есть, единственной и неповторимой, и его лирический герой много раз говорит: «О, жизнь! Я всё тебе прощаю...», сожалея только об одном:

Жизнь пронзительно прекрасна,
Только жаль — не навсегда.

Как и Рубцов, Жигулин чувствует «самую кровную связь» со всем русским народом, готов разделить с ним и счастье бытия, и его горечь, и ответственность за ошибки — не из показного благородства, а потому, что в самом деле верит: люди одной страны и одного времени не могут быть чужими друг другу. Все они — «ближние», братья и сёстры.

Разумеется, были в те годы и другие поэтические открытия. В конце 60-х начинается творческий путь художника, о котором один из исследователей скажет: «Бродский — далеко не обычный гражданин России или любой другой страны Земли. Бродский смотрел на Землю не с земной плоскости, а из других сфер». Этим он был, как никто другой, близок к художникам, философам и провидцам Серебряного века, держась особняком среди современников.

Иосиф Бродский (1940–1996) родился в Ленинграде и уже в пятнадцать лет, покинув школу, начал работать. Он сменил немало занятий, побывав на заводе, в геологических экспедициях, поработав даже в морге. Тем не менее, уже к двадцати годам юноша, никогда не бывший студентом, самостоятельно изучил несколько языков, очень хорошо знал историю литературы и философию. Он становится известен среди ленинградских и столичных ценителей поэзии.

Бродский создал свою поэтику, в которой было место для самых разных художественных средств, заимствованных у всех творческих методов, от классицизма до постмодернизма. При этом его поэзия удивительно, по-философски спокойна. В её основе отстранённый взгляд на мир, поиск причин и объяснений, необычайно тщательный подбор слов. А пафос этой поэзии — благодарность жизни за всё чудесное и готовность стоически принимать все испытания. Для Бродского дисгармония мира не повод разочароваться в нём, а стимул к поиску света, красоты, добра. Его лирику отличают неточные рифмы (а порой и полное отсутствие рифмовки), нарушение метра или вовсе свободный стих. Бродский сближает свою поэзию с прозой, но не лишает её музыки. Он достигает музыкальности стиха с помощью изысканного звукового состава (аллитераций, внутренних рифм) и мастерского использования поэтических фигур: анафор, параллелизмов, инверсий, переносов.

Бродский всегда трепетно и уважительно относился к языку. «Все творческие процессы, — по его словам, — это скорее продукт языка и... того, чему язык вас научил». «Пишущий стихотворение пишет его потому, что язык ему подсказывает или просто диктует следующую строчку. <...> Пишущий стихотворение пишет его прежде всего потому, что стихосложение — колоссальный ускоритель сознания, мышления, мироощущения. Испытав это ускорение единожды, человек уже не в состоянии отказаться от повторения этого опыта... Человек, находящийся в подобной зависимости от языка, я полагаю, и называется поэтом».

Слушай, дружина, враги и братия!
Всё, что творил, творил не ради я
Славы в эпоху кино и радио,
Но ради речи родной, словесности.

(«1972 год», 1972)

Популярность поэта росла так же быстро, как развивался его дар, однако официальная литература не разделяла восторгов по поводу Бродского, его стихи почти не публиковались. Оставив прежнюю работу ради творчества, он оказался без средств к существованию, лишь время от времени подрабатывая как переводчик. Такой образ жизни стал поводом для ареста. Бродского обвинили в тунеядстве (каждый советский гражданин был обязан иметь постоянную работу), судили и приговорили к пяти годам ссылки. Так поэт оказался на севере, под Архангельском. Ахматова, Паустовский, Маршак, другие деятели культуры — как отечественной, так и зарубежной, — даже политики обращались к властям с просьбами о его освобождении. В 1965 году они добились успеха. Бродский вышел на свободу. Впрочем, уже через семь лет поэту пришлось эмигрировать — ни он сам, ни его лирика не соответствовали никаким идеологическим требованиям.

Тем временем тематика стихотворений Бродского становится всё более разнообразной и вместе с этим общечеловеческой. Любовь, смерть, разлука, тоска, история и вечность, Бог и человек — вот главное, чему он посвящает свои стихи. Причину культурного кризиса и многих других бед он, как и большинство современников, видит в разрушении устоев, в утрате нацией своего лица и родовой памяти.

> *Распадаются домы,*
> *обрывается нить.*
> *Чем мы были и что мы*
> *не смогли сохранить?*

(«Строфы», 1968)

История Бродского продолжилась за рубежом, в США, где изгнанник обрёл второй дом. В творчестве поэта, однако, мало что изменилось. Он пристально и взволнованно следил за тем, что происходило в Советском Союзе, откликался на все значительные события, умея показать философскую глубину любого злободневного вопроса.

Так, важное место в поэзии Бродского занимает антивоенная тема. Ещё в 1968 году, в стихотворении **«Письмо генералу Z»** лирический герой заявлял о своём нежелании воевать, если война развязана в политических интересах:

> *Генерал! Я не думаю, что, ряды*
> *ваши покинув, я их ослаблю.*
> *В этом не будет большой беды:*
> *Я не солист, но я чужд ансамблю.*

Здесь совершенно нет трусости — отказ героя означает лишь его внутреннюю свободу, способность самостоятельно думать и отстаивать своё мнение. Стихотворение имеет философский смысл — это протест против войны вообще, актуальный для любой страны или эпохи, потому что война неизбежно несёт разрушение и горе.

В эмиграции было написано другое стихотворение: **«Стихи о Зимней кампании 1980-го года».** Поводом к его созданию послужила война в Афганистане, в которой принимали участие советские войска. Там погибли тысячи молодых людей, было физически и духовно искалечено целое поколение. Однако и в этой ситуации Бродский расширяет проблему, вновь говоря о том, как любая война разрушает судьбы, семьи — всё, чем живёт человек. Поэт одинаково сочувствует и гибнущим соотечественникам, и афганцам, теряющим тепло домашнего очага. В одном из интервью он сказал: «Я воспринял эти танки как орудие насилия над природной стихией. Земли, по которой они шли, даже плуг никогда не касался, не то, что танк. <...> И я задумался о солдатах, которые там воюют — они теоретически могли бы быть моими сыновьями». В поэтической форме это звучало так:

> *Всё неустойчиво (раз — и сдуло):*
> *семьи, частные мысли, сакли.*
> *Над развалинами аула*
> *ночь. Ходя под себя мазутом,*
> *стынет железо. Луна от страха*
> *потонуть в сапоге разутом*
> *прячется в тучи, точно в чалму Аллаха.*

Удивительно, но даже в таких социально острых стихотворениях Бродскому удаётся сохранять спокойную, эпическую интонацию и завораживающе красивое звучание лаконичных сравнений и метафор. Эмоции стоят за текстом, они вызываются у читателя исподволь, с помощью ассоциаций. Так же построена и лирическая автобиография поэта:

> *Я входил вместо дикого зверя в клетку,*
> *выжигал свой срок и кликуху гвоздём в бараке,*
> *жил у моря, играл в рулетку,*
> *обедал чёрт знает с кем во фраке.*
> *С высоты ледника озирал полмира,*
> *трижды тонул, дважды был распорот.*
> *Бросил страну, что меня вскормила.*
> *Из забывших меня можно составить город.*
> *<...>*
> *...Теперь мне сорок.*
> *Что сказать о жизни? Что оказалась длинной.*
> *Только с горем я чувствую солидарность.*
> *Но пока мне рот не забили глиной,*
> *из него раздаваться будет лишь благодарность.*
>
> *(«Я входил вместо дикого зверя в клетку», 1980)*

Слова благодарности трудно объяснить горькой иронией, хотя такое объяснение напрашивается само собой. Однако, в отличие от полного отчаяния

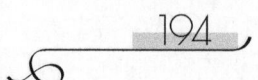

лермонтовского «За всё, за всё тебя благодарю я...», здесь похожие слова в похожей ситуации звучат иначе. Дело в том, что содержанием и смыслом жизни Бродский всегда считал творчество — значит, имел все основания не упрекать небеса, а благодарить их. Он, столько переживший и, казалось бы, уже не питавший никаких иллюзий, в 1975 году пишет **«Осенний крик ястреба»** — поразительно романтичное стихотворение, где ястреб — образ поэта, а его полёт — метафора творческого процесса.

> *Эк куда меня занесло!*
> *Он чувствует смешанную с тревогой*
> *гордость. Перевернувшись на*
> *крыло, он падает вниз. Но упругий слой*
> *воздуха его возвращает в небо,*
> *в бесцветную ледяную гладь.*

Паря на крыльях вдохновения, Бродский никогда не был внутренне стеснён. Он «был настоящий петербургский поэт. Читатель Бродского должен быть хорошо подготовленным, хорошо ориентированным в русской литературе. Он должен быть своим в библейской истории, в античности, первохристианстве, отзываться при этом на свойства советской и западной современной культуры».

Отвергнутый своей страной, Бродский не затаил на неё обиды, а до конца жизни остался предан России и русской культуре, заслужив своим творчеством Нобелевскую премию. Ещё в двадцать два года он написал свою вариацию на знаменательную для русской литературы тему памятника:

> *Я памятник воздвиг себе иной!*
> *К постыдному столетию спиной.*
> *К любви своей потерянной — лицом.*
> *И грудь — велосипедным колесом.*
> *А ягодицы — к морю полуправд.*
>
> *Какой ни окружай меня ландшафт,*
> *чего бы ни пришлось мне извинять, —*
> *я облик свой не стану изменять.*
> *Мне высота и поза та мила.*
> *Меня туда усталость вознесла...*

(«Я памятник воздвиг себе иной», 1962)

Проза

«Деревенская проза»

Творчество писателей-«деревенщиков» в 70-е годы приобрело новую, более трагическую интонацию. Её причину очень точно сформулировал признанный лидер этого течения **Фёдор Абрамов** (1920–1983): «Старая деревня с тысячелетней историей уходит сегодня в небытие… А это значит — исчезает та многовековая почва, на которой всколосилась вся наша национальная культура: её этика и эстетика, её фольклор и литература, её чудо — язык…»

Теперь «деревенская проза» углубляется в исследование национального характера. В ней идёт поиск героя — не исключительного, как Матрёна из рассказа Солженицына, а типического. Выступая от лица всех единомышленников, Абрамов говорил: «Сегодня, когда старая деревня доживает свои последние дни, мы с особым, обострённым вниманием вглядываемся в тот тип человека, который был создан ею, вглядываемся в наших матерей и отцов, дедов и бабок».

Вместе с тем разговор о людях старшего поколения — это стремление осмыслить и удержать их духовный опыт, те нравственные силы, которые не дали пропасть России в годы самых тяжких испытаний». Со временем эта задача приводит авторов «деревенской прозы» к размышлению о судьбах русского крестьянства в XX веке, и в конце 70-х годов практически все они обращаются к истории — периодам нэпа и коллективизации.

Вместе с Абрамовым, который двадцать лет работал над циклом из четырёх романов «Братья и сёстры» (1958–1978) о трёх поколениях семьи Пряслиных, этот путь прошли Василий Белов (он пишет большой роман «Кануны»), Борис Можаев (1923–1996), создавший эпос «Мужики и бабы», и другие писатели. У многих жизнь деревни до революции показана слишком гармоничной и почти бесконфликтной — прошлое, которого они не застали, и Белов, и Можаев представляют себе как сельский рай, воплощение идеала.

Ещё одно направление развития «деревенской прозы» шло за судьбой героя, который стал жертвой в столкновении города и села. Покинув родную землю и переехав «в цивилизацию», он так и не смог стать городским человеком, навсегда оставшись где-то посередине. Он стал чужим для односельчан, но и горожане не спешат признать его своим, продолжая в глубине души (а некоторые и открыто) считать «деревенщиной». В результате человек превращается в маргинальную личность, выброшенную на обочину жизни. На эту тему много писал Василий

Белов в своих рассказах 70-х годов, но, пожалуй, лучше всех о таком герое и его драме рассказал **Василий Шукшин** (1929–1974).

Жизнь и творчество этого человека — пример необычайной разносторонности, многогранного таланта и неуёмной энергии. Василий Макарович Шукшин известен как писатель, актёр, кинорежиссёр, сценарист, и его вклад в культуру последних советских десятилетий поистине огромен. Яркие образы, созданные им в литературе и в кино, часто комичные, но ещё чаще глубоко драматичные, воплощают внутреннюю, душевную красоту человека. Шукшин доказывает: несмотря ни на что, ещё живы в людях нравственная чистота и светлая, по-детски бесхитростная любовь к миру.

Будущий литератор и кинематографист родился в селе Сростки Алтайского края. Окончил школу и техникум, работал в родном колхозе, но уже в семнадцать лет покинул его, устремившись «в огромную неведомую жизнь». Служил в армии, работал слесарем, разнорабочим, директором вечерней школы — словом, не искал лёгких путей. Окончил Всероссийский институт кинематографии (ВГИК). Фильм «Живёт такой парень», снятый Шукшиным по собственному сценарию, в 1964 году получил высшую награду Венецианского международного кинофестиваля.

В 1958 году в журнале «Смена» был опубликован первый рассказ Шукшина, а в 1963 году вышел и первый сборник — **«Сельские жители»**. Деревенский опыт автора, его наблюдательность и умение подмечать самые выразительные чёрточки разных характеров — вот что лежит в основе первой книги, да и всего последующего творчества мастера. Из деревни вышли и герои шукшинских рассказов — знаменитые «чудики». Они дороги писателю своей добротой и искренностью, любовью к миру, желанием нести в него пользу и радость, жить для людей. Только вот к этим «большим детям» решительно никто не относится всерьёз. Они вызывают у окружающих либо смех, либо раздражение.

В раннем творчестве Шукшина ещё есть вера в то, что такие конфликты могут решаться в пользу наивных героев, поскольку они — «светлые души», а свет обязательно побеждает тьму. Постепенно противоречия становятся всё более серьёзными, и писатель называет своих героев уже не «светлыми», а «странными людьми». Глубже и глубже погружаясь в конфликт мировосприятий. Шукшин убеждается: главное зло — равнодушие. На него опираются и ложь, и эгоизм, и хамство, и многие другие пороки, делающие жизнь невыносимой.

В 1967 году написан рассказ **«Чудик»**. Оптимизм его заглавного героя, Василия Егорыча Князева, выдерживает немало испытаний, а радостное, непосредственное отношение к жизни редко находит отклик и встречает поддержку.

Вот лишь один эпизод...

Приехав в гости к брату Дмитрию, живущему в городе, Василий Егорыч оста-ётся в квартире один, когда все уходят на работу. Ему хочется сделать что-нибудь приятное жене брата, которая почему-то явно не рада гостю. Тут на глаза герою попадается детская коляска — и он разрисовывает её красками с любовью и фанта-зией: «По верху колясочки Чудик пустил журавликов, по низу — цветочки разные, пару петушков, цыпляток... Осмотрел коляску со всех сторон — загляденье. Не ко-лясочка, а игрушка». Он с удовольствием представляет себе, как обрадуется сноха, увидев это произведение искусства. Увы, его ожиданиям не суждено оправдаться — вместо благодарности он получает громкий скандал и понимает, что в этом доме ему нет места.

Шукшин убедительно доказывает: претензии снохи Чудика (и множества таких, как она) на «культурность» совершенно необоснованны. Грубость и жестокость просто не могут сочетаться с настоящей интеллигентностью — потому и плачет от отчаяния Дмитрий: «Вот она, моя жизнь! Видел? Сколько злости в человеке!.. Сколько злости! <...> Она и меня-то тоже ненавидит, что я не ответ-ственный, из деревни».

Собирательный образ фальшивой городской культуры в рассказе дополняют и важный попутчик героя, который газетные новости предпочитает живому общению, и строгая телеграфистка, которая заставляет Чудика вместо сердечной телеграммы «со стихами» послать жене сухое сообщение.

Шукшин не любит усреднения, или так называемой «уравниловки», проте-стует против этого. Он отстаивает право каждого человека на индивидуальное восприятие жизни, на свой неповторимый путь к её главным истинам, даже если кому-то этот путь кажется смешным или глупым. Более того, писатель уверен: «герой нашего времени — это всегда дурачок, в котором наиболее выразительным образом живёт время, правда его времени...» Эта мысль нашла интересное, буквальное выражение в сатирической сказке-притче **«До третьих петухов»**, где главный герой, Иван-дурак, посланный за «справкой о том, что он умный», проходит долгий и чрезвычайно непростой путь.

За всю свою жизнь Шукшин создал 125 рассказов. Его любимые герои всегда любознательны, их пытливый ум стремится всему найти объяснение, что-то от-крыть, что-то создать. Беда лишь в том, что такие изобретатели-самоучки больше не нужны обществу, где всё поставлено на поток, где вещи, произведённые про-мышленным способом, ценятся дороже, чем уникальное, нестандартное творение рук человеческих (вспомним хотя бы коляску, которую украсил, а по мнению снохи — испортил Чудик).

Но не только положительные герои привлекают внимание Шукшина. В его творчестве немало рассказов, в центре которых стоят далеко не идеальные персонажи со сложными, а порой и отталкивающими характерами. Это те, кто не задумываясь причиняет боль другим людям, как Ольга Сергеевна из рассказа «Бессовестные», Шурыгин из «Крепкого мужика», заглавный герой «Мужика Дерябина», безымянные персонажи рассказов «Охота жить», «Волки».

Особое место в галерее психологических портретов, созданных Шукшиным, занимает образ матери. Он всегда наполнен такой добротой и сердечностью, такой жертвенной и всепрощающей любовью, что нередко лучше всех художественных средств и приёмов помогает автору раскрыть нравственную сущность героя-сына. Мать — самое святое, что только может быть в жизни человека, и те, кто этого не понимает — безнадёжны.

Отчётливо звучит этот мотив в сценарии к фильму **«Калина красная»** (1973). Главный герой этой киноповести Егор Прокудин и его судьба — пример того, как остаются нереализованными возможности человека, гибнет его духовный потенциал. У Шукшина эта тема чаще всего раскрывается в образах людей, «потерявшихся» между деревней и городом. Писатель ощущал эту ситуацию как личную драму. «Так у меня вышло к сорока годам, — писал он, — что я не городской до конца, и не деревенский уже. Ужасно неудобное положение. Это даже — не между двух стульев, а скорее так: одна нога на берегу, другая в лодке. И не плыть нельзя, и плыть вроде как страшновато...» Город притягивал как центр культурной жизни, но отталкивал своим равнодушием.

Егор Прокудин ещё в юности покинул родное село, отправившись в город за лучшей жизнью — и там его затянула «романтика» уголовного мира. Герой попадает в тюрьму, где, отбывая свой срок, завязывает переписку с Любой Байкаловой. Она приглашает Егора после освобождения приехать к ней. Одинокая женщина хочет поддержать Прокудина, помочь ему вернуться к нормальной жизни и честному труду, обрести простое человеческое счастье. И тот, поначалу не воспринимая Любу всерьёз, со временем убеждается, что и сам не хочет ничего другого. Женщина, которая верит в него вопреки насмешкам и осуждению односельчан (вариант образа «странного человека»), помогает Егору решиться на окончательный разрыв с воровским прошлым.

Шукшин понимает, насколько это трудно и опасно. В финале героя убивают бывшие дружки. Но смерть Егора на распаханном им поле, под символичными русскими берёзками всё же прочитывается как возвращение, пусть и трагическое, к истокам, к гармонии жизни и труда на земле: «И лежал он, русский крестьянин, в родной степи вблизи от дома. Лежал, приникнув щекой к земле, как будто слушал что-то такое одному ему слышное». Герой, сумевший побороть «заевшую» среду, умирает победителем, как бы горько ему ни было сознавать, что большая часть жизни растрачена впустую.

Егор — очень привлекательный персонаж с сильным характером, весёлый, бесшабашный, добрый, но годы жизни «вне закона» сделали его внутренне закрытым. Он привык надёжно защищать свой мир от постороннего вмешательства и никому не позволяет догадаться о том, что происходит в душе. Поэтому и об угрызениях совести, терзающих героя, читатель или зритель долгое время не догадывается. Егор неожиданно раскрывается, когда, оказавшись с Любой у дома своей матери, отказывается туда войти и лишь потом объясняет, почему. Он не может предстать перед матерью таким — бывшим уголовником с тёмным прошлым и неясным будущим. Перед матерью, а не перед обществом или законом чувствует он свою вину, понимая, что искупить её вряд ли когда-нибудь сможет.

Образ Егора Прокудина был очень дорог писателю — не зря Шукшин сам сыграл эту роль в фильме, не доверив её никому другому. «Калина красная», как, впрочем, и все его работы — литературные, режиссёрские, актёрские — вошла в золотой фонд российской культуры и по сей день пользуется народной любовью.

Кроме того, Шукшин — едва ли не единственный писатель той поры, сохранивший верность традиционной русской психологической прозе, сумевший отразить острейшие проблемы современности и при этом избежать публицистического звучания своих книг.

Несмотря на все усилия деятелей культуры, призывавших к духовному возрождению, советское общество упорно не желало возвращаться к природной мудрости, нравственной чистоте и добросердечию ушедших поколений. Казалось, что никакая сила уже не в состоянии контролировать и направлять людей — они снова превращались в неуправляемую толпу, всё чаще и чаще движимую элементарными животными инстинктами. Наступило время, когда безверие, отсутствие идеалов, меркантильность и равнодушие к чужой боли стали нормой, общепринятым способом жизни. «Деревенская проза» в ответ на это наполнилась отчаянием, заговорила совсем другим языком, срываясь на крик.

Во-первых, от уже достигнутых художественных, поэтических, психологических высот она снова спустилась к уровню публицистики, взывая к читателю и требуя от него ответа, действия. Произведения середины 80-х годов (например, «Пожар» *Валентина Распутина* и «Печальный детектив» *Виктора Астафьева*, оба напечатаны в 1986) вызвали споры о том, имеют ли художники право на отказ от образного выражения мысли. Один из участников дискуссии заметил: «бывают ситуации, когда не до эстетики и стилистики, когда, по выражению Леонида Леонова, на площади в рельсу бьют», то есть идут на всё, чтобы только быть услышанными.

«Деревенская проза» стала говорить о проблемах, стоящих перед всем современным обществом — ведь нравственный кризис не имеет своей территории, он в равной степени поражает и сельских жителей, и горожан. Таким образом, со второй половины восьмидесятых течение «деревенщиков» прекращает своё существование, хотя некоторые авторы продолжают свой творческий путь.

Философско-«экологическая» проза

Эти романы и повести говорят о жизни на планете, о том, что мир един во всех своих проявлениях. Ещё ни одно поколение не несло Земле таких разрушений, не было так слепо и глупо, уничтожая природный космос, переживший века и тысячелетия — утверждают киргизский писатель Чингиз Айтматов (1928–2008) и его русский коллега Виктор Астафьев. Очень красноречив образ-символ, созданный Айтматовым в романе «И дольше века длится день» («Буранный полустанок», 1980) — на месте древнего родового кладбища строится космодром. Он нужен не для того, чтобы связать человечество с вселенной, нет, с него будут запускать боевые ракеты, дабы не допустить контакта других цивилизаций с землянами.

«Царь-рыба» (1976) Виктора Астафьева — это книга рассказов, которую тоже пронизывает мысль о единстве всего живого. Удивительно поэтичные образы очеловечивают описания природы и представляют человека как природное явление. Здесь река — «синенькая жилка, трепещущая на виске земли», а ребёнок — зелёный листок на «древе жизни». Такое единение делает понятной другую особенность книги: человек, нарушивший гармонию и преступивший закон добра, рано или поздно обязательно бывает наказан. Кстати, и определение для таких преступников у Астафьева одно на всех — «браконьеры». Он называет так и тех, кто действительно промышляет браконьерством, и тех, кто заставляет страдать людей. Мир, такой щедрый по отношению к своим детям, умеет быть справедливым — в отличие от человеческого общества.

Эта мифология и составляет суть «Царь-рыбы», выдавая заветную мечту автора о торжестве мудрого миропорядка, а заодно и горькое неверие в то, что люди могут восстановить его.

«Городская проза»

Проблемы нравственности и человечности легли в основу ещё одного литературного течения 70–80-х годов. Оно не было многочисленным и, по существу, группировалось вокруг одного писателя — **Юрия Трифонова** (1925–1981). Критика назвала его творчество «городской прозой», чтобы подчеркнуть некоторые принципиальные отличия от прозы деревенской. Разумеется, дело не только в том, что действие произведений Трифонова происходит в городе. Просто их герои, испытывающие давление жёсткого, прагматичного и равнодушного мира, не ищут помощи со стороны, не опираются на опыт предков, не прислушиваются к голосу природы или космоса. Всё, чем они живут, принадлежит к области человеческих взаимоотношений — будь то семья, круг друзей, связи в рабочем коллективе, поиски личного счастья. Поэтому выход из любого социального или морального кризиса для них возможен только через углублённый самоанализ, через честную и бескомпромиссную переоценку своих отношений с окружающими.

Трифонов написал ряд повестей о жизни московской интеллигенции: «Обмен» (1969), «Предварительные итоги» (1970), «Долгое прощание» (1971), «Другая жизнь» (1975), «Дом на набережной» (1976). Все они несли простую истину, хорошо известную каждому, но запрещённую в социально ориентированной прозе: быт — это и есть жизнь человека. Оказалось, что «мелкие» семейные конфликты могут порождать настоящие драмы и трагедии, которые способны играть не менее (а подчас и более) важную роль в жизни человека, чем глобальные исторические потрясения.

Герои прозы Трифонова неоднозначны. Их невозможно поделить на положительных и отрицательных, поскольку достоинства и недостатки в равной степени есть у каждого. Не «плюсы» и «минусы» персонажей определяют конфликт повестей, а столкновение ценностей. Трифонов мастерски создаёт для своих героев острые, экстремальные ситуации, которые требуют сделать выбор — и выбор этот всегда нравственного характера.

В повести **«Обмен»** Виктор Дмитриев, тридцатисемилетний инженер, долгие годы разрывается между двумя непримиримыми сторонами. Он и его жена Лена — люди совершенно разного воспитания. Для семьи Дмитриевых важнее всего порядочность, честность, принципиальность. Лукьяновы (Лена и её родители) — люди практичные, умеющие всеми правдами и неправдами бороться за «место под солнцем», пробивать себе дорогу в жизни. Трифонов не спешит упрекать

Лену, ведь она делает всё ради семьи: завязывает нужные знакомства, устраивает мужа на хорошую работу, а дочь — в престижную школу. Кроме того, само по себе «умение жить» — вовсе не дурное качество. И тем не менее, отдаление героя от матери и сестры, молчаливое соглашательство с неприятными поступками жены, а потом окончательный (пусть и болезненный) переход на её позиции — всё это показано как нравственное падение. Например, устраиваясь на новую работу, Виктор занимает место, о котором мечтал его старый друг, но довольно быстро заглушает угрызения совести по этому поводу.

Узнав, что мать Дмитриева неизлечимо больна, Лена, уже много лет враждовавшая с ней, предлагает срочно съехаться, обменяв две их комнаты в разных районах города на отдельную квартиру, чтобы она осталась им с Виктором после скорой смерти свекрови. Конечно, этот обмен нужен семье. Но Дмитриев понимает: мать сразу же догадается о том, что дни её сочтены, и о том, что квартира для сына важнее, чем покой последних дней умирающей матери. Он долго не решается завести этот разговор, стыдится своего малодушия и жестокости, пытается убедить себя в отсутствии иного выхода — и делает непоправимый шаг.

Ответ матери звучит как приговор Дмитриеву: «Ты уже обменялся, Витя. Обмен уже произошёл». Иначе говоря, Дмитриев окончательно сдал свои позиции, стал таким же, как Лукьяновы, перенял их «душевную неточность», «что-то недочеловеческое» — то, в чём совсем недавно сам упрекал Лену. Он пошёл на компромисс со свой совестью, но этот выбор сломал его. В финале Трифонов рисует Виктора внезапно постаревшим, с потухшим взглядом.

Однако «Обмен» — не только личная трагедия «человека компромисса», как метко окрестили критики Дмитриева и подобных ему персонажей. Особое место в повести занимают детские воспоминания героя о жизни на даче, в посёлке Павлиново.

Начиная с «экзотического» названия местечка, писатель выстраивает цепочку ярких, необычных деталей, которые сплетаются в памяти Дмитриева с беззаботными, солнечными днями летнего блаженства, где были одинаково счастливы и дети, и взрослые, играющие в одни и те же игры. Так возникает идиллический, но удивительно уютный и художественно убедительный мир, в котором жили родители Виктора и вся их многочисленная родня. Не зря Дмитриев в трудные минуты хочет снова окунуться в тот мир и едет на реку, куда мальчишкой приходил писать пейзажи. Но возврата к прошлому нет и быть не может: «На противоположном берегу, где когда-то был луг, теперь устроили громадный пляж с балаганами, ларьками... Всё изменилось, всё «олукьянилось» — окончательно и безнадёжно».

В этом и состоит внутренний трагизм повести, её нерв — время Дмитриевых и Павлинова безвозвратно ушло. Пришло время Лукьяновых — время людей, «умеющих жить» и не жалеющих «наивных» ценностей, которые так берегли непрактичные чудаки.

Безжалостное время для Трифонова — и объективный факт, и предлог, помогающий «людям компромисса» оправдать себя. Писатель снова ставит традиционную для русской литературы проблему личной ответственности человека за всё, что происходит с ним и с его близкими, а в конечном счёте — и со страной. «Я не хочу ничего разжёвывать или объявлять моральный приговор, — признавался он, — эту работу должен проделать читатель».

Военная проза

Литература тех лет, посвящённая Великой Отечественной войне, выходит из «лейтенантской прозы» 50–60-х, также опираясь на воспоминания очевидцев и участников событий, от журналистов до маршала Жукова. Внимание писателей всё больше и больше приковывается к рядовому человеку, простому солдату, сержанту, командиру взвода.

С другой стороны, расширяется круг тем: описываются фронтовые будни и жизнь в тылу, партизанская борьба, деятельность разведчиков, контрразведчиков и дипломатов — трудно найти хоть одну сторону действительности военных лет, не освещённую в литературе этого периода.

Следуя общей тенденции эпохи, военная проза развивается и в психологическом отношении, и в художественном, открывая для себя новые приёмы и возможности. Как говорил Юрий Бондарев, автор романов «Берег» (1975) и «Выбор» (1980), современная книга о войне — это книга, «вышедшая на просторы земного шара», то есть рассматривающая человека в контексте мировой истории, важных социальных проблем всего человечества.

Показательно то, как меняется в связи с этим образ врага, ведь раньше он рисовался исключительно чёрной краской. Конечно, и сейчас никто не отрицал жестокости и бесчеловечности гитлеровцев, горя и разрушений, принесённых ими на советскую землю, но теперь ненависть отступает на второй план благодаря исторической дистанции. В силу вступает более традиционный для русской литературы объективный взгляд на вещи. Истинный психологизм не бывает избирательным, и авторы начинают признавать: зверства фашистов не означали, что садистами и извергами были все, кто сражался за Гитлера. По обе стороны фронта были люди. Более того, этот подход объяснял мучительные переживания, о которых рассказывали ветераны — убивать людей страшно и противоестественно, даже на войне. Требовалось пересмотреть отношение к врагу, чтобы лучше понять своих соотечественников, осознать, через какие испытания пришлось пройти советским бойцам.

В 1979 году вышла в свет повесть Вячеслава Кондратьева (1920–1993) **«Сашка»**. Её главный герой — двадцатилетний солдат, сумевший сохранить человечность, в большом и в малом следуя зову сердца и голосу совести. Сашка по приказу доставляет в штаб пленного гитлеровца и по дороге убеждает его в гуманности советских людей: «Мы — не вы, пленных не расстреливаем». Но, неожиданно для него, командир батальона, только что потерявший близкого человека, приходит в ярость от поведения немца на допросе и приказывает Сашке расстрелять его. Тот оказывается в сложнейшем положении, поскольку совесть не позволяет ему выполнить приказ, а воинский долг требует незамедлительного выполнения. Кондратьев очень подробно описывает мысли и чувства героя, отчаянные, но упорные попытки найти разумный и честный выход из ситуации — в небольшой по объёму повести этот эпизод занимает целых пятнадцать страниц. Тем самым автор задерживает внимание читателя на нравственных ценностях и доказывает, что жестокость военного времени не может оправдать слепой жестокости в людях.

Похожие проблемы поднимает и Виктор Астафьев в повести **«Пастух и пастушка»**. Писатель переделывал её восемь раз, подыскивая те формы, которые лучше всего передали бы заветную мысль автора о том, что война — это прежде абсолютное зло. В ней нет и не может быть победителей, все в той или иной степени жертвы.

Художник не жалеет читателя, он описывает и бой, и его последствия очень натуралистично, заставляя каждого увидеть своими глазами мучения и смерть, услышать крики и стоны раненых, почувствовать боль, страх, отчаяние — пережить то, что переживает солдат на фронте. При этом он также не делает различия между «своими» и «чужими», потому что все одинаково смертны и одинаково хотят жить. «На поле, в воронках, и особенно густо возле изувеченных деревцев лежали убитые, изуродованные немцы. Попадались ещё живые, изо рта их шёл пар, они хватались за ноги [Бориса], ползли следом по истолчённому снегу, опятнанному комками земли и кровью, взывая о помощи.

Обороняясь от жалости и жути, Борис зажмурил глаза: «Зачем пришли сюда?.. Зачем? Это наша земля! Это наша Родина! Где ваша?» Но ни закрытые глаза, ни справедливая риторика оправдательных фраз не помогают ему — вид раненых и умирающих людей терзает сердце героя.

Но натурализм в этой повести нужен не только для того, чтобы напугать читателя. Астафьев противопоставляет ему поэтичные, романтические образы и эпизоды. Самый важный из них — образ-символ, вынесенный в заглавие. Пастух и пастушка, традиционные герои литературы романтизма и сентиментализма, воплощающие чистую и вечную любовь, здесь принимают вид двух убитых стариков, которых видит герой, входя в освобождённый от немцев украинский хутор. С того момента эта пара стоит у него перед глазами, вызывая воспоминания о мирной жизни, доме, матери, детстве, поездке в Москву и театральном спектакле, где под «сиреневую музыку» танцевали трогательные влюблённые герои. Старики, сохранившие любовь до последних дней своей жизни, становятся для героя символом всего светлого и прекрасного, что безжалостно уничтожает война.

Романтика и натурализм в повести находятся в тех же отношениях, что мир и война, счастье и смерть — в реальной жизни. Астафьев написал книгу о любви и войне, сделав историю колхозных пастухов не менее важной, чем захват и освобождение Украины. Для него, как и для других авторов военной прозы 70-х, человек по масштабу и значимости не уступает стране.

Позднее военная тема в творчестве Астафьева приобретёт иное звучание: его роман **Прокляты и убиты**, вышедший в 90-е, пишется как обвинение советского командования в бесчеловечности по отношению к солдатам, в преступном нежелании ценить и беречь человеческую жизнь. Писатель убеждён, что это прямое следствие привычки видеть в каждом «единицу общества», а не живого человека с чувствами и эмоциями.

«Женская проза»

Это литературное течение течение 80—90-х годов скрепляет не только принадлежность авторов к слабому полу (хотя до сих пор русская словесность не знала такого количества женских имён). Все они пришли в литературу, чтобы писать о том, чего, с их точки зрения, мужчины просто не понимали.

В начале XX века все были свидетелями того, как феминистки боролись за права женщин — в том числе за право ни в чём не уступать мужчинам. Советская власть закрепила победу феминизма даже в языке, предложив общее для всех обращение «товарищ». Тогда это устраивало всех, и женщина согласилась быть товарищем.

Шло время, и, поколение за поколением, слабый пол с горечью убеждался в том, что изменить социальную норму гораздо проще, чем идти против природы, которая создала мужчину и женщину разными. Женщине вновь захотелось особого отношения к себе, обожания, поклонения, признания своей хрупкости и ранимости. Тем временем за ней уже успели прочно закрепиться новые роли: коллеги, руководителя, лидера. Они добавились к старым: подруги, жёны, матери, хозяйки — и вместе с ними образовали тот круг забот и обязанностей, находясь внутри которого женщина просто не могла позволить себе быть слабой. Изменились и отношения с мужчиной — он перестал чувствовать ответственность за счастье женщины и благополучие семьи, во многом переложив её на спутницу жизни. А та, напротив, стремилась реализоваться на работе, где её явно ценили больше, чем дома. Необходимость обществу стала отдалять женщину от домашнего очага.

Всё это легло в основу «женской прозы», и в ней были созданы выразительные образы-типы современных женщин, по-разному пытающихся найти выход из непростых жизненных ситуаций. В качестве характерных, показательных для этого течения книг стоит назвать **«Вдовий пароход»** *И. Грековой* (1907–2002), сборники рассказов *Людмилы Петрушевской* (**«Бессмертная любовь»** и **«По дороге Эроса»**), чуть более позднюю прозу *Людмилы Улицкой* (род. в 1943).

Рассказ Петрушевской **«Свой круг»** — художественное доказательство того, что разрушительный эффект всех моральных и социальных революций с наибольшей силой сказывается на психологии женщины, ломая те принципы и даже инстинкты, которые складывались веками. Героиня рассказа одна воспитывает сына и вдруг узнаёт, что совсем скоро должна умереть от неизлечимой болезни. Что должна сделать женщина, чтобы обеспечить будущее своего ребёнка? Найти тех, кто хотя бы отчасти сможет заменить ему мать. Кажется, это не должно стать проблемой — у неё немало друзей (тот самый «свой круг»). Однако героиня относится к ним с презрением: «в этом кругу по пятницам напивались, сплетничали, потихоньку развратничали, лгали, хамили друг другу, завидовали и ненавидели». Она знает: от них нельзя ждать добровольной помощи. И тогда женщина разыгрывает страшный «спектакль». Пригласив «свой круг» к себе на празднование Пасхи, она на глазах у всех избивает сына за то, что мальчик уснул на ступеньках в коридоре (и это тоже было заранее подстроено ею). Теперь мать уверена: «друзья», желая показать друг другу, как они милосердны, будут опекать сироту: «Его окружат вниманием <...> Так бы он после моей смерти пошёл по интернатам... И вот вся дёшево доставшаяся сцена с избиением младенцев дала толчок новой романтической традиции в жизни моего сироты Алёши». Героиню не заботит то, что её ребёнка будут воспитывать недостойные люди — ей важно, чтобы он выжил и приспособился к этому миру, такому, какой он есть.

Драматургия

Семидесятые годы остались в истории литературы временем напряжённого поиска героя. Поэзия, проза и драматургия в равной степени стремились создать портрет современника — и в результате возникла целая портретная галерея, где были представлены самые разные характеры и типы социального поведения. Примечательно, что в исследовании человека авторы опирались на его связи с окружающими, место и роль в обществе, сферу деятельности — шли к пониманию его внутренней жизни через жизнь внешнюю.

И герой появился. Им стал **«деловой человек»** (яркий представитель этого типа — Алексей Чешков, персонаж пьесы *Игнатия Дворецкого* (1919–1987) «Человек со стороны») — полностью погружённый в свою профессию, компетентный, практичный, материально заинтересованный, но справедливый руководитель, одинаково требовательный к себе и к другим. Он не идеален, потому что у него слишком высокая самооценка и, как следствие — немного высокомерное отношение к окружающим, отстранение от них и их проблем. Впрочем, Чешков и сам в какой-то мере страдает от этого, лишённый нормальных человеческих связей, в том числе и полноценной личной жизни.

Поиску сильной, социально активной личности в драматургии, как и в прозе, противостояла другая тенденция. Многие авторы обратили внимание на то, что всё более распространённым в обществе становится иной характер — **человека-неудачника**, внутренне слабого и озабоченного только своей частной жизнью. Такому герою посвящено творчество драматурга *Александра Вампилова* (1937–1972). За свою недолгую жизнь этот писатель создал всего семь пьес, но они, по всеобщему признанию, стали одной из самых ярких страниц в истории русского театра XX века, открыв собой новую эпоху.

Театр Вампилова тесно связан с традициями чеховской психологической драмы — он тоже показывает обыкновенный быт рядового человека, открывая в нём нечто глубокое, делая серьёзные философские обобщения. Повлияли на него и более поздние традиции: молодёжной прозы и мелодрам «шестидесятников» — Розова и Володина. Вампилов называет своих ровесников (ещё недавно они были «звёздными мальчиками») обманутым, «потерянным поколением». Драматург показывает их жизнь после краха романтических надежд юности,

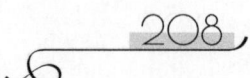

после разочарований и компромиссов — жизнь угнетающую героев серостью и бессмысленностью.

Примечательно, что персонажи словно пытаются убедить себя и окружающих: всё хорошо, даже замечательно. Они шутят, рассказывают анекдоты, весело смеются и смешат, но за смехом видны невыплаканные слёзы. Такое сочетание смешного и горького — отличительная особенность творческой манеры Вампилова, недаром и жанровая природа его пьес обозначена соответственно: **фарс («Двадцать минут с ангелом»**, 1962), **трагифарс («История с метранпажем»**, 1968), **трагикомедия («Старший сын»**, 1967).

Резкие противоположности сталкиваются и в системе образов. Во всех пьесах есть определённый набор типов, который складывается из пар персонажей-антиподов (например, чудак-идеалист и циник-прагматик). Они являются своеобразными «двойниками» главного героя, раскрывая различные стороны его противоречивого характера. Он одновременно циник и святой, бес и ангел, опустившийся алкоголик и преуспевающий прагматик, шут и трагик. При этом герой по очереди примеряет на себя все маски, так и не делая окончательный выбор — финал пьесы, как правило, остаётся открытым.

Исключение — развязка «Старшего сына». Бусыгин, объявивший себя незаконнорождённым сыном совершенно незнакомого человека, чтобы бесплатно переночевать в его доме, неожиданно входит в роль и понимает, что нашёл своё счастье — быть кому-то нужным, иметь семью, пусть даже это и огромная ответственность. «Откровенно говоря, — признаётся он в финале, — я сам уже не верю, что я вам не сын».

У Вампилова часто можно встретить странную, парадоксальную ситуацию — людей объединяют не общие идеалы, а общее разочарование в них. Так, в **пьесе «Двадцать минут с ангелом»** соседи по гостинице, принадлежащие к разным поколениям и слоям общества, единодушно решают, что человек не может просто так подарить сто рублей незнакомцу, попросившему о помощи. Чтобы раскрыть злой умысел, героя привязывают к стулу и устраивают ему оскорбительный допрос. Потом они так же единодушно проникаются симпатией к герою, но лишь тогда, когда узнают его историю: он много лет не видел свою мать и не посылал ей денег, а теперь мать умерла, и он хочет хоть как-то искупить свою вину. «Ангел» был подозрителен, но грешник всем близок и понятен.

Душевные потери героев и слабая, но всегда присутствующая в финале надежда на их возрождение — примета драматургии Вампилова. Оставаясь верным классической традиции, автор протягивает тонкую ниточку сквозь лабиринт многочисленных человеческих пороков и слабостей, чтобы не дать заблудиться хотя бы читателю, если уж герои не хотят или не могут сопротивляться малодушию.

Таким образом, главной особенностью литературного процесса 1970–80-х годов явилось сложное сочетание поиска новых художественных средств и выразительных возможностей с освоением исторического и культурного прошлого, возрождением многих этических и эстетических традиций. Борьба идей и творческих методов наконец стала открытой, все литературные явления получили равные права, и три ветви развития художественной словесности (официальная, подпольная и эмигрантская) вновь соединились.

Валентин Григорьевич Распутин

Валентин Распутин (1937–2015) родился и вырос в селе Усть-Уда Иркутской области, окончил историко-филологический факультет Иркутского университета, работал журналистом — сначала в молодёжной газете, затем на местном телевидении. Одновременно он пробует себя как писатель, в жанре очерка и рассказа. Уже через пять лет в Иркутске выходят две книги молодого прозаика: **«Костровые новых городов»** и **«Край возле самого неба»**.

Всесоюзная известность приходит к Распутину в 1967 году, когда появляется его первая повесть **«Деньги для Марии»**. В её основе лежит очень простая житейская история: в маленькой сибирской деревушке при проверке работы магазина обнаруживают недостачу. Продавщица, честная и работящая Мария явно не виновата в этом, но отвечать за пропажу денег больше некому. Она должна либо вернуть недостающую, довольно крупную сумму, либо пойти под суд. Понятно, что у неё нет таких денег, поэтому беда Марии становится проверкой на человечность для всех жителей деревни. Каждый из них должен решить, что делать: помочь или отвернуться, «не заметить» чужого горя.

Большинство односельчан Марии оказываются на высоте, конфликт разрешается благополучно — но это скорее исключение, чем правило развития сюжета у Распутина. Зато повесть демонстрирует все черты, характерные для его зрелого творчества. Главная из них — глубокая вера в святость семьи и особую роль женщины, матери и жены. Она олицетворяет всё светлое и возвышенное, без неё сама жизнь теряет смысл. И муж Марии, Кузьма сразу же говорит сыновьям: «Мы всю землю перевернём вверх тормашками, а мать не отдадим».

Другой оплот нравственности в повести — вековой русский уклад, традиция,

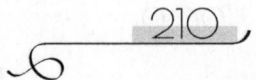

хранящая главные духовные ценности. По мысли Распутина, крестьянская жизнь менее всего подвержена переменам и именно земля питает наши корни. «Все люди родом из деревни, только одни раньше, другие позже, и одни это понимают, а другие нет. <...> И доброта человеческая, уважение к старшим, и трудолюбие тоже родом из деревни».

В 70-е годы были написаны книги, лучшие и в творчестве Распутина, и во всём потоке «деревенской прозы»: повести **«Последний срок»** (1970), **«Прощание с Матёрой»** (1976), **«Живи и помни»** (1977).

Главное, что отзывается болью в душе писателя и придаёт повествованию особенно щемящую интонацию — это распад семьи, отдаление близких людей друг от друга и от своего дома, утрата ими связи с родной землёй, а значит, и утрата опоры, так необходимой человеку.

Ситуация, лежащая в основе повести «Последний срок», как говорится, «списана с жизни». Главная героиня, старуха Анна чувствует, что умирает. Она «лежала... и дожидалась смерти, время для которой вроде бы приспело: старухе было под восемьдесят». Из пятерых детей лишь один сын, Михаил живёт вместе с матерью, а остальные давно уже разъехались, кто куда, и много лет не были дома. Теперь Михаил срочно вызывает их проститься с Анной и проводить её в последний путь. Собираются все, кроме младшей дочери Татьяны, и начинается томительное ожидание. Дети ждут неизбежной смерти матери, мать — приезда любимой дочки. Тянутся дни «последнего срока», срока жизни, который отмерила себе Анна. Внешне ничего не происходит — действия в повести практически нет — но за это время каждый из героев вспоминает свою жизнь от далёкого детства до сегодняшнего дня.

Так рождается сюжет повести и выводится её главная мысль. Ведь «последний срок» — это время, которое остаётся детям, чтобы окончательно повзрослеть. Им предстоит занять место старших и мудрых в вечном круговороте жизни — место, освобождаемое для них Анной. Михаил понимает это и говорит: «Вроде загораживала нас [мать], можно было не бояться. А теперь живи и думай».

Размышления не приносят радости. Внимательный и строгий взгляд в себя вызывает в каждом чувство вины, угрызения совести. И они, привыкшие жить легко, старательно ищут себе оправдания, уходя от «чужих» проблем.

Только Анна не пытается оправдаться, обмануть свою совесть. Видя, как дети теряют интерес и вкус к настоящей жизни, заполняя пустоту чем попало (Михаил пьёт, Люся усердно перенимает привычки городской среды), мать жалеет их и винит себя. Свою вину она видит в том, что не научила сыновей и дочерей отличать главное от второстепенного, жизнь — от житейской суеты. Её дети слишком много забыли — забыли детство, печали и радости юных лет, материнские напутствия, забыли даже те истины, которые когда-то открылись им (например, бесконечность жизни, которую постиг Михаил при рождении сына). Зато старуха-мать не только помнит до мелочей подробности своей и их жизни, но и способна, вспомнив, заново пережить те же чувства.

Может быть, поэтому она и на пороге смерти может жить в полном смысле этого слова, черпая радость и силы там, где другие просто ничего не замечают: «Солнце по утрам не попадало в избу, но когда оно взошло, старуха узнала и без окошек: воздух вокруг неё заходил, заиграл, будто на него что дохнуло со стороны. Она подняла глаза и увидела, что как лесенки, перекинутые через небо, по которым можно ступать только босиком, поверху бьют сумасшедшие от радости, ещё не нашедшие землю солнечные лучи. От них старухе сделалось теплее, и она прошептала: Господи».

Разрыв между поколениями угрожающе велик, и запоздалые уговоры Анны («Не забывайте брат сестру, сестра брата. И сюда тоже наведывайтесь, здесь весь наш род») уже не могут ничего изменить. Приходит последний срок — дети разъезжаются, так и не дождавшись смерти матери, а Анна умирает, проводив их и поняв, что младшая дочь не приедет. Умирает совсем не так, как ей бы хотелось, не спокойно и умиротворённо, а со стыдом и болью в душе. Болью за детей, которые никогда не смогут обрести покой, гармонию с миром.

Следующая повесть Распутина — **«Прощание с Матёрой»** — подхватит эту проблему, и драма поколения, забывшего свой род и свою малую родину, будет развёрнута в национальном масштабе. В 1985 году Распутин продолжает эту тему. Правда, повесть **«Пожар»** формально не связана с Матёрой, но её проблемы и конфликты напрямую вытекают из тех опасностей, о которых писатель предупреждал ранее. Наступила эпоха морального упадка и вызванного им общественного кризиса, и автор в поисках более сильных выразительных средств обращается к публицистике. «Пожар» в художественном отношении уступает повестям 70-х, распадаясь на две линии: лирико-психологическую и социально-критическую, где Распутин использует героев и события как повод обратиться к читателю с пламенной речью и призвать его к борьбе за сохранение современниками человеческого облика.

Творческий путь Распутина повторяет историю всей «деревенской прозы» — в восьмидесятых годах она перестала существовать как литературное течение, отказавшись от разработки деревенской темы и обратившись к общенациональным проблемам.

«Прощание с Матёрой»

Действие повести разворачивается в деревне под названием Матёра, которая расположена на одноимённом острове посреди одной из сибирских рек. На реке строят электростанцию и возводят плотину, в результате чего уровень воды должен значительно подняться. Остров будет затоплен, следовательно, деревню надо сносить, а её жителей переселять в город или в новый посёлок.

Здесь ничего не придумано Распутиным — немало деревень, построенных близ крупных рек, ушло под воду в годы больших промышленных строек. Но Матёра становится для автора символом, превращаясь в русскую Атлантиду, вместе с которой тонет целая культура. Чтобы рассказать эту притчу, писатель не отказывается от реалистической манеры повествования. «Прощание...», очень насыщенное символикой, тем не менее сохраняет прописанный до мельчайших деталей бытовой план. Здесь, как и в других повестях Распутина, основные события происходят в одном доме, одной семье. Перед нами уже три поколения, но противостоящих друг другу позиций по-прежнему две. Их занимают старуха Дарья и её внук Андрей.

Что касается Дарьи, то в этом образе укрепляются и углубляются те качества, которыми Распутин наделил Анну. Теперь уже очевидно, что писатель отводит старшему поколению (как правило, его женской половине) роль оплота нравственности. Распутинские старухи из повести в повесть только мудреют, они готовы бороться за свою правду, до последнего отстаивать заветы предков, возвращать на путь истинный заблудшие души молодых.

Молодёжь в повести тоже ставит перед собой весьма достойные цели. Андрей, объясняя, почему он так хочет участвовать в роковом для Матёры строительстве, говорит: «Я хочу, чтобы было видно мою работу, чтоб она навечно осталась». И это не тщеславное желание увековечить себя, но стремление приносить пользу, делать то, что нужно людям «не вчера, не позавчера», а именно сейчас. Слабость позиции Андрея в другом — он не хочет задумываться, легко принимая на веру чужие идеи и проекты. Он не имеет своего мнения и даже не нуждается в нём, полностью полагаясь на других («Много ли толку от этой Матёры? и ГЭС строят... наверно, подумали, что к чему...»).

Но Распутин далёк от того, чтобы строго судить Андрея за поверхностность — ведь он ещё очень молод и не может иметь такой же зрелый и мудрый взгляд на вещи, как старуха Дарья (кстати, и она, споря с внуком, не обвиняет Андрея и не стыдится, что он вырос таким). Дарья лишь пытается пробудить в юноше чувство ответственности за всё, к чему он так или иначе имеет отношение, а писатель, поддерживая в этом свою героиню, поднимает ещё одну проблему. Её можно обозначить как проблему авторитетов, которая, безусловно, должна решаться не только в семье, но и в масштабах государственной политики. Распутин всё громче говорит о том, что полезность, прогрессивность, современность не должны, не имеют права оттеснять и заслонять собой духовность.

Почему Дарья и другие старухи Матёры так держатся за этот «бесполезный» клочок земли? Во-первых, там, на старом кладбище лежат их предки. Не случайно сцена разорения могил — на них рубят кресты, «очищая» остров перед затоплением — одна из самых сильных в повести по эмоциональному накалу и почти перерастает в войну матёринцев с погромщиками. Здесь, как и в «Буранном полустанке» Айтматова, могилы предков — это и память о близких, и символ самого главного, самого строгого суда. Стыд перед мёртвыми гораздо мучительней вины перед живыми именно потому, что заставляет человека особенно остро чувствовать свой долг. Он заключается в том, чтобы воспитать детей достойными гордости дедов и прадедов, не уронить честь рода.

Во-вторых, Дарья во многом видит Матёру глазами самого писателя и оплакивает её как погибающий мир той культуры, в которой она выросла и прожила всю жизнь. Это особенно явно проступает в прощании Дарьи с её избой. Готовясь к переезду, женщина собирает все вещи, снимает с окон занавески... Но уже выходя, в последний раз оглядывается на родные стены — и сердце сжимается от боли при виде опустевшего дома. Она начинает раскладывать и развешивать всё на прежние места, даже заново белит избу, чтобы вернуть ей жилой, а точнее — живой вид. Дарья «обряжает» дом, как покойника, которого для похорон одевают в самое лучшее. Что это — сентиментальность старухи? Скорее, особое отношение к Дому, его одушевление, которое издавна было русской крестьянской традицией.

В повести постоянно присутствует дыхание древних мифологических верований. Если для Андрея Матёра — бесполезный кусок земли, то для стариков-матёринцев это живая земля. Её дух воплощает странное существо — Хозяин. «Никто никогда его не видел, не встречал, а он здесь знал всех и знал всё, что происходило из конца в конец и из края в край на этой отдельной, водой окружённой и из воды поднявшейся земле».

В подобных описаниях нетрудно увидеть отголоски древних представлений об устройстве мира (земля посреди воды) с обязательным центром — его роль у Распутина, согласно языческим верованиям, играет дерево — «царский листвень». Он неуязвим перед разрушителями, его не могут ни спилить, ни сжечь. Мифологический образ вдруг становится литературным — метафорой русского духа, который цепко держится корнями за свою почву, устремляясь высоко в небеса. Это он устами Дарьи говорит: «Правда в памяти. У кого нет памяти, у того нет жизни».

«Живи и помни»

Название этой повести связано со словами Виктора Астафьева: «Живи и помни, человек, в беде, в кручине, в самые тяжкие дни и испытания: место твоё — с твоим народом; всякое отступничество, вызванное слабостью ль твоей, неразуменьем ли, оборачивается еще большим горем для твоей Родины и народа, а стало быть, и для тебя».

Две судьбы раскрываются перед читателем: дезертира Андрея Гуськова и его жены Настёны. В начале войны Гуськов, как и все мужчины из его села, пошёл на фронт и три года честно воевал, заслужив уважение друзей. Не раз был ранен, снова попал в госпиталь, с нетерпением ждал обещанного отпуска, но вдруг его снова вызвали на боевые позиции. Страх перед смертью, а главное, обида и непреодолимое желание увидеть жену, родных толкают Андрея на побег. Гуськов всего лишь хотел заглянуть в родную деревню и вернуться на фронт, однако быстро добраться до дома не получилось — и тогда он решил не возвращаться, раз всё равно считается дезертиром. Появляться в деревне ему теперь стыдно и страшно, открыться он может только жене. И вот Настёна становится невольной соучастницей мужа, скрывая его от всех, в том числе и от его же родителей, с которыми живёт. Ради Андрея она готова на всё — даже на позор и всеобщее презрение, когда становится очевидной её беременность (ведь никто не знает о возвращении Гуськова).

Дальнейшее развитие сюжета легко предсказать — Андрей и Настёна сами не видят своего будущего. Нельзя всю жизнь прятаться от людей, но и жить открыто тоже невозможно. Распутин показывает, что герои переживают своё положение по-разному: если Настёна, страдая, остаётся собой и не теряет ни человечности, ни веры в добро, то Андрей, став чужим для людей, постепенно «звереет» (он учится выть по-волчьи, охотится, как волк). Настёна живёт только Андреем, любовью к нему, заботой о нём — он же, любя, не умеет защитить женщину, и только тянет её за собой на дно. Становится известно, что Гуськов в деревне, приезжает милиционер, и Настёна бросается предупредить мужа. Но люди замечают, как она садится в лодку, с берега несутся оскорбления, а женщина понимает, что опоздала, и тогда сама прыгает в воду — тонет, разом спасаясь от всех бед.

Несмотря на то, что Настёна сама решает уйти из жизни, вина за эту смерть (равно как и смерть неродившегося ребенка) целиком ложится на Андрея. Он не оставил ей иного выхода, перечеркнул все её мечты, разрушил все надежды. «Война задержала Настёнино счастье, но Настёна и в войну верила, что оно будет. Вот настанет мир, вернётся Андрей, и всё, что за эти годы остановилось, снова тронется с места. Иначе Настёна и не представляла свою жизнь». Поэтому Андрей, хоть он и жертва войны, всё же не заслуживает сочувствия Распутина. Главный порок Гусь-кова не слабость, а эгоизм, который толкает его на грешный путь — ведь «человек, хотя бы раз ступивший на дорожку предательства, проходит по ней до конца».

«Пожар»

Созданная в годы социального и нравственного кризиса, повесть эта несёт в себе сильное публицистическое начало. Её действие разворачивается в посёлке, наскоро построенном для жителей нескольких затопленных деревень. На смену родному и тёплому Дому, согревающему душу своей живительной силой, приходит безликое временное жильё: «Неуютный и неопрятный, и не городского, и не деревенского типа был этот посёлок, словно кочевали с места на место, остановились переждать непогоду и отдохнуть, да так и застряли. Широкие не по-деревенски улицы разбиты были тяжёлой техникой до какого-то неземного пейзажа...» Символично и другое обстоятельство, очень характерное для своего времени: жители посёлка перестали быть крестьянами, они ничего не выращивают, а только грабят природу, вырубая лес и ничего не оставляя взамен. Всё «перевернулось с ног на голову, и то, за что держались ещё недавно всем миром, что было общим неписаным законом, твердью земной, превратилось в какую-то ненормальность... Было не положено, не принято — стало положено и принято, было нельзя — стало можно, считалось за позор, за смертный грех — почитается за ловкость и доблесть».

Поэтому, когда загораются склады магазина, огонь пожара особенно ярко высвечивает всё низкое и неприглядное. Здесь и хитрость начальника складов, скрывающего от людей дефицитный товар, и разобщённость, мешающая «всем миром» справиться с огнём, и беспробудное пьянство тех, кто умудряется выпивать даже посреди стихийного бедствия, и бессовестное разграбление вещей, спасённых из пламени, и даже звериная жестокость людей, способных убить несчастного калеку-сторожа лишь за то, что он пытается остановить грабёж.

Конечно, есть в повести честные, порядочные, самоотверженные герои: тот же сторож дядя Миша, Афоня Бронников, наконец, главный герой повести Иван Петрович и его жена Алёна. Но ведь не они устанавливают порядки в посёлке, не они определяют образ жизни — это делают как раз те, кого раньше называли выродками и считали изгоями общества. Теперь они стали большинством и подчинили всех остальных своим интересам. Говоря о них, писатель не скрывает ни гнева, ни удивления: «Водились, конечно, пьянчуги, где они на святой Руси не водились, но чтоб сбиваться в круг, разрастаться в нём в открытую, ничего не боящуюся силу, такого нет, не бывало».

Писатель ищет объяснение всему в психологии современника. «Одно дело — беспорядок вокруг, — рассуждает он устами своего героя, Ивана Петровича, — и совсем другое — беспорядок внутри себя. Когда вокруг — при желании сколько угодно там можно отыскать виноватых. <...> А в этом случае спрашивать приходится только с себя... И нет ничего проще, как заблудиться в себе». Именно из-за этого в сознании людей незаметно меняются главные ценности: «В житейской практике уже тот хороший человек, кто не делает зла, кто без спросу ни во что не вмешивается и ничему не мешает». А когда каждый старается занять «удобное положение между добром и злом», не желая ни за что отвечать, исчезает такая мощнейшая сила, как общественное мнение, которое с давних времён руководило поведением человека, исчезает общинность, всегда придававшая силу русскому крестьянству.

Вопросы

1. Что делает «деревенскую прозу» важным явлением в советской литературе?
2. Чем отличается литературный процесс 1970-х годов от литературного процесса 1980-х?
3. Что такое постмодернизм и каковы его основные принципы?
4. В чём, на ваш взгляд, заключаются основные достоинства и недостатки поздней советской литературы?

Пятая часть
Русская литература XXI века

Пятая часть
Русская литература XXI века

Глава

11

Русская литература

на рубеже

XX — XXI веков

Общий взгляд

Девяностые годы начались для россиян с сильнейшего потрясения. В 1991 лидеры Российской, Украинской и Белорусской республик подписали соглашение, по которому Советский Союз прекращал своё существование, а республики, входившие в его состав, объявлялись самостоятельными государствами.

В одночасье рухнула не только мощнейшая держава, чей авторитет в мире долгое время был непоколебим. Вместе с её падением произошёл переворот в сознании миллионов простых людей, одинаково потерявших веру и в прошлое, и в будущее, окончательно запутавшись в смутном настоящем. Новое правительство во главе с Борисом Николаевичем Ельциным существенно изменило план реформ, объявив о том, что Россия переходит на капиталистический путь развития.

Как показало время, распад СССР имел немало негативных политических и экономических последствий, но наиболее серьёзными оказались последствия социально-психологические. Если раньше в обществе была надежда на то, что перестройка завершится созданием свободного, демократического и при этом стабильного государства, то теперь в возможность стабилизации верили лишь единицы. Резко упал курс рубля, что привело к стремительной инфляции, росту цен, социальному расслоению на бедных и богатых. Появился новый род занятий — предпринимательство, приносящее высокий доход. Одновременно наступил кризис всех государственных структур, в том числе и правоохранительных, упадок промышленности, здравоохранения и образования, почти переведённых на коммерческую основу, прокатилась небывалая волна преступности.

Сложилась ситуация, очень похожая на российскую действительность 1920-х годов, когда гражданская война оставила после себя разруху, голод, неустроенность быта и смятение в умах. И в то время как интеллектуальная элита праздновала освобождение от всего советского, простые люди оказались в полной растерянности. Они с тоской вспоминали недавнее прошлое, в котором всё было просто, понятно и стабильно.

На этом фоне особенно заманчивым казалось благополучие Запада — США и Европа к этому времени значительно опередили Россию в экономическом отношении. Привлечённые высоким уровнем жизни за рубежом, многие стали по собственной воле покидать страну. В средствах массовой информации заговорили об «утечке мозгов», поскольку уезжали учёные и высококвалифицированные специалисты, уверенные, что за границей их труд будет оплачиваться гораздо лучше, чем на родине, а также молодые люди, едва получившие высшее образование. И в самом деле, через несколько лет, когда экономика относительно стабилизировалась и началось восстановление производства, оказалось, что поднимать его из развалин практически некому.

В культурной жизни, в том числе и в литературе, царило упоение свободой слова, свободой самовыражения — тем более, что пёстрая и непредсказуемая действительность давала богатейший материал для творчества. Постмодернизм, во второй половине 1980-х вышедший из подполья, в 1990-е стал главной художественной тенденцией. Впрочем, в его рамках существовало столько разнообразных течений, группировок и форм, что общий термин «постмодерн» нужен лишь для того, чтобы подчеркнуть принципиальное отличие от реализма тех литературных явлений, о которых идёт речь. Русская словесность стремилась реализовать всё, что ранее было запрещено.

При этом массовый читатель, привыкший к реализму и ожидавший встречи с «типичными характерами в типичных обстоятельствах», разговора о духовно-нравственных проблемах, не получал ожидаемого и быстро отшатнулся от современной литературы. Она превратилась в искусство для немногих «посвящённых», то есть тех, кто мог понимать сложный образный язык постмодернизма, кто мог поддержать предлагаемую авторами игру, свободно ориентируясь в многочисленных культурных кодах и не ожидая от «текстов» ответов на жизненно важные вопросы.

Литература, продолжающая реалистическую традицию, по-прежнему погружалась в гущу народной жизни со всеми её проблемами, драмами и горестями. Но, отражая их без прикрас — ведь больше не существовало идеологии, требовавшей от авторов оптимистического настроя — проза конца 1980–1990-х годов стала возвращаться к поэтике натурализма. В сочетании с кризисным мироощущением писателей это окрасило их творчество в мрачные тона. В критике всё чаще встречалось слово «чернуха» — так называли книги и кинофильмы, изображавшие современное «тёмное царство» без малейшего намёка на «луч света», способный подарить надежду на выход из тупика.

Наступило время массовой культуры — в основном, пришедшей из-за рубежа. К этому времени относится появление на российском телевидении мексиканских, бразильских и американских сериалов — так называемых «мыльных опер», распространение видеофильмов — главным образом, американских боевиков и мелодрам. В литературу хлынул поток примитивных любовных романов и детективов. Предельная простота этих книг, изображённая в них увлекательная «реальность» и неизменно счастливый финал, где побеждают любовь, добро и справедливость, — всё это помогало людям с нетребовательным вкусом отвлечься от проблем, хотя бы на время погрузиться в придуманный «правильный» мир, такой далёкий от настоящего.

Со временем, однако, и в массовой литературе появились свои классики, произведения которых носят не только развлекательный характер. Незамысловатые «иронические детективы» *Дарьи Донцовой* (род. в 1952) уступили место детективным романам *Александры Марининой* (настоящее имя — Марина Алексеева, род. в 1957) и *Татьяны Устиновой* (род. в 1968), в которых куда больше психологизма и художественности, а огромные тиражи романов *Бориса Акунина* (псевдоним Григория Чхартишвили, род. в 1956) доказали, что массовому читателю интересна не только детективная интрига, но и исторические сюжеты, и социально-политическая проблематика. Язык повествования, стилизованный под речь прошлого, и романтический герой также добавили популярности книгам Акунина.

Со временем политический курс России стал более определённым, положение на мировой арене — более прочным. Согласно статистике и финансово-аналитическим данным, наметилась тенденция к экономическому подъёму. По мнению социологов, завершился период привыкания, адаптации людей к новому государственному и общественному устройству, выработались новые модели поведения, жизненные принципы и идеалы.

Несколько стабилизировалась и культурная ситуация. В XXI веке отчасти изменилась расстановка художественных сил: сошёл со сцены радикальный постмодернизм, привлекавший внимание эпатажем и формальными экспериментами. Как это ни парадоксально, постмодернизм в чём-то стал похож на беллетристику, потеряв статус антиофициального, бунтарского искусства и вместе с ним свою привлекательность для тех, кто просто хотел противопоставить свой вкус вкусу «толпы». Не случайно в 2000 году вышла двухтомная «Энциклопедия постмодернизма», ставшая своеобразным подведением итогов этого литературного явления. Направление, распавшись, оставило после себя немало интересных находок, приёмов, художественных моделей — и их начали использовать, продолжая или преобразуя, писатели других идейно-эстетических убеждений.

Тем не менее в эти годы не потерял актуальности жанр антиутопии как книги-предупреждения. Главной идеей таких произведений вновь является конфликт личности и тоталитарного общества — отклик на укрепление и централизацию власти в России, формирование новой государственной идеологии. Только в 2006 году вышли сразу три книги в этом жанре: «2017» Ольги Славниковой (род. в 1957), «ЖД» Дмитрия Быкова (род. в 1967), «Ампир В» Виктора Пелевина.

На рубеже XX—XXI веков в поэзию вновь пришли поиски новых форм. Эксперименты футуристов были продолжены в двух направлениях: зрительном и звуковом, причём зачастую и тем, и другим занимались одни и те же авторы: Ры Никонова (Анна Таршис, 1942—2014), Сергей Сигей (Сергей Сигов, 1947—2014), Сергей Бирюков (род. в 1950). Визуальная поэзия сочетала слово и рисунок, стремилась к их взаимному обогащению. Сонорная (звучарная) поэзия осваивала природу различных звуков и их выразительность, размывая границу между литературой и музыкой.

Сам литературный процесс также обогатился новыми формами. В последние годы всё больше внимания привлекает сетевая литература. Интернет ничего не изменил в литературе, но сделал её абсолютно доступной, позволяя выбирать круг чтения не из того, что есть на прилавке магазина или библиотечной полке, а фактически из всего, что было когда-либо написано. Бесплатная публикация, широкое и быстрое распространение, активное обсуждение и даже коллективное создание текстов — вот возможности, которые предоставила всемирная сеть. Кроме того, электронный вариант текста — особая реальность, открывающая для писателя простор в использовании новых приёмов, в первую очередь композиционных (например, гипертекст помогает строить настоящие лабиринты ссылок, уводя читателя всё дальше и дальше от основной сюжетной линии и даже приводя его к другим книгам).

В сети возникают и свои, специфические литературные явления. Блогерская литература выполняет функции, свойственные журналистике, обеспечивая коммуникацию между участниками литературного процесса. Она использует малые жанры (рецензии, зарисовки, информационные заметки, эссе, короткие стихотворения, небольшие рассказы). Характерно, что произведение блогера даже после своей публикации не является закрытым, завершённым — ведь любой более поздний комментарий рассматривается как его часть. Среди популярнейших литературных блогов рунета выделяются «Российское книжное сообщество», сообщество «Обсуждаем книги», сообщество «Что читать?»

Конечно, картину современной жизни, а с ней и современной литературы ещё нельзя назвать завершённой — продолжается непростой процесс становления, обозначаются более или менее явные линии развития. Не забывая о художественных явлениях, которые заявили о себе на предыдущих исторических этапах, остановимся более подробно на поисках и открытиях последних лет.

Поэзия

После распада СССР лирика выживала с большим трудом. Стихи практически не публиковались, потому что были невыгодны с коммерческой точки зрения, да и сами поэты в большинстве своём очень тяжело переживали разрушение страны и жизненного уклада. Подавленные пессимизмом и материальной неустроенностью, многие просто перестали писать. Такая ситуация оказалась благоприятной для развития постмодернистской поэзии — по сути и форме совсем не лирической. Как это обычно бывает в дни кризиса, вперёд выдвинулись авангардисты, демонстрируя свою «революционность».

Концептуализм

Бесспорно, одно из самых ярких направлений русского постмодернизма. Проникнув во все роды литературы, наиболее основательно он утвердился в поэзии. Своё название концептуализм получил от слова «концепт» — под ним понимают «формально-логическую идею вещи или явления». Иначе говоря, это попытка показать, что многие вещи утратили свой смысл, и за привычными формами стоит пустота — полное отсутствие содержания.

В русской литературе концептуализм появился как реакция на соцреализм и его надоевшие штампы. Со временем он освоил советскую жизнь вообще, во всех её проявлениях — от очередей в магазинах до идеологических лозунгов. Не случайно концептуалисты стали известны не только своей поэзией, но и так называемыми «перфомансами» (от английского слова «performance» — представление).

Это были публичные акции, призванные, по замыслу их организаторов, показать в действии, что искусство способно легко перетекать в житейские ситуации и становиться не-искусством.

«Понедельник», первый сборник концептуалистов, вышел в 1990 году. Среди его авторов были *Дмитрий Пригов* (1940–2007), *Лев Рубинштейн* (род. в 1947), *Тимур Кибиров* (род. в 1955). Их стихи заявили о цели нового течения — борьбе с соцреализмом через разрушение идеологизированных текстов и знаков. Здесь же обозначились и основы новой поэтики: использование «чужого слова», обилие скрытых или явных цитат, неправильный синтаксис и полное пренебрежение знаками препинания, — всё это должно было доказывать антихудожественность и глупость «идеологического противника».

Важная особенность поэзии концептуалистов — тотальная ирония. Часто она рождается, когда хорошо знакомые, обыденные слова и действия вдруг попадают в непривычный контекст. Он-то и заставляет читателя улыбнуться над тем, что раньше считалось серьёзным и значительным. Например, стихотворение о том, как «Милицанер гуляет в парке» (1978), рисует картину недалёкого светлого будущего, которое видится герою:

> *Когда мундир не нужен будет*
> *Ни кобура, ни револьвер*
> *И станут братия все люди*
> *И каждый — Милиционер*

Автор задаёт иронический тон с первой строки — герой не зря назван «милицанером», с наивно-просторечным оттенком. Этот тон придаёт насмешливый оттенок гуманистическим фразам («все люди — братья»). Да и конкретный образ социалистической идиллии выглядит странно: вряд ли каждому захочется быть милиционером, и уж точно эта мечта невозможна в свободном и гуманном обществе.

Дмитрий Александрович Пригов, перу которого принадлежит процитированное выше стихотворение, — самая заметная фигура среди концептуалистов. Он настолько последовательно воплотил в жизнь постмодернистский принцип игры, что фактически слился с образом своего героя, отдав ему фамилию, имя и отчество и приняв его «совковое», то есть наивно-пошлое советское мировоззрение. В пересказе этого героя (как уже упомянутого Милицанера) одинаково теряют авторитетность и всякий смысл слова лозунгов, песен и шедевров русской литературы. Так пушкинское «Чем меньше женщину мы любим, / Тем легче нравимся мы ей» превращается в следующие строки:

> *Чем больше Родину мы любим*
>
> *Тем меньше нравимся мы ей*
>
> *Так я сказал в один из дней*
>
> *И до сих пор не передумал*

Пригов часто обыгрывает звучание слов, намеренно «путая» похожие по форме и совершенно разные по смыслу. Например, два значения слова «вытекать» («течь» и «следовать») толкает его на якобы философские рассуждения, которые своей нелогичностью дискредитируют саму идею философствования:

> *Вода из крана вытекает*
>
> *Чиста, прозрачна и густа*
>
> *И прочих качеств боле ста*
>
> *Из этого что вытекает? —*
>
> *А вытекает: надо жить...*

Наконец, ещё одна «визитная карточка» Дмитрия Александровича — особая «приговская строка». Это короткая строчка (одно-два слова) в конце стихотворения представляет собой своеобразное резюме героя, вывод, сделанный им из всего сказанного. Учитывая, что основной текст состоит, как правило, из чужих слов, последняя строчка словно являет собой вклад героя-автора в создание стихотворения, а заодно и раскрывает его человеческую сущность.

> *Надо честно работать, не красть*
>
> *И коррупцией не заниматься.*
>
> *Этим вправе вполне возмутиться*
>
> *Даже самая милая власть.*
>
> *Потому что когда мы крадём,*
>
> *Даже если и сеем, и пашем,*
>
> *То при всех преимуществах наших*
>
> *Никуда мы-таки не придём.*
>
> *А хочется.*

Лев Рубинштейн предлагает читателю «более жёсткую версию концептуализма». Его стихи принадлежат к специфическому жанру «картотеки». Сам автор считал, что в опубликованном виде его произведение должно выглядеть, как стопка отдельных карточек, на каждой из которых напечатан некий фрагмент:

«стихотворная строка, отрывок уличного разговора, наукообразный афоризм, сценическая ремарка, междометие или же молчание — чистая карточка. <...> Ритмическое перелистывание, последовательное снятие слоёв..., буквальное продвижение в глубь текста — это предметная метафора процесса чтения как игры, зрелища и труда». В качестве примера приведём несколько выдержек из поэмы «Появление героя» (1986). В начале её перед читателем не более, чем набор случайных «уличных» реплик:

> — *А можно прямо через двор.*
> — *Он вам не очень надоел?*
> — *А можно завтра — не горит.*
> — *Три раза в день перед едой.*
> — *Ну, хватит дурака валять!*
> — *В галантерее на углу.*

Однако между ними время от времени «проскакивает» упоминание о том, что «там дальше про ученика». И когда этот герой всё же появляется, сначала обыгрывается само слово «ученик» — в духе задач из школьного учебника.

> — *К ученику на день рождения пришли гости, его одноклассники: две девочки и три мальчика. Угощение состояло из семи кусков бисквитного торта и пяти бутылок напитка «Байкал». Одна девочка съела два куска торта и выпила полторы бутылки воды «Байкал». А один из трёх мальчиков на спор выпил всю остальную воду и сказал, что мог бы ещё. Торт ребята не доели: остался один целый кусок и один надкусанный. После угощения ребята играли в «мнения» и в «балду». День рождения прошёл интересно и весело.*

Каждая из таких маленьких «историй» завершается фразой наподобие «ученик остался один и стал думать». Это подготавливает читателя к финальной части, где герой превращается в ученика совсем в ином — в философском смысле слова.

> — *Учитель сказал: «Я не хочу больше говорить». Ученик сказал: «Если учитель не будет больше говорить, то что мы будем передавать?» Учитель сказал: «Разве небо говорит? А четыре времени года идут, и вещи рождаются». Ученик ушёл и стал думать.*
> — *Вначале он подумал: «Куда смотреть? Ведь во все стороны: вперёд и назад, направо и налево, вверх и вниз, вширь и вглубь разворачивается*

бестолковое пространство наших аритмических усилий и притязаний. Куда же смотреть?»

Так из повседневности рождается философия, из быта вырастает бытие.

Тимур Кибиров вносит в стихи другую ноту. Да, его поэзия тоже целиком состоит из цитат, но Кибиров не желает осмеивать их источники. Все знаки и языки времени интересны ему и сами по себе и постольку, поскольку позволяют заглянуть в душу человека советской эпохи. По словам критика, за этими стихами стоит «желание силой любви и памяти сберечь неизбежно уходящее», их переполняет не сатира, а сентиментальность:

> *В общем-то нам ничего и не надо —*
> *только бы, Господи, запечатлеть*
> *свет этот мертвенный над автострадой,*
> *куст бузины за оградой детсада,*
> *трёх алкашей над речною прохладой,*
> *белый бюстгалтер, губную помаду*
> *и победить таким образом Смерть!*

> *(«Художнику Семёну Файбисовичу», 1988)*

Три кита, на которых стоит земля для Кибирова — это детство, родина и литература. Причём в понятии родины для него соединяются и Россия-Русь, и Советский Союз, и нынешняя Российская Федерация, потому что

> *...здесь вольготно петь и плакать,*
> *сочинять и хохотать,*
> *музам горестным внимать,*
> *ждать и веровать, поскольку*
> *здесь лежала треуголка*
> *и какой-то том Парни,*
> *и, куда ни поверни,*
> *здесь аллюзии, цитаты,*
> *символистские закаты,*
> *акмеистские цветы,*
> *баратынские кусты,*
> *достоевские старушки*

да гандлевские чекушки,
падежи и времена!
Это Родина. Она
и на самом деле наша...

(«Возвращение из Шилькова в Коньково», 1993—1996)

Жизнь души и просто обыденная жизнь для поэта гораздо дороже всех реформ, революций, и оппозиций. Более того, идеал Кибирова — то, что долгие годы презрительно называлось «мещанством» — спокойная и уютная повседневность, освящённая присутствием близких, дорогих людей. Поэтому на фоне авангардной поэзии концептуалистов творчество этого поэта получило название «постконцептуализм» или «новая искренность».

Метареализм (или метаметафоризм)

Это течение в поэзии рубежа веков, которое также вышло из андеграунда «застойных» лет. Во главе его стоят *Александр Ерёменко* (род. в 1950), *Иван Жданов* (род. в 1948), *Алексей Парщиков* (1954—2009).

Идейная и эстетическая позиция метареалистов противоположна убеждениям концептуалистов. Приставка «мета-», входящая в название, имеет греческое происхождение и означает переход, перемену состояния, превращение, то есть связь вещей в широком смысле слова. Кроме того, в русском языке она ассоциируется с чем-то надмирным, с высшими сферами. Поэтому метафора для метареалистов — такой же способ постижения иной реальности и создания новых мифов, каким был символ для символистов. Излюбленный приём метареалистов — соединение двух вещей в третьей:

Море, что зажато в клювах птиц — дождь.
Небо, помещённое в звезду — ночь.
Дерева невыполненный жест — вихрь.

(И. Жданов)

Море здесь не просто похоже на дождь, а небо — на ночь, одно становится другим. Ночь и небо «узнаю́т» друг друга в звезде, которая их связывает и помогает перешагнуть из одного мира в другой.

Играя с повседневной реальностью, метареализм стремится понять реаль-

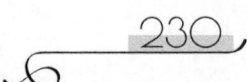

ность более высокого порядка: законы мироздания и подлинные ценности, а заодно и построить свою, художественную реальность. Для этого поэты очищают слова от ложных, устаревших или слишком привычных смыслов, взамен придавая им новые, более глубокие. Метареализм приветствует многозначность (и в этом он полностью отвечает главному принципу постмодернизма), но при этом добивается целостности образа и идеи.

Иван Жданов — поэт, который не просто пишет метафорами, он мыслит ими. Когда вышел первый сборник Жданова — «Портрет» (1982), критики единодушно упрекали автора в «загадочности», «зашифрованности» и «усложнённости» поэтической речи. В то же время в его поэзии совсем нет злободневности, политической актуальности — ведь главные темы метареалистов не связаны с обществом и историческим моментом.

> *Когда умирает птица,*
> *в ней плачет усталая пуля,*
> *которая только хотела*
> *свободно лететь, как птица.*

За этими строками скрывается вполне определённый источник — стихотворение Хлебникова «Когда умирают кони — дышат...». Так же, как и в нём, здесь утверждается, что всё в мире, живое и неживое, имеет глубокую внутреннюю сущность, но Жданов добавляет к этому неожиданный оттенок. Да, он тоже доказывает равенство всех частиц мироздания, но ещё и заставляет читателя одинаково сочувствовать «жертве» и «убийце», птице и пуле. Два традиционно противоположных образа оказываются равны и даже похожи этически и эстетически — в этом легко увидеть не только смелое философствование поэта, но и типичный для постмодернизма пересмотр понятий «хорошо» и «плохо».

В стихах Жданова (как в поэзии Бродского, как ранее у символистов) очень много того, что уводит читателя — подготовленного читателя! — в глубины общекультурной памяти. Он заставляет вспомнить античную мифологию, европейскую и русскую классику, выстроить связи между их образами и сюжетами, соединить эпохи и найти то, что поможет увидеть за вещью — смысл, за временем — вечность.

Что же касается поэзии традиционно-реалистической, то она не дала в эти годы ни новых имён, ни новых художественных открытий. В основном её традицию продолжали поэты старшего поколения: *Анатолий Жигулин* (1930–2000), *Евгений Рейн* (род. в 1935), *Олег Чухонцев* (род. в 1938), *Юрий Кублановский* (род. в 1947), писавшие о нравственности в истории и современности, размышлявшие о культуре и находившие поэзию в быту.

Интонации классической поэзии звучат и в творчестве авторов, чьи стихи получили у критиков наименование лирического архива (или поэзии исчезающего «я»): *Сергея Гандлевского* (род. в 1952), *Николая Зиновьева* (род. в 1945), *Евгения Семичева* (род. в 1952). Это реализм, полный тоски по настоящему чувству, которому всё труднее выживать в жёстком и прагматичном современном мире. Часто душевная боль и критический пафос в этих стихах остры до предела, как, например, у Зиновьева.

> *На ветру дрожит осинка,*
> *Хлещет веткой по глазам:*
> *Не гляди, как гроб из цинка*
> *Из Чечни летит в Рязань.*
>
> *Но летит под небесами*
> *Гроб, и воет, и свистит.*
> *А навстречу из Рязани*
> *Материнский крик летит.*
>
> *Сердце бьётся, время мчится.*
> *Боже правый, сохрани,*
> *Чтоб не видеть, что случится,*
> *Когда встретятся они.*

> *(«Перед встречей»)*

Характерные черты всей реалистической поэзии рубежа XX–XXI веков в сжатой и ясной форме воплотились в его же строках без заглавия:

> *В степи, покрытой пылью бренной,*
> *Сидел и плакал человек.*
> *А мимо шёл Творец Вселенной.*
> *Остановившись, Он изрек:*
> *«Я друг униженных и бедных,*
> *Я всех убогих берегу,*
> *Я знаю много слов заветных.*
> *Я есмь твой Бог. Я всё могу.*
> *Меня печалит вид твой грустный,*
> *Какой нуждою ты теснишь?»*
> *И человек сказал: «Я — русский»,*

И Бог заплакал вместе с ним.

Здесь есть и мощное христианское начало, и диалог с литературной традицией, и классическая форма, и сентиментальность, и, главное, — определяющая всё это идея. Поэты-реалисты оплакивают не только уходящую эпоху, их неподдельная скорбь вызвана национальной трагедией вечной неустроенности России, историческим и современным унижением русского народа, отсутствием явных перспектив возрождения.

Проза

В прозе конца XX века существовали все наиболее значительные тенденции, о которых говорилось выше применительно к поэзии. Кроме того, здесь одновременно существовали и нередко противоборствовали многие другие творческие интересы. Два полюса, между которыми разворачивалась бурная жизнь прозы — это постмодернизм и реализм, но и тот, и другой крайне редко встречаются в чистом виде, без привлечения «чужих» выразительных средств. Это доказывает, что суть литературных противостояний теперь не в борьбе художественных принципов, а в конфликте идей. Писательское сообщество раскололось на два лагеря: либералов и консерваторов, с двумя аналогичными организациями: Союзом Российских Писателей и Союзом Писателей России. Несмотря на отсутствие государственной идеологии, долго не утихала идеологическая война литераторов, в которой творческие методы приобретали социально-политический смысл.

Тем не менее, есть тенденция, общая для всех художников рубежа XX–XXI веков: их творчество находится в активном диалоге с культурной традицией. Одни авторы углубляются в поиск глобальных истин, привлекая для этого философию или мифологию, другие опираются на опыт гуманитарных наук, третьи — на художественный «багаж» различных искусств, в том числе театра и кино.

Порой связь современной прозы с культурным прошлым очевидна. Возник даже особый жанр — ремейк (от английского remake — переделывать). Это дерзкий эксперимент, состоящий в том, чтобы «переписать заново» произведения классиков, поворачивая сюжет под новым, неожиданным углом, «обновляя» психологию героев и их поведение, накладывая исходную проблематику на «болевые точки» своего времени. Повести *Евгения Попова* (род. в 1946) «Накануне накануне» (1993), *Владимира Маканина* (1937–2017) «Кавказский пленный» (1995), *Юрия Кувалдина* (род. в 1946) «Ворона» (1995) уже своими заглавиями заявляют о родстве с русской прозой XIX века: тургеневским «Накануне», «Кавказским пленником» Лермонтова и Толстого, «Чайкой» Чехова. Все они так или иначе пытаются сравнить Россию двух эпох, «до и после» семи десятилетий советской власти. Результаты, к которым они приходят, могут быть самыми разными, вплоть до противоположных выводов. Если Маканин убеждается, что ни страна, ни люди не меняются, то Кувалдин не находит ничего общего между предками и потомками.

Вера Чайковская (род. в 1950) заново поднимает проблемы «Отцов и детей» в повести **«Новое под солнцем»** (1985, опубликована в 1995), где аккуратно повторяются и фабула, и система образов тургеневского романа. Только отрицание для главного героя (его зовут Максимилиан Кунцевич) имеет не философский смысл, а политический подтекст. Он ненавидит всё русское и даже в любви находит национальную специфику: «Ничего светлого, творчески озарённого. Даже Татьяна довела Онегина до умоисступления!... Вот вам наша любовь и наши женщины. Только грех, смерть и катастрофа!» Кунцевич выражает и основную мысль ремейка: «В России всё повторяется. Тысячу раз одно и то же. И отрицание уже было. Но наши предшественники никогда не доходили в своём отрицании до конца — даже Чаадаев. А мы — дошли. Мы отрицаем самих себя. Нужно вырваться из этого порочного круга». Только для героев это означает вырваться из России, для автора — преодолеть собственную слабость и безыдейность.

В 90-х годах появляются и приобретают популярность у читателя новые жанры массовой литературы. Самый яркий из них — фэнтези (его название пришло из английского языка вместе с первыми переведёнными книгами, и лишь спустя некоторое время появились русские писатели, работающие в этом жанре). Фэнтези похож на фантастику, однако отличается от неё более сложной поэтикой и картиной мира. Здесь не только описываются странствия героев во времени и в пространстве других планет или параллельных миров, но и активно осваиваются мифология древних цивилизаций, средневековая история, язык сказки — не случайно один из самых известных отечественных авторов фэнтези *Еремей Парнов* (1935–2009) говорил, что пишет «сказки для взрослых».

Постмодернистское направление в прозе рубежа веков было представлено немалым количеством громких имён, хотя порой литературная ценность произведений оказывалась куда меньше, чем известность авторов.

Концептуализм

На принципы этого направления опирались *Евгений Попов, Виктор Ерофеев*

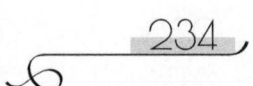

(род. в 1947) и другие авторы, но наибольшую известность получил *Владимир Сорокин* (род. в 1955). Его книги, впервые опубликованные на Западе, в России появились только с 1992 года (романы «Норма» (1979–1983, опубликован в 1994), «Тридцатая любовь Марины» (1982–1984, опубликован в 1995) и др.). Сорокин легко играет жанрами, стилями и культурными знаками, совершенно не заботясь об этической стороне своих произведений. Для него текст — «всего лишь буквы на бумаге», и любая идея или тем более мораль в нём лишняя. Он признаётся, что не видит принципиальной разницы «между Набоковым и каким-нибудь... объявлением». Результат — проза, построенная из смеси равнодушного безликого повествования, полного соцреалистических штампов, и абсурдных событий, которые шокируют жестокостью или откровенным, физиологичным натурализмом. Например, рассказ «Открытие сезона» (1990) похож на обычную зарисовку «из жизни охотников» — до того момента, когда выясняется, что охота идёт на человека. Тогда «разделка» добычи, описанная детально и спокойно, ошеломляет читателя и переворачивает восприятие первой части. Однако объяснения кровавой истории в рассказе нет — ни в тексте, ни в подтексте. Абсурд остаётся бессмысленным и бесцельным. А в скандальном романе «Голубое сало» (1999) Сорокин создаёт злые пародии на литераторов прошлого: Толстого, Достоевского, Платонова, Ахматову, Мандельштама, деконструируя (по существу — выворачивая наизнанку) их характеры и творческие миры, а заодно меняя на противоположности всё: от исторических событий до внутренней логики самого романа.

Сорокин — пожалуй, единственный русский писатель, чьё творчество вызвало бурную ненависть массового читателя (в Москве даже проходили акции протеста, на которых сжигали книги). Тем не менее, его манера и убеждения находят своих сторонников, в том числе и среди людей искусства. Снят телевизионный сериал по его сценарию, и даже в Большом театре поставлена опера «Дети Розенталя» по либретто Сорокина.

Метареализм (условно-метафорическая проза)

Прозаики-метафористы, сохранившие связь с реализмом, не дискредитируют русскую литературную традицию, а ведут с ней диалог.

Потенциал метареализма со всей полнотой раскрыла **Татьяна Толстая** (род. в 1951). Опубликовав первый рассказ «На золотом крыльце сидели...» в 1983 году, она сразу привлекла внимание читателей и критиков. Вскоре последовали одноимённый сборник (1987) и другие книги рассказов: «Любишь — не любишь» (1997), «Река Оккервиль» (1999). В них писательница снова и снова заставляет своих героев переживать коллизии борьбы добра и зла. Её типичный герой — «маленький человек», хотя сама Толстая предпочитает говорить о нём как о человеке обыкновенном. Она охотно пишет о детях, стариках и «ненормальных», сумевших сохранить в душе детство и готовых дарить его свет окружающим. Поэтому так много в её рассказах сказочных мотивов, которые помогают помнить о чуде и мечте несмотря на цинизм действительности.

В 2000 году был опубликован роман **«Кысь»**, над которым Толстая работала в течение четырнадцати лет, что уже нетипично для экспресс-метода постмодернизма. Действие романа происходит в неопределённое время, но в нём угадывается далёкое будущее после глобальной экологической катастрофы («доигрались с оружием» — так звучит её причина). Цивилизация погибла вместе с большинством людей, а оставшиеся ведут первобытный образ жизни. Толстая увлечённо и с юмором рисует мир, полный невероятных растений (например, «клель» — очевидно, гибрид клёна и ели) и животных-мутантов (летающие зайцы). Впрочем, юмор приобретает горький сатирический оттенок, когда речь заходит о людях. И дело даже не в том, что все рождённые после Взрыва тоже имеют Последствия: «лишние» головы, ноги, а то и хвостик, как Бенедикт, главный герой.

Начавшись в духе антиутопии, «Кысь» постепенно раскрывает свой подлинный символический смысл. За внешними уродствами, разумеется, скрываются внутренние «дефекты» личности, которые нельзя объяснить действием радиации. В подтверждение этому писательница изображает поколение, пережившее Взрыв. У «Прежних» тоже есть Последствие — они неожиданно стали бессмертны. Это намёк на расхожие слова о бессмертии культуры, и действительно Прежние претендуют на роль её хранителей. Они трепетно берегут «памятники письменности» (инструкцию по пользованию мясорубкой) и называют себя интеллигенцией. Однако «некультурный» герой, повторяя это слово, его явно не понимает (в романе оно пишется как «энтелегенцыя») — так Толстая выражает свою оценку «культурных» снобов.

Ещё один меткий выпад Толстой в сторону общественного устройства — образ Великого мурзы (иными словами, правителя) Фёдора Кузьмича. Его власть носит тоталитарный характер с оттенком советского лицемерия, при этом на создание «культа личности» работают и наука, и культура, и образование. Хитрый Фёдор Кузьмич прячет от людей сохранившиеся книги, чтобы время от времени дарить народу какое-нибудь «открытие», приписывая его себе (все уверены, что именно он изобрёл колесо и написал гениальные стихи).

Книга вообще является одним из главных «действующих лиц» романа и играет довольно страшную роль. За право владеть книгами (то есть знанием и культурой) разгорается настоящая война, но парадокс состоит в том, что герои, читая, ничего не понимают. Книга теряет свой первоначальный смысл и становится просто идолом. А поклонение идолу, особенно если сознание и личность недостаточно развиты, неизбежно переходит в жестокий фанатизм: ради книг герой начинает убивать людей.

Вывод Толстой беспощаден: как бы прекрасна и гуманистична ни была культурная традиция, до её уровня современнику ещё предстоит дорасти. Пока же весь опыт, накопленный предыдущими поколениями — закрытая книга, и прежде, чем учиться читать, надо освоить азбуку. А главная из азбучных истин гласит, что нет ничего дороже человека.

Разумеется, не всё в литературном процессе поддаётся классификации. Есть авторы, творчество которых невозможно причислить к какому то ни было из существующих течений, хотя отдельные произведения и сближаются то с одним, то с другим. Тем не менее эти писатели играют значительную роль в становлении современной прозы.

Виктор Пелевин (род. в 1962) — один из таких. В конце 1980-х он приобрёл известность как писатель-фантаст, но в 1992 году выходит первый сборник рассказов «Синий фонарь», в котором Пелевин ищет новые темы и новые художественные средства. Результат поисков воплотился в повести того же года — **«Омон Ра»**.

Здесь писатель осваивает язык соц-арта, но значительно углубляет проблематику, не ограничиваясь разоблачениями. Да, в основе сюжета повести — имитация советскими учёными и пропагандистами первого полёта человека в космос, но это всего лишь форма, в которой Пелевин ставит вопросы о правде и лжи, свободе и несвободе, времени и вечности. Бытовой план «Омона Ра» — пародия на классику соцреализма (Горького, Островского, Полевого), где немало абсурдно-сатирических деталей. Например, в лётном училище имени Алексея Маресьева каждого курсанта обещают сделать не только лётчиком, но и «настоящим человеком». При этом каждому ампутируют ноги, чтобы будущие герои были во всём похожи на прославленного героя прошлого.

Однако писатель продолжает этот ряд образами трагического звучания. Грандиозный обман, в который верит всё «прогрессивное человечество», оплачен жизнями космонавтов (для телевизионной съёмки «полёта» все механизмы космического корабля незаметно для камер приводятся в движение людьми). Самое поразительное то, что курсанты, обречённые на смерть для сохранения тайны, тоже верят: они ведут ракету на Луну. Поэтому они совершают настоящий подвиг, добровольно отдавая жизни ради триумфа советской космонавтики. Пелевин сталкивает подлинный героизм с низостью тех, кто безжалостно использует его для лжи.

Такой поворот уже не в духе соц-арта, и сам Пелевин объяснял повесть так: «Эта книга совсем не о космической программе, она о внутреннем космосе советского человека». Герой книги задаётся вечными вопросами: «Кто же такой я? Что такое вне меня и внутри меня?» Вопросы эти впоследствии переходят из одной пелевинской книги в другую. «Жизнь насекомых» (1993) — философско-метафорическая сказка-притча, «Жёлтая стрела» (1993) — аллегорический образ страны-поезда, без машиниста летящей к пропасти, **«Чапаев и Пустота»** (1996) — экзистенциальный роман.

Пелевину удалось возродить образ Чапаева, давно осмеянный в анекдотах. Писатель неожиданно делает героя гражданской войны проводником философии буддизма. В этом нет ни эпатажа, ни издевательства — зато есть роман «о странствиях русской души».

В последующих книгах Пелевин активно перерабатывает новые языки времени, новые формы массовой культуры. Его повесть «Принц Госплана» (1991) реализует понятие «виртуальной реальности», разворачивая действие по модели компьютерной игры, а «Generation “П”» (1999) явно заимствует речевые штампы и композиционные приёмы из рекламы и клипов.

«В постмодернистскую эпоху, — пишет В. Пелевин в романе «Числа» (2003), — главным становится не потребление материальных предметов, а потребление образов». При этом «ни автор, ни повествователь, ни герой не несут ответственности за сказанное в произведении».

Разнообразные эстетические и этические позиции авторов постмодернистской прозы доказывают неоднородность этого направления. Впрочем, противостоящий ему реалистический лагерь тоже неоднороден. Здесь можно найти отголоски всех известных творческих методов от сентиментализма до натурализма, которые несут на себе отпечаток XX века со всеми его открытиями и заблуждениями.

«Новый реализм»

Сопротивление «аморальной» литературе постмодернизма на рубеже веков оказывали те, кто настаивал на существовании национальной идеи, особого русского мироощущения и воспитательной роли русской литературы. *Юрий Козлов* (род. в 1956), *Пётр Паламарчук* (1955–1998), *Вячеслав Дёгтев* (1959–2005), *Владислав Отрошенко* (род. в 1959), *Алексей Варламов* (род. в 1963), *Александр*

Сегень (род. в 1959), *Светлана Василенко* (род. в 1956), *Олег Павлов* (1970–2018) — не все, но самые известные и творчески активные из писателей, которых критики называют «новыми реалистами».

Они часто обращаются к публицистике, желая «достучаться» до читателя, растревожить его совесть, призвать к милосердию и гражданской активности — так же, как это делали авторы «деревенской прозы» в 1980-е.

Олег Павлов пришёл в литературу с армейской темой. Он много пишет о буднях солдат, охраняющих «зону» — колонию для преступников (повести «Казённая сказка» (1994) и «Карагандинские девятины» (2001), роман «Дело Матюшина» (1997)). В 1998 году вышел сборник **«Степная книга»**. Его рассказы создавались в течение 10 лет, вобрав в себя все приметы павловского художественного мира. Павлов вслед за Солженицыным представляет армию и «зону» как модель общества в целом и говорит о внутренней несвободе, ограниченности бытия. Однако в его версии между советским и современным демократическим режимами нет существенных отличий в образе жизни простых людей, народа. Не случайно в «Степной книге» есть рассказы, действие которых происходит и в первые годы после революции («Один грек»), и во время расцвета тоталитаризма («Старорежимный анекдот»), и в конце восьмидесятых.

Здесь важно не историческое время, а способ организации общества, обеспечивающий прочность его структуры. Такой тип государственного устройства можно определить как машину, систему, подобие вечного двигателя. Он функционирует за счёт внутренних ресурсов, вне зависимости от личности людей, занимающих то или иное место в «механизме». Образной иллюстрацией этого тезиса можно считать финал рассказа «Смерть военкора», где и после исчезновения корреспондента «по сей день» появляется в газете «одно и то же», будто она сама рождает статьи.

Разумеется, Павлова как писателя интересуют лики «системы», то есть типы людей, которые работают в ней и перерабатываются ею. Можно назвать целый ряд персонажей, представляющих разные социальные слои, начальников и подчинённых всех уровней. В их художественной характеристике неизменно встречается одна общая черта — подверженность давлению социальной роли, которая требует отказа от всего личного и личностного в свою пользу. Выпадая из занимаемой социальной ниши, человек перестаёт существовать для общества. Такое явление можно обозначить как «социальную смерть» — окончание государственно-полезной жизни человека. Это то, чего больше всего боятся многие персонажи «Степной книги». Страх в прозе Павлова скрепляет общественную «систему»: на какой бы ступени карьерной лестницы ни находился человек, рядом с ним всегда есть «конвойные»-соглядатаи и «каратели»-палачи.

Но главный источник многих трагедий, с точки зрения писателя, — это даже не порочное устройство жизни, подавляющее личность, а рабская психология, готовность подчиняться и отрекаться от своего «я», поскольку систематическое унижение человека действительно делает его ничтожным. При этом человек теряет свои лучшие качества, и их место занимают душевная глухота, равнодушие, жестокость.

Все «новые реалисты» очень разные, и их книги не похожи по творческой манере, жанру, образу мира. Если роман Павлова «В безбожных переулках» (2001) — это «тяжёлая проза» о нерадостном детстве, то «Двор прадеда Гриши» (2010) — цикл рассказов Отрошенко, где повествование тоже ведётся от лица ребёнка, но здесь оно пронизано волшебством неожиданных сравнений и очарованием обычной жизни, превращённой в сказку. Роман «Лох» (2003) Варламова — история обретения веры, история о том, как «маленький и храбрый идеалист... хотел жить наперекор всему так, чтобы доказать граду и миру — продаваться не требуется, жить можно и должно свободно и легко».

При всех различиях эти произведения и этих авторов объединяет одно: протест против философии «красивой жизни» и наслаждения. Им жаль сегодняшнюю коммерческую Россию, чьи улицы забиты рекламой, а скверы заселены бездомными собаками и бездомными людьми. Жалость и отчаяние часто рискуют перейти в пессимизм, но прозаики пытаются удержать от него своих героев. Последней опорой для них становится или семья, или религия, или сохранённые в память о доблестном Отечестве честь и достоинство.

И всё же многие повести, романы, рассказы реалистического направления заканчиваются смертью персонажа. Жизнь, по меткому выражению критика, «не узнаёт своего подлинного героя... Хороший человек терпит поражение в пространстве рыночного, хватательного, земного устройства. Хороший человек теперь пьёт и умирает не за великую идею, не за светлое будущее, не за свободу и равенство — он умирает за возможность оставаться «просто» человеком».

Вне идейной полемики с постмодернизмом протекает творчество ряда писателей-реалистов, чья манера письма уже говорит об их приверженности традициям классической русской литературы. Достойный образец такой прозы — последний роман **Георгия Владимова** (1931–2003). Писатель ещё в годы «оттепели» завоевал уважение читателей и литературной общественности не только как состоявшийся художник, но и как смелый человек, способный «идти против течения». В 1970-х, когда немногие отваживались открыто бороться за права и свободы,

Владимов демонстративно покинул Союз писателей. В начале 1980-х под угрозой ареста он эмигрировал в Германию, где продолжал общественную и литературную деятельность.

В 1995 году вышел в свет роман **«Генерал и его армия»**, посвящённый одному из военачальников Великой Отечественной — генералу Власову. Это очень непростая историческая фигура, которую долгое время обходили молчанием. Дело в том, что во время войны Власов со своими войсками перешёл на сторону Гитлера, то есть сам совершил предательство и подтолкнул к нему других. Владимов даёт своему герою новую фамилию — Кобрисов, и непредвзято, объективно анализирует его поступки, стараясь не осуждать и не оправдывать, но объяснять. Автор размышляет о таких вещах, как любовь к родине, ответственность перед народом, влияние идеологических стереотипов и сохранение нравственного достоинства в драматических обстоятельствах.

Книга вызвала разноречивые отклики, и это вполне понятно. Писателя обвиняли в том, что он порой искажает факты, — и в ответ Владимов говорил, что «Генерал и его армия» — прежде всего психологическая проза, поэтому исторический материал в ней подчинён решению художественных задач, осмыслению социально-философских основ бытия.

Несмотря на жёсткую критику, Владимов был удостоен международной премии Букер за лучший русский роман года, а в 2000 «Генералу и его армии» достался почётный приз «Букер десятилетия», ещё раз подтвердивший репутацию его автора как одного из классиков русского реализма XX века.

Историческая тема на рубеже веков помогает писателям изучать истоки всего, что происходит в России, исследовать национальный характер и систему ценностей разных поколений. Эти задачи обычно решаются в жанре семейной саги — романа, который рассказывает историю одной семьи на меняющемся историческом фоне. Таковы «Замыслил я побег...» (1999) Юрия Полякова (род. в 1954), «Казус Кукоцкого» (2001) Людмилы Улицкой.

Однако история не всегда соединяется с семейно-бытовым материалом. Если соединить её с религиозно-философской проблематикой, возникает новый поворот темы, переход от социальной сферы к духовной. Так происходит в громких романах последнего десятилетия: «Обитель» (2014) *Захара Прилепина* (род. в 1975) рассказывает о том, как сто лет назад на Соловецких островах уживались древний монастырь и лагерь особого назначения (тюрьма). В финале романа звучит парадоксальная фраза, напоминающая философию Леонида Андреева: «Человек тёмен и страшен, но мир человечен и тёпел».

Евгений Водолазкин (род. в 1964) написал роман «Лавр» (2012), который британская газета «Guardian» назвала одной из десяти лучших книг мировой литературы о Боге. Действие романа происходит в XV веке, а его герой проходит долгий путь от рождения до смерти. Дед обучал его искусству врачевания, но юноша не сумел помочь своей любимой — она умирает в родах, и он, потеряв и её, и неродившегося ребёнка, решает всей жизнью искупить свою вину. Старец из монастыря говорит ему: «Любовь сделала вас с Устиной единым целым, а значит, часть Устины всё ещё здесь. Это — ты». И герой проживает жизнь так, чтобы очистить душу любимой перед Богом. Он проходит четыре этапа (каждый — под новым именем) и учится лечить не травами, но словом, молитвой, любовью.

В романе есть многое: события прошлого, широкая картина быта русского средневековья и постулаты веры, необычный язык, в котором соседствуют слова и выражения из разных эпох — как разные эпохи находятся в едином пространстве бытия. Водолазкин говорит, что его книга — «неисторический роман», потому что история означает движение во времени, которое невозможно повернуть назад. В его философии и в художественном мире романа нет начала и конца, как нет и общих правил, и единственно верного пути. В этом мире правит не разум и не чувство, а душа, которая способна чувствовать Бога и находить свой путь к нему. Следуя осознанной цели, человек может спастись сам и спасти тех, кто рядом.

Натурализм

Литература натурализма органично выросла на почве жёсткой действительности 1990-х. То, что в годы перестройки осуждающе называли «чернухой», теперь обрело более глубокое содержание по мере того, как писатели стали подниматься от правды факта к его объяснению. Натуралисты показали готовность к художественным обобщениям, к созданию второго — символического, а иногда и философского — плана своей прозы.

В 1992 году **Олег Ермаков** (род. в 1961), ранее уже заявивший о себе натуралистическими рассказами о войне в Афганистане, публикует роман **«Знак зверя»**. Эта книга продолжает афганскую тему, но из страшного, физиологичного описания войны вырастает совсем другая история — история братоубийства. Она обрастает библейской и мифологической символикой, превращается в притчу о вечном зле и заставляет размышлять о том, откуда берётся оно в человеке и в человечестве.

Главный герой романа — солдат по имени Глеб. Впрочем, в армии он забывает своё имя, его заменяет прозвище «Черепаха» (сокращённо — Череп), отражающее путь, который предстоит пройти герою. Парень, увлечённо читавший восточных поэтов и философов, вынужден идти на войну, разрушать культуру, ещё недавно так восхищавшую его, и, самое главное, убивать людей. Он погружается в мир армии, как в трясину, откуда нет спасения. Дедовщина (то есть издевательство опытных солдат-«дедов» над новичками), равнодушие и жестокость, воровство и мародёрство — вот новые правила армейской жизни. Глеб подчиняется им и скоро становится таким, как все.

Когда он впоследствии думает об этом, то понимает: все вокруг отмечены одним знаком. Внешне — звёздочкой на солдатской фуражке, в душе — знаком Зверя (Библия называет Зверем дьявола). Это ненависть и зло, подчиняющие себе людей, заставляющие убивать: «Мы можем... всё, всё, всё... Мы вправе казнить убийц своих товарищей». Но ненависть, поначалу направленная на врагов, постепенно разрастается, и в её поле может оказаться каждый. Стоя на посту, измученный бессонными ночами, жарой и усталостью, Черепаха стреляет в дезертиров — тех, кто, не желая опускаться всё ниже, решает бежать из армии. Так он убивает Бориса, единственного друга, с которым делился мечтами и планами, считая его своим братом.

Называя юных героев Борисом и Глебом, Ермаков напоминает читателю кровавый эпизод русской истории — убийство старшим братом двух мальчиков-князей с теми же именами (православная церковь потом назовёт невинных жертв святыми). Религиозную линию продолжает ассоциация с библейскими братьями, сыновьями Адама. Каин убил Авеля, брата своего, и теперь его грех несут на себе все, кто совершает убийство — ведь если все мы потомки Адама, то человечество — большая семья.

Эту простую истину открывает Черепахе смерть Бориса. А ведь раньше его не мучила совесть из-за снарядов, которые падали на мирные афганские селения! Да, Глеба нельзя оправдать. Но и судить надо не только его, а всех, кто запустил колесо афганского зла. Заканчивается срок службы Черепахи, он улетает домой — но на его место отправляется парнишка-новобранец. Как и Глеб, он обречён пройти по замкнутому кругу.

Конечно, «Знак зверя» — книга о войне и о жизни военных, однако символы и ассоциации помогают разглядеть за солдатским бытом человеческое бытие. Для этого Ермаков превращает военный лагерь в Город, а реку, по которой проходит граница с СССР, в Стикс (в греческой мифологии это река, разделяющая мир живых и мир мёртвых).

Такой приём — обобщение с помощью мифологической или религиозной символики — очень популярен в прозе конца XX века. Натуралисты усиливают его воздействие на читателя тем, что изображают особую, болезненную реальность. *Леонид Габышев* (род. в 1952) пишет о внутренних «законах» колонии для несовершеннолетних («Одлян, или Воздух свободы», 1994), *Сергей Каледин* (род. в 1949) — о могильщиках, которые живут и работают рядом со смертью («Смиренное кладбище», 1987), *Марина Палей* (род. в 1955) — о больнице, где тоже каждый день встречаются жизнь и смерть («День тополиного пуха», 1986–1988), *Роман Сенчин* (род. в 1971) — о современной деревне, которая деградирует день ото дня («Елтышевы», 2009).

Писатели пытаются объяснить, почему так сильны среда или государственная система, подавляющие личность. Они не учат, как надо и как не надо жить, а лишь показывают, как живут люди. И даже если натуралисты сознательно выбирают для изображения самые неприглядные стороны жизни, самые тёмные углы общества, то делают это не потому, что им нравится описывать грязь и страдания. Они преследуют иную цель — как можно отчётливее показать пороки, характерные для современности, но плохо заметные в общем потоке жизни. В какой-то степени реальность, запечатлённая в этой прозе — писательский прогноз возможного развития российского социума. Отсутствие духовного идеала в сознании многих современников — вот проблема, которую пытается решить литература, наследующая классической традиции.

Сентиментализм

В противовес «жестокому реализму», не питающему никаких иллюзий, всё бо́льшую роль начинает играть сентиментализм — и не только в массовой литературе (для неё сентиментализм характерен во все времена). Некоторые исследователи уточняют: это «сентиментальный реализм», поскольку трудно представить современную прозу живущей по традициям карамзинской эпохи без учёта художественных достижений XIX–XX веков.

Неосентиментализм вновь обращается к чувствам — чистым, нежным, искренним. Авторы, словно ощущая дисгармонию между этой интонацией и духом времени, относят действие большинства своих произведений в прошлое, когда «души были чище, а чувства глубже». В 1992 году была опубликована «сентиментальная история» ***Алексея Варламова «Здравствуй, князь»***.

Герой повести Саввушка — честный юноша, не сомневающийся в идеалах добра, справедливости, нравственной истины. Он вырос в провинции без отца (любовь матери к студенту из Москвы так и не увенчалась браком), приехал в столицу и поступил в университет, на филологический факультет. Декан филфака и есть отец Саввушки. Варламов даёт читателю понять: Артём Михайлович совсем не плохой человек. Вспомним: Эраст в «Бедной Лизе» Карамзина тоже имел доброе сердце и самые лучшие намерения, только вот реализовать их не смог — оказался слабее обстоятельств и предрассудков. Отец Саввушки повторяет путь Эраста и уже давно не испытывает удовольствия, занимая должность, ради которой не раз шёл на компромисс с совестью. Сын пробуждает в отце прежние убеждения, а с ними — и утраченное было чувство собственного достоинства.

Есть в повести и совершенно идеальный герой. Старый профессор Барятин — воистину «ум, честь и совесть», только не эпохи, а нации в целом. Его образ доказывает, что цельная, духовная личность способна открыто выражать свою позицию. Отрицательные персонажи (например, представитель КГБ) лишены всякой психологической глубины и художественной сложности, их единственная функция — создавать препятствия положительным героям.

В целом же повесть звучит оптимистически и жизнеутверждающе, провозглашая победу светлой души человека над тёмными силами времени.

Та же мысль повторяется в повести Варламова **«Рождение»** (1995), где история одной семьи, рассказанная возвышенно-символическим языком, разворачивается на фоне событий начала 1990-х. Фабула такова: после двенадцати лет бездетности у супругов (Варламов зовёт их просто Мужчина и Женщина) появляется ребёнок — «один из десятков тысяч рождающихся в России детей, рождающихся вопреки нищете, братоубийству, грязи, лжи и грозным пророчествам о близящейся кончине мира». Где-то рядом идут битвы за демократию и горит здание Госдумы, но главное в повести не это. Новорождённого малыша поражает страшная, смертельная болезнь. На помощь отчаявшимся родителям приходит чудо в лице старенького священника. Он молится над ребёнком — и болезнь волшебным образом исчезает.

Удивительно, но Варламову удаётся соблюсти правила сентиментализма (интонацию повествования, даже образно-психологический параллелизм, изобретённый Карамзиным) и в то же время придать всей повести символический оттенок, благодаря чему она читается как притча о трудном рождении новой России.

Драматургия

Современная драма, безусловно, испытала влияние постмодернизма с его открытостью, незавершённостью текста, отсутствием чёткой авторской позиции и традиционной эстетики. В драму пришли также натурализм и намеренный отказ от языковых норм, подмена духовных характеристик персонажей их физиологичностью. У каждого из молодых драматургов свой голос, свои эстетические пристрастия, интерес к новым формам, драматургическим экспериментам, но критики обычно объединяют их творчество термином «новая драма».

Условные формы театральных постановок часто приводят к отказу от литературной основы — пьесы, и действие приобретает характер импровизации. Театр во многом сближается с близкими ему формами искусства: цирком, карнавалом, шоу, уличным шествием. Иногда это документальный театр, который показывает «подслушанную» жизнь героев, как в пьесе **Ивана Вырыпаева** (род. в 1974) **«Кислород»** (2002). Вот рассказ зрителя о спектакле: «Вырыпаев садится за барный стул посередине сцены напротив зрителей, как садится рядом на такой же стул его партнёрша Арина Маракулина. Иван закуривает, затягивается, вдыхает кислород и выдыхает углекислый газ с сигаретным дымом, и отдаёт сигарету Арине. И одеты они как мы с вами, и смотрят они друг на друга. И заводит разговор Иван о том, что кумира себе заводить нельзя, а он завёл. И тут музыка выключается, и тут Иван и Арина перестают говорить, подстраиваясь под ритм, слегка задыхаясь от множества слов, которые надо произнести за один вздох. И говорят они теперь, как мы с вами, и выкладывает Иван Арине свои проблемы, а заодно и нам с вами. И говорит он, слегка смущаясь и выдерживая паузы перед каждым предложением. И в конце этого диалога вы понимаете, что кумир нужен, что без кумира никак нельзя, почти как без кислорода».

Другой жанр современной драмы — пьесы, предназначенные скорее для «читки», нежели для публикации. В них большое место занимают авторские ремарки, характерна форма монолога. Монодрама — драматическое произведение, разыгрываемое с начала до конца одним актёром. При этом современный актёр играет только себя, одновременно максимально выражая автора. Особенно интересно в этом отношении творчество **Евгения Гришковца** (род. в 1967). Свой первый текст «Как я съел собаку» (1998) Гришковец записал только через год после показа спектакля да и и то только потому, что его просили об этом издатели. Впрочем, записанный текст сам автор не любит, поскольку в нём нет дополнительных «спецэффектов»: обаяния героя, его интонации, пантомимы и т. п. Пьесы Гришковца — это сочетание ассоциаций, воспоминаний героя, которые возникают по мере того, как он рассказывает основной сюжет (если таковой присутствует). Это лирические монологи, в которых происходит самораскрытие чувств героя, выражение личного восприятия и душевного состояния. Но, говоря о собственных переживаниях, Гришковец рассказывает о том, что есть в жизни каждого — рассказывает понятно и наглядно, собирая из настроений, весёлых или неловких фраз, поступков, целую мозаику человеческой жизни.

В то же время некоторые авторы возвращаются к реалистической драме, пусть и в новых жанровых формах — «неосентиментальная драма», «пьесы чеховского настроения», «ретро-пьесы», которые напоминают о забытых мелодраматических сюжетах, светлых финалах, лирическом настрое. Однако современная «неосентиментальная драма» далека от действительности. Она обращается к мифам, снам, воспоминаниям, фантастике: «Русский сон» (1993), «Стрелец. Драма в трёх снах» (1993) *Ольги Михайловой*, «Мы едем, едем, едем...» (1995) *Николая Коляды* (род. в 1957) и др.

Комедия сегодня представлена во многих вариантах: сатирическая, лирическая, фарс, трагифарс, комедия-клоунада и т. д. Но каждая третья современная пьеса — трагикомедия, и это тоже служит отражением эпохи.

Пьесы-ремейки разрушают привычные представления о классике и стереотипы поведения героев. «Чайка спела» (1989) Коляды, «Мой вишнёвый садик» (1994) *Алексея Слаповского* (род. в 1957), «Смерть Ильи Ильича» («Облом off», 2000) *Михаила Угарова* (1956–2018), «Чайка» (2000) *Б. Акунина* — далеко не полный перечень пьес в этом новом жанре. Характерным примером постмодернистского ремейка является драма *Олега Богаева* (род. в 1970) «Башмачкин» (2003). Как очевидно из названия, в нем драматург обращается к переосмыслению сюжета повести Н. Гоголя «Шинель». Текст пьесы представляет собой драматургическую вариацию тех событий, что могли остаться за пределами гоголевского сюжета. Фабула пьесы распадается на два плана — реальный и фантастический, но они тесно переплетаются, проникая друг в друга.

Богаев не ставит целью создание абсолютно нового героя. Он входит в художественное пространство пьесы без какой-либо характеристики, как уже знакомое лицо: первое упоминание о Башмачкине представлено цитатой из «Шинели». Существенное расширение системы образов и истории Акакия Акакиевича происходит за счёт заимствований из других произведений классика («Нос», «Портрет», «Ревизор» и др.) Постмодернистская игра с классической основой позволяет подчеркнуть вневременное звучание гоголевской проблематики, по-новому взглянуть на хрестоматийную тему «маленького человека» (прежде всего в свете его полного одиночества) и тем самым вновь поставить вечные вопросы русской классической литературы.

Ещё одно направление, актуальное в современной драме — это театр абсурда, где выделяются *Иван Вырыпаев, Вячеслав и Михаил Дурненковы, Юрий Клавдиев, Максим Курочкин, Ольга Лукина, Павел Пряжко*. Порой противоестественность современной действительности представлена с сохранением элементов формальной логики. Такие «полуабсурдистские» пьесы создаёт Николай Коляда: «Канотье» (1992), «Персидская сирень» (1995), «Уйди-уйди» (1998), «Птица Феникс» (2003). Уже долгое время на грани между психологической драмой и театром абсурда работает и Людмила Петрушевская.

Пусть литература последних десятилетий очень неоднозначна, пусть её художественная ценность вызывает нескончаемые споры — у неё есть хотя бы то неоспоримое достоинство, что она находится в непрерывном поиске, честно пытаясь найти то самое слово, которое нужно читателю. В лучших книгах нашего времени авторы, как и их именитые предшественники, не отворачиваются от прошлого, стремятся увидеть современность через личный и чужой, эстетически освоенный опыт. Они всё так же позволяют героям говорить разными голосами, оставляя за читателем право осуждать или симпатизировать, право своим выбором определять, какой должна быть русская литература.

Вопросы

1. Какие идейные и художественные принципы постмодернизма наиболее полно реализовались в новейшей русской литературе?
2. Кто из писателей (поэтов), на ваш взгляд, лучше всего представляет литературу этого периода?
3. Какие жанры наиболее популярны в постсоветской литературе?
4. Назовите самые острые проблемы прозы этого периода.
5. Какие тенденции современной поэзии вы считаете интересными и перспективными?
6. В чём, на ваш взгляд, заключаются основные достоинства и недостатки постсоветской литературы?

Подведём итоги

1. Назовите главные темы в литературе каждого периода XX века.
2. Какие события и явления общественной жизни оказали самое сильное влияние на литературу?
3. Как менялись представления о роли писателя в обществе и о целях литературного творчества на протяжении XX века и в начале XXI?
4. Назовите главные литературные направления и самые яркие течения столетия, дайте им краткую характеристику. Творчество каких авторов представляет эти течения?
5. Расскажите о писателе или поэте, произведения которого вас заинтересовали. Проанализируйте одно из них.
6. Расскажите о том, какими вы видите перспективы развития литературы.

Литература

1. Басинский П.В., Федякин С.Р. Русская литература конца XIX — начала XX века и первой эмиграции: Пособие для учителя. М.: Изд. центр Академия, 1998.

2. Богданова О.В. Современный литературный процесс (К вопросу о постмодернизме в русской литературе 70–90-х годов XX века): Материалы к курсу «История русской литературы XX века (часть III)». СПб.: Филологический факультет Санкт-Петербургского государственного университета, 2001.

3. Воспоминания о Серебряном веке / Сост., авт. предисл. и коммент. В. Крейд. М.: Республика, 1993.

4. Голубков М.М. Русская литература XX в.: После раскола: Учебное пособие для вузов. М.: Аспект Пресс, 2002.

5. Зайцев В.А., Герасименко А.П. История русской литературы второй половины XX века: Учебник. М.: Высшая школа, 2004.

6. История русской литературы XX века (20–90-е годы): Основные имена. Учебное пособие для филологических факультетов университетов/ Отв. ред. С.И.Кормилов. М.: МГУ, 1998.

7. Кокшенёва К.А. Революция низких смыслов. О современной русской прозе. М.: Изд-во «Лето», 2001.

8. Лейдерман Н.Л., Липовецкий М.Н. Современная русская литература: 1950–1990-е годы: Учебное пособие для студ. высш. учеб. заведений: В 2 т. Т. 1: 1950–1968. М.: Издательский центр «Академия», 2003.

9. Минералов Ю.И., Минералова И.Г. История русской литературы XX века. 1900–1920-е годы: Учебное пособие. М.: Высш. шк., 2004.

10. Минералов Ю.И. История русской литературы: 90-е годы XX века: Учебное пособие для студентов высших учеб. заведений. М.: Гуманит. изд. центр

ВЛАДОС, 2002.

11. Мусатов В.В. История русской литературы первой половины XX века (советский период). М.: Высш. шк.; Изд. центр Академия, 2001.

12. Нефагина Г.Л. Русская проза второй половины 80-х-начала 90-х годов XX века: Учебное пособие для студентов филологических факультетов вузов. Мн.: Издательский центр «Экономпресс», 1997.

13. Огрызко В. Изборник. Материалы к словарю русских писателей конца XX—начала XXI века. М.: Литературная Росиия, 2003.

14. Русская литература XX века: Учебное пособие. Воронеж: Изд-во ВГУ, 1999.

15. Русские писатели XX века: Биографический словарь / Гл. ред. и сост. П.А. Николаев. М.: Большая Российская энциклопедия; Рандеву А.М. 2000.

16. Семёнова С. Русская поэзия и проза 1920–1930-х гг. Поэтика — Видение мира — Философия. М.: ИМЛИ РАН, «Наследие», 2001.

17. Серафимова В.Д. Русская литература XX века (вторая половина): Учебные материалы: 10–11 кл.: В 2 ч. М.: Гуманит. изд. центр ВЛАДОС, 2002.

18. Серебряный век в России. Избранные страницы. М: Радикс, 1993.

19. Скоропанова И.С. Русская постмодернистская литература: Учеб. пособие. 4-е изд., испр. М.: Флинта: Наука, 2002.

20. Смирнова Л.А. Русская литература конца XIX—начала XX века: Учебник для студентов пед. ин-тов и ун-тов. М.: Лаком-книга, 2001.

21. Чупринин С. Русская литература сегодня: Большой путеводитель. М.: «Время», 2007.

22. Эпштейн М. Постмодерн в России. Литература и теория. М.: Изд. Р. Элинина, 2000.